浙江省社会科学院
中共苍南县委宣传部
苍南县文化和广电旅游体育局   编
苍南县社会科学界联合会

浙江苍南海防历史文化研究

张宏敏　罗上开　主编

浙江工商大学 出版社
ZHEJIANG GONGSHANG UNIVERSITY PRESS
·杭州·

图书在版编目（CIP）数据

浙江苍南海防历史文化研究 / 张宏敏，罗上开主编.
杭州：浙江工商大学出版社，2025. 6. -- ISBN 978-7
-5178-6579-7

Ⅰ. E29

中国国家版本馆 CIP 数据核字第 2025CZ5539 号

浙江苍南海防历史文化研究

ZHEJIANG CANGNAN HAIFANG LISHI WENHUA YANJIU

张宏敏　罗上开　主编

责任编辑	张晶晶
责任校对	胡辰怡
封面设计	胡　晨
责任印制	屈　皓
出版发行	浙江工商大学出版社
	（杭州市教工路 198 号　邮政编码 310012）
	（E-mail：zjgsupress@163.com）
	（网址：http://www.zjgsupress.com）
	电话：0571 - 88904980，88831806（传真）
排　　版	杭州朝曦图文设计有限公司
印　　刷	浙江全能工艺美术印刷有限公司
开　　本	710mm×1000mm　1/16
印　　张	20.5
字　　数	295 千
版 印 次	2025 年 6 月第 1 版　2025 年 6 月第 1 次印刷
书　　号	ISBN 978-7-5178-6579-7
定　　价	89.00 元

中共苍南县委常委、宣传部部长邱智强在浙江(苍南)海防文化论坛(以下简称"论坛")开幕式上致辞

中共温州市委宣传部副部长曾伟在论坛开幕式上讲话

浙江省社会科学院党委委员、办公室主任华忠林在论坛开幕式上讲话

论坛开幕式现场 1

论坛开幕式现场 2

论坛开幕式现场 3

徐长安作论坛主旨发言

袁晓春作论坛主旨发言

杨乐作论坛主旨发言

周膺作论坛主旨发言

葛川作论坛主旨发言

时萧作论坛主旨发言

浙江(苍南)海防文化论坛学术研讨会(以下简称"学术研讨会")现场

学术研讨会主持人、浙江省社会科学院哲学所研究员张宏敏

学术研讨会总结人罗上开

学术研讨会与会专家金招辉

学术研讨会与会专家段愿

学术研讨会与会专家欧阳芳欣

学术研讨会与会专家周功清

学术研讨会与会专家林加潘

学术研讨会与会专家王光(中)

学术研讨会与会专家林子周(中)

学术研讨会与会专家李正东

学术研讨会与会专家陈钰刚

学术研讨会与会专家王海鹏

学术研讨会与会专家袁晓春

学术研讨会与会专家杨乐

学术研讨会与会专家陈恒

学术研讨会与会专家曹曼青

学术研讨会与会专家王晓明

学术研讨会与会专家华松国

学术研讨会与会专家徐长安

学术研讨会与会专家张杰

学术研讨会与会专家赵红

学术研讨会与会专家林汝志

学术研讨会与会专家张宜仪

与会嘉宾现场考察 1

与会嘉宾现场考察 2

本书编辑指导委员会

※本书由中共苍南县委宣传部资助出版

※本书系浙江省级社科之家（苍南书城）学术交流成果

前　　言

　　位于浙江省最南端的温州市苍南县在挖掘海防历史文化方面拥有得天独厚的优势,共有海防文化遗产 40 处,其中全国重点文物保护单位 1 处,县级文物保护单位 5 处、文物保护点 34 处,分布于金乡、马站、大渔等 10 个乡镇,拥有卫城、所城、海防营寨、民堡、烽火墩、墩台,以及巡检司遗址等体系完整的历史遗存,是现今中国保存最为完整、保存条件最好的遗存之一。

　　为助力新时代的海洋强省建设,深入挖掘海防发展史,展示浙江海防文化的丰富内涵,2023 年 11 月 17 日至 18 日,由浙江省社会科学院、浙江省文物局、中共温州市委宣传部、苍南县人民政府主办,中共苍南县委宣传部、苍南县文化和广电旅游体育局、苍南县社会科学界联合会承办的以“传承海防文化 共筑精神家园”为主题的“浙江(苍南)海防文化论坛”,以学术研讨、历史文化遗迹考察的形式在苍南召开。

　　在 2023 年 11 月 18 日上午的论坛开幕式上,中共苍南县委常委、宣传部部长邱智强,中共温州市委宣传部副部长曾伟,浙江省社会科学院党委委员、办公室主任、结对帮扶苍南县小组组长华忠林,分别代表论坛承办、主办单位致辞、讲话。其中,华忠林在讲话中介绍浙江省社会科学院作为苍南县“结对帮扶”共建联系单位,近年来赋能苍南宣传思想文化工作的相关情况。他指出,开展海防历史文化研究对苍南开展美丽乡村建设、推动“千万工程”深化落实具有重要政治意义,对当地文化遗产保护、推动优秀传统文化传承发展具有重要理论意义,对塑造新时代“苍南精神”、推动文旅深度融合具有重要指导意义,对助力当地滨海旅游业、推动海洋经济高质量发展具有重要实践意义。他表示,浙江省社会科学院将进一步与浙江省文物局等省级相关单位加强沟通协调,与温州市、苍南县开展多领域、多形式的合作,为苍南经济社会发展贡献力量。浙江省文物局文物保护与考古处三级调研员徐敏也参加了论坛开幕式。

论坛开幕式结束后,进入论坛主旨发言环节,中国人民解放军国防大学政治学院教授、博士生导师徐长安,中国明史学会戚继光分会副会长、烟台科技学院戚继光历史文化研究中心主任、教授袁晓春,北京大学社会学系社会学博士、温州商学院教师杨乐,浙江省历史学会副会长、浙江大学兼职教授、杭州市社会科学院研究员周膺等相关领域专家先后登台,以"中国海防文化论纲""戚继光与浙江海防水军""从'山川形胜'到'山川育才'——卫所'民化'进程中的金乡城官方认知转变""海防文化资源融入浙东'168黄金海岸线'旅游开发研究"为题作主旨发言,对海防文化的丰富内涵、核心理念、精神标识,苍南海防文化的历史与族群、方言、民俗关系,海防历史文化资源助推苍南经济社会高质量发展等议题,进行了深入研讨。2023年11月18日下午,进入论坛的主题研讨环节,与会的其他专家学者围绕"苍南海防文化史迹""戚继光与海防文化""清代浙江海防""苍南海防文化资源的活化与利用"等议题展开了严谨而又热烈的学术研讨。

中共苍南县委宣传部常务副部长罗上开主持了论坛开幕式,并在论坛闭幕式上发言。浙江省社会科学院哲学所副所长、研究员张宏敏主持了论坛主旨发言和主题研讨。

此次论坛还开展了实地考察活动。2023年11月17日下午,由与会专家组成的考察团走进苍南海防遗址,先后赴金乡卫城、蒲壮所城、渔吞堡等地,一览苍南海防文化的丰富内涵,并围绕推动海防文化和文旅产业更好融合发展、打造更具苍南辨识度的文化IP等方面,为苍南把脉问诊、建言献策。此外,作为2023年浙江省温州市全民国防教育"宣传季"活动的重要内容之一,本次论坛也是苍南争创"中国海防文化之乡"金名片的重要举措。为进一步加强全民国防教育,当日,苍南同步推出《将军说国防》专栏,并在首期节目中邀请了苍南籍军旅作家黄传会将军讲述国防故事和切身感悟。

传承发扬好海防文化,对于树立文化自信、激发爱国情怀具有重要意义。近年来,苍南县着力探索和推进海防文化挖掘展示、活化利用等方面工作。2016年,壮士所城考古勘探发掘入选年度浙江省八大重要考古发现;2021 年,蒲壮所城入选《大遗址保护利用"十四五"专项规划》;2023 年,金乡镇入选第三批浙江省千年古城复兴试点建设名单。下一步,苍南将在扎实做好文物保护的基础上,聚力做好海防文化活化利用的"下半篇"文章,以推动金乡卫城千年古城复兴、蒲壮所城争创全国文物保护利用示范区、壮士所城争创国家考古遗址公园、海防文化整体融入"168 黄金海岸线"文旅业态打造为重要抓手,争创"中国海防文化之乡"金名片。

论坛成功举办之后,受本次论坛主办、承办单位委托,我们以"浙江苍南宋韵文化研究"为主题,分"中国海防文化研究""苍南海防文化史迹研究""戚继光与海防文化研究""清代浙江海防研究""苍南海防文化资源的活化与利用研究"等 5 个模块,编选了省内外专家学者为"浙江(苍南)海防文化论坛"精心撰写的学术论文以及与会领导的致辞与讲话稿。最后,衷心感谢浙江省社会科学院、浙江省文物局、中共温州市委宣传部、苍南县人民政府、中共苍南县委宣传部、苍南县文化和广电旅游体育局、苍南县社会科学界联合会为浙江苍南历史文化研究所做出的努力与贡献。

本书编者
2023 年 12 月

目 录

引 言

中国海防文化研究

苍南海防文化史迹研究

戚继光与海防文化研究

清代浙江海防研究

苍南海防文化资源的活化与利用研究

引 言

Introduction

CANGNAN

在"浙江(苍南)海防文化论坛"上的致辞

中共苍南县委常委、宣传部部长　邱智强

各位来宾：

今天,我们在这里隆重举行"浙江(苍南)海防文化论坛",这是温州市全民国防教育"宣传季"的苍南主场活动,也是苍南争创"中国海防文化之乡"金名片的重要举措。在此,我谨代表中共苍南县委、县委宣传部,向浙江省社科院、浙江省文物局、中共温州市委宣传部对本次活动的关心指导表示衷心的感谢！向莅临现场的各位领导、各位来宾表示热烈的欢迎！

借此难得的机会,我先简要介绍一下苍南。苍南位于浙江最南端,素有"浙江南大门"之称。我们通常会用 4 个关键词介绍苍南。一是"山海兼利"。苍南拥有玉苍山国家森林公园、矾山国家地质公园,168千米生态海岸线和 10 余个金沙滩,海水每年有 200 天以上是蓝色的,"中国东海岸 1 号公路"在今年一炮打响。可以说,"无尽蓝绿"是苍南生态禀赋的生动注脚。二是"文化多元"。苍南拥有 600 年海防文明、600 年矾都工业文明、600 年碗窑农耕文明等 3 个"600 年"的厚重文化积淀,瓯越文化和闽南文化在这里融合,多民族在这里聚居,瓯语、闽南语、畲语、蛮话、金乡话、蒲城话等 6 种方言在这里交融共生。三是"敢为人先"。在改革开放之初,苍南率先实行经济市场化取向改革,相继创造了新中国第一家私人钱庄、新中国第一个实行浮动利率的信用社等 10 多个"全国第一";近年来,又先后推出了全科医生"县管乡用"、扶贫资金"折股量化"、养殖用海"三权分置"等特色改革,成为全省乃至全国的示范。四是"活力四射"。作为"温州模式"重要发祥地之一,苍南拥有超 13 万个市场主体、7000 家工业企业、11 个亿元以上专业市场、10 余张"国字号"金名片,入选"全国营商环境百强县""全国投资潜力百强县""全国创新百强县""全国县域旅游综合实力百强县"等全国榜单。特别是近年来,我们"向东向东再向东",聚力打造"双千亿"清洁能源产业,县域发展驶入新赛道。

围绕本次论坛主题,苍南在挖掘海防文化方面拥有得天独厚的优势,共有海防文化遗产 40 处,其中全国重点文物保护单位 1 处、县级文物保护单位 5 处、文物保护点 34 处,分布于金乡、马站、大渔等 10 个乡镇,拥有卫城、所城、海防营寨、民堡、烽火墩、墩台,以及巡检司遗址等体系完整的历史遗存。比如,2023 年 11 月 17 日下午各位专家所考察的金乡卫城、蒲壮所城、渔呑堡,以及刚刚从视频里看到的壮士所城、白湾堡、龟峰巡检司遗址等。可以说,苍南海防体系是现今中国保存最为完整、保存条件最好的遗存之一。

近年来,苍南在海防文化挖掘展示、活化利用方面做了很多探索。2016 年,壮士所城考古勘探发掘入选年度浙江省八大重要考古发现;2021 年,蒲壮所城入选《大遗址保护利用"十四五"专项规划》;就在这个月初,金乡镇入选第三批浙江省千年古城复兴试点建设名单。此外,相继打造的金乡西门大街、霞关老街等文旅街区,已成为镶嵌在苍南"168 黄金海岸线"上的璀璨明珠。苍南能够取得以上的成绩,离不开各位领导、专家学者的关心关爱,对此,我要再次表示感谢!

文化是一个国家、一个民族的灵魂。在面临百年未有之大变局的当下,传承发扬好海防文化,对于树立文化自信、激发爱国情怀具有重要意义。下一步,苍南将在扎实做好文物保护的基础上,聚力做好海防文化活化利用的"下半篇"文章,以推动金乡卫城千年古城复兴、蒲壮所城争创全国文物保护利用示范区、壮士所城争创国家考古遗址公园、海防文化整体融入"168 黄金海岸线"文旅业态打造为重要抓手,争创"中国海防文化之乡"金名片。在这里,我希望通过本次论坛,各位领导、专家能够就如何更好保护、传承、推广海防文化,推动海防文化和文旅产业更好地融合发展,打造更具苍南辨识度的文化 IP 等方面,给我们把脉问诊、指点迷津。我们也真诚地欢迎各位,在参加论坛之余,多在苍南走走看看,领略中国东海岸一号公路的山海交融,感受 3 个"600 年"的人文积淀,享受地道美食带来的味蕾体验,在无尽蓝绿之间留下一段美好的回忆。

最后,预祝本次活动圆满成功!祝各位领导、各位来宾身体健康、工作顺利、万事如意!

谢谢大家!

在"浙江(苍南)海防文化论坛"上的讲话

中共温州市委宣传部副部长　曾　伟

各位专家、各位来宾:

温州,向海而生,因海而兴,是一座拥有514千米漫长海岸线和8649平方千米广阔海域的沿海城市,海洋资源丰富,海洋经济发展潜力巨大。同时,温州也是一个历史悠久、文化灿烂的地方,5000年渔耕文明史、2215年城市发展史,浸润了绵延数千年的瓯越文化精气魂。独特的地理位置和人文底蕴,使温州成为海上丝绸之路重要节点城市,也成为国防、海防、安防的前线、前沿、前哨。作为温州的南大门,苍南在历史上就曾是海防的重要分布区域,有着完整的卫、所、寨、墩、堠等海防防御工程建筑,仅苍南"168黄金海岸线"沿岸,就有抗倭名城金乡卫城、蒲壮所城、龟峰堡等一系列海防文化遗产。在这里,我们不仅能看到古老的历史文物遗迹,更能感受到温州人民深深的海防情怀和爱国精神。可以说,温州国防包罗万象,苍南海防大有文章!

所以,今天在苍南举办这样的活动,很有意义,对全市进一步推进全民国防教育工作必将产生积极的影响。

当前,纵观全球、纵览世界,局部冲突和动荡频发,俄乌冲突化解遥遥无期、巴以冲突造成数万人伤亡、缅北内战波及云南边境,特别是域外国家强势联合介入南海争端,等等,这些都给维护我国国家主权、安全和发展利益带来了严重风险和挑战。在这样的国际大背景下,开展全民国防教育尤为重要、尤为紧迫。

今年,市委宣传部贯彻落实中央和省委一系列决策部署,在省委宣传部的指导和温州军分区的支持下,谋划推出了"千里江山 戎情温州"市域全民国防教育品牌。我们计划通过"五年时间、十大行动"来扎扎实实推进全民国防教育落小落细落实,即在五年时间里,我们要通过思想夯基、宣讲提升、全员覆盖、全域普及、主题实践、宣传引领、阵地建设、全民传播、创新驱动、融合共建等十大行动,着力培育具有全国享誉度、浙江知名度、温州辨识度的"千里江山 戎情温州"全民国防教育品牌。2023 年 10 月 30 日,我们在洞头女子民兵连营地正式启动了温州市全民国防教育"宣传季"活动,通过推出"我来唱、我来演、我来讲、我来写、我来拍"等一系列"爱国强军""十个一"活动,突出"全民性"参与、"全格局"构建、"全体系"推进,进学校、进机关、进企业、进社区、进公园、进广场、进商场,用零距离、面对面、心贴心的方式走进群众、打动群众,提升全民国防素养和国防观念。

今天的研讨活动,是"宣传季"十大活动之一。苍南宣传部精心组织,专门邀请了省社科院的几位专家和国内研究海防文化的专业教授,与我们共同探讨海防文化的传承与发展、海防建设的现状与未来等话题,弥足珍贵、影响深远。希望苍南不仅把这次论坛主题研究好、讨论好,还要把经验传播好、成果利用好,为温州全民国防教育和海防文化建设发展提供更多智力支持和经验积累。

同志们、朋友们!国无防不立,民无防不安;有国才有家,只有国防强大,百姓才能安居乐业,让我们一起并肩努力,牢记国防使命,绷紧国防意识,让强国成为一种精神信仰,让爱国成为一种朴素的情感,让国防成为人人必修必学必做的日常课程,"踔厉奋发强国防,勇毅前行向复兴"。

最后,祝愿我们伟大的祖国永远繁荣昌盛、国泰民安,也祝福和平年代的我们守住千里江山,立志戎情温州!

谢谢大家!

在"浙江（苍南）海防文化论坛"上的讲话

浙江省社会科学院党委委员、办公室主任　华忠林

各位嘉宾：

在深入学习贯彻习近平总书记考察浙江重要讲话精神，全面贯彻落实省委十五届四次全会的重要节点，我们相聚在浙江省最南端的海滨之城——苍南，共同举办"浙江（苍南）海防文化论坛"，这是苍南的盛事和喜事，也是我们省社科院以"社科赋能"形式助力苍南经济社会高质量发展的一件大事。首先，我谨代表省社科院，对活动的成功举办，对各位领导、各位嘉宾的到来，表示热烈的祝贺和衷心的感谢！

苍南是省社科院的"结对帮扶"联系对象，一直以来，作为哲学社会科学的理论研究机构，我们努力践行"善作善成"理念，尽最大努力为苍南宣传思想文化工作提供助力。我记得，2022 年 7 月，我们与温州市委宣传部、市社科联在苍南县莒溪镇合作举办了"浙江·苍南刘基文化论坛暨 2022 年苍南县社会科学普及周启动活动"，11 月，又与温州市社科联合作举办了"宋韵文化在苍南：2022 浙江（苍南）宋韵文化高峰论坛"；今年 5 月，我们与市社科联合作举办了"2023 浙江（苍南）宋韵文化论坛"。今天，我们又齐聚一堂，隆重举行"浙江（苍南）海防文化论坛"。

此次论坛的举办，恰逢其时，意义重大。首先，苍南作为明清海防的重要分布区域，有着完整的卫、所、寨、堡、墩、堠等海防工程建筑，共计 40 处海防文化遗址，包括全国重点文物保护单位——蒲壮所城，因此开展海防文化研究对文化遗产保护具有理论先行的重要意义。其次，海防文化遗址一方面需要综合保护，另一方面也面临整体规划、居

民搬迁、施工建设等方方面面的问题,因此开展海防文化研究既要让公众重视文化传承和文物保护,也要让公众广泛参与,为下一步开展工作献计出力,这对于在"八八战略"实施20周年之际,深化落实"千万工程"的实施具有重要的实践意义。再次,挖掘海防文化重在挖掘、传承、发扬陈公道、张候麒等一大批当地抗倭名将的保家卫国精神,这与苍南的深厚底蕴和红色根脉一以贯之。这也要求我们在挖掘红色旅游资源的同时,开辟抗倭历史文化旅游资源,因此,开展海防文化研究对塑造新时代"苍南精神",推动苍南文旅深度融合,具有重要的指导意义。最后,苍南"168黄金海岸线"远负盛名,在省委宣传部主办的"浙江宣传"公众号刊登的《168黄金海岸线何止是风景》一文获得了广大网友盛誉;苍南"168黄金海岸线"的报道在中央电视台播出之后,更让这里火到"出圈",因此开展海防文化研究对助力苍南滨海旅游业,推动海洋经济高质量发展,同样具有重要的实践意义。

鉴于上面这四点重要意义,我借此机会和大家简单分享三点个人的感想。

第一,要深入学习宣传贯彻习近平总书记考察浙江重要讲话精神。2023年9月20日至21日,习近平总书记考察浙江时强调指出,"要在建设中华民族现代文明上积极探索。要更好担负起新时代新的文化使命,赓续历史文脉,加强文化遗产保护,推动优秀传统文化创造性转化、创新性发展。坚守中华文化立场,积极发展反映时代要求、具有时代特色的新文化,发展中华文明的现代形态"①。我们要牢记习近平总书记的谆谆教诲,自觉地用文化引领风尚、教育人民、服务社会、推动发展。要始终高扬思想旗帜、强化价值引领、激发奋斗精神,建设中华民族共有精神家园,增强全民族的凝聚力、向心力、创造力。要在保护、传承、利用上下功夫,让宝贵的历史文化遗产焕发时代新风貌。要强化文化赋能,充分发挥文化在激活发展动能、提升发展品质、促进经济结构优化升级中的作用,切实发挥文化作为推动高质量发展的"赋能"作用与"软实力"支撑。

第二,要深入贯彻落实省委十五届四次全会有关要求和部署。全

---

① 《习近平在浙江考察时强调 始终干在实处走在前列勇立潮头 奋力谱写中国式现代化新篇章》,《人民日报》2023年9月26日第1版。

会强调,"要着眼彰显人文底蕴、强化精神新引领,在建设中华民族现代文明上先行探索突破,全面实施中华民族现代文明建设浙江探索'十大行动',在赓续历史文脉、发展中华文明的现代形态上积极探索,不断拓展中国式现代化浙江实践的文化根基,积极推进中华优秀传统文化创造性转化、创新性发展,提升中华文明的创造力;在构建以精神富有为标志的文化发展模式上积极探索,广泛培育和践行社会主义核心价值观,丰富高质量文化供给,推进公共文化服务提质增效,提升中华文明的塑造力;在促进中华文明与世界其他文明交流互鉴上积极探索,讲好浙江故事、中国故事,积极推动中华文化'走出去''走进去',提升中华文明的影响力"。我们要深刻理解省委关于推进中华优秀传统文化创造性转化、创新性发展的要求部署,系统研究浙江当代发展和浙江历史文化,挖掘浙江文化底蕴,研究浙江现象,总结浙江经验,弘扬与时俱进的浙江精神,全面提升浙江文化软实力,持续推进文化强省建设,打造新时代文化高地。

第三,要为苍南县域、温州市域经济社会发展献计出力。苍南县是温州市的重镇,浙闽交界、山海交汇、耕读交融,具有丰富而且独特的历史文化资源。今年由省委宣传部组织开展的大调研活动,明确要求每位党委班子成员都要领衔一项大调研课题。由我负责的课题组在讨论选题时,大家就一致认为,以"海防文化遗产的价值及其保护利用"为主题很有意义,也很有必要。2023年4月以来,课题组多次来苍南开展调研,深入了解情况,认真撰写调研报告。目前,此项调研课题已全部完成并将成果报送省委宣传部。事实上,我们每一次组织调研、每一次开展研究、每一次举办论坛,其根本出发点和立足点还是在于如何以新时代创新文化促进经济新飞跃,如何推进地方文化创造性转化、创新性发展,如何传承红色革命文化,如何发展文化产业、文旅产业,如何增进新时代浙江历史文化的传播力、影响力,为苍南、为温州、为浙江乃至为全国的经济社会发展做出文化学者的独特贡献。

作为"结对帮扶"的共建联系单位,省社科院有义务、有责任提供力所能及的帮助与指导。下一步,省社科院愿意与省文物局多多沟通,同温州市委宣传部,苍南县委宣传部、文旅局、社科联,开展多领域、多形式的合作。请温州和苍南对我们多做批评、多提建议、多提要求,也对我们的社科理论研究以及其他方面的工作提供必要的服务和帮助。同时,也请今天与会的各位领导、各位嘉宾,在方便的时候,到省社科院来指导工作。

最后,预祝本次论坛圆满成功!祝各位专家、学者身体健康、工作顺利!

谢谢大家!

中国海防文化研究

Research on Chinese Coastal Defense Culture

CANGNAN

中国海防文化论纲

中国人民解放军国防大学政治学院　　徐长安

遵照习近平总书记关于全面提升新时代海防工作质量、以高质量海防保障高质量发展的指示，必须努力创建先进的中国海防文化。

一、中国海防文化的产生与发展

中国海防文化是中国军民在保卫祖国海疆的军事斗争实践中所形成的军事创新能力、军事活动方式以及创造的精神成果（所有精神产品以及武器装备等物质产品中的精神因素）。把文化限定在精神领域，更符合唯物史观关于社会结构的原理，便于从文化与经济、政治的区别和联系中来揭示文化的本质与功能。

海防文化是海防斗争的产物，又服务于海防斗争，在保卫海防的过程中有着重要作用。战前，少不了对保卫祖国海防的全盘谋划和战争动员，少不了作战队伍的思想建设、组织建设、制度建设，少不了建立健全适合新时期海防需要的海防管理方式和海防行为方式；在保卫海防的进程中，要制订和运用正确的战略战术，用高超的海防谋略争取主动、避免被动，要用强有力的思想政治工作极大地调动军民保卫祖国海防、英勇杀敌的积极性、主动性、创造性；战后，要总结海防斗争的经验教训，表扬先进事迹，进一步丰富和发展中国海防文化。

有海疆，就有保卫海疆的斗争，就有海防文化。中国海防文化是在文化与海防活动的相互作用中不断发展的。中国海防历史悠久。早在春秋时期,齐国就设立了海上警戒部队,防止海盗入侵。到了秦朝,秦始皇下令修筑琅琊台,也起到一定的海上防御作用。明朝时期,为解决日益严重的海盗问题,专门设立了水师,加强海洋防御。随着倭寇的猖獗和西方列强的入侵,我国开始进一步注重海防建设。1910年,清政府成立了海军部。1912年,民国政府成立了海军部,加强海上巡逻、打击海盗。中华人民共和国成立后,随着中国经济的发展、中国海洋利益的扩大,中国海军在造舰填岛、发展力量的基础上,逐渐从近海防御向远海防御转变,加强了远洋巡航、护航和反海盗行动。同时,中国还加强了海洋科研、资源勘探和海洋环境保护等工作,为保卫我国海洋权益提供了有力支撑。如今,中国海军已经成为世界上最强大的海上力量之一,军民团结、军民联防有了新的发展,人民海军和沿海群众一起翻开了中国海防文化的新篇章。

二、中国海防文化的结构与内容

海防文化的内容十分广泛,按照形态划分,有海防观念文化、海防制度文化、海防行为文化、海防心理文化等;按照国别划分,有中国海防文化、美国海防文化、俄罗斯海防文化等;按照时代划分,有古代海防文化、近代海防文化、现代海防文化等。中国海防文化是中国军事文化的一部分,又是一个相对独立的体系。

海防观念文化是海防文化的主体,其中包括海防价值文化、海防科技文化、海防思维文化、海防谋略文化、海防伦理文化、海防心理文化、海防教育训练文化、海防审美文化等;还包括海防制度文化如军队制度文化、民兵制度文化、海防组织文化、海防法律制度文化等,海防行为文化如海防纪律文化、协同作战文化等,海防心理文化如战前心理、战场心理、个体心理、群体心理等。这里,我们只就对海防斗争影响较大的几个方面做些论说。

中国海防价值文化。海防价值文化是对海防及其要素的认识和评价的文化,主要包括海防观,即对海防地位和作用的认识。中国海洋国土(包括内水、专属经济区、领海毗连区、领海)辽阔宽广,具有 1.84 万千米大陆海岸线和 1.4 万多千米岛屿岸线,管辖的海域面积达 300 多万平方千米,海洋资源十分丰富,保卫祖国海疆的任务十分艰巨。过去,我国上下普遍存在重陆地、轻海洋的倾向。随着改革开放的深入、对外交往和海洋经济的发展,某些所属岛屿的争端日益频繁激烈,而且收回宝岛台湾、实现祖国统一的任务也越来越紧迫,我们必须大力加强海防建设,向海发展,向海图强。有了对海防价值的充分认识,才会有对海防事业的充分投入,才会有献身海防事业的坚强决心。

海防人员(包括海防部队、海防民兵和海防前线的人民群众)是海防价值文化中最为宝贵的能动因素。海防人员要有海洋意识,确立海防思维,认识到 21 世纪是海洋的世纪,海洋对于保卫祖国、建设祖国有着越来越重要的意义,意识到自己肩负的是保家卫国的重大历史使命。海防人员要有海洋伦理,树立"忠诚、守纪、敢打、制胜"的价值观,做到"海防事业重如山,献身祖国心也甘",勇于为海防事业吃苦耐劳、献计献策,甚至献出自己的生命。有了对海防人员价值的充分认识,才能重视海防人员的生活保障、军事训练、文化建设等。

除了对海防活动的正义性、海防人员的思维和伦理素质等价值因素有足够的认识外,海防价值文化还包括海防价值评估体系。这一体系主要包括评估主体、评估对象、评估原则、评估手段和方法。

中国海防谋略文化。从上到下,人人用智,个个设谋,一切以打败敌人、保家卫国为目的。海阔凭鱼跃,天高任鸟飞。太空、天空、陆地、水面、水下,形成一个立体多维的防御体系;前方、后方、航母、舰艇、武器、弹药、信息、情报等,相互配合、变化无穷。海防谋略文化既要未雨绸缪、周密部署,又要随机应变、掌握主动,还要加强学习指导、谋略培训,及时总结经验教训,不断提高海防谋略文化水平。

中国海防科技文化。海防科技文化包括关于海防科技的意识形态、思维观念、管理理念等,反映了人们对海防科技及其发展的总的认识和看法以及整体态度和价值观。海防科技成果及相关知识体系是海防科技文化的物化载体。随着时代的发展,军事科技的进步越来越快,海防科技文化也在发生日新月异的变化。我国航母的发展以及近防炮的装备、055 型驱逐舰的成批下水,大大增强了我国海防的实力。巨浪-

4 潜射弹道导弹、032 潜艇、东风-27 等军事装备以及世界一流的无人机、海面低潜飞行器、新型仿蝠鲼柔性潜水器等,让敌方航母望而生畏。此外,我们还有全世界最先进的预警机、量子通信卫星、实用激光技术、反卫星武器、高超音速武器(5—20 倍音速)、各种新型军机战舰等,使我们的海防能力大大增强。我们要大力宣传这些海防科技的新成就,进一步增强构筑"海上长城"、让一切来犯者有来无回的坚强决心;我们要从这些发明中进一步认识到先进武器的力量、科学技术的力量,充分挖掘各方面的潜力,加强发明创造,抢占军事科技制高点。要充分调动科技人员的主动性、积极性、创造性,大力支持他们的科研活动。所有海防人员都要学习高科技、运用高科技,支持一切领域、一切部门的创新活动,向科学要战斗力,向技术要战斗力,向管理要战斗力,实现海防力量机械化、信息化、智能化融合发展。

海防科研体制及各种具体制度是海防科技文化创新和发展、实现其效能的保证。要不断完善海防科研体制等制度体系,促进海防科技文化不断发展。

中国海防教育训练文化。海防教育训练文化是海防人员在海防教育训练活动中形成的理性认识,包括海防教育训练的指导思想、方法原则、内容体系、手段途径以及制度规范等,它是指导海防教育训练顺利进行的精神因素和制度保证。

海防活动是军民紧密配合进行的一项军事活动。要提高海防活动的效率,提高军民联防的战斗力,必须加强军警民联合办海防的训练。尤其是我们的海防前线数十年来没有发生过大规模的军事斗争,许多海防前线的民众对敌情观念比较淡薄,系统的教育训练比较少,成建制的军民联合办海防的军事演习更是少之又少。在台海、南海形势持续紧张的今天,我们更要加强海防军民尤其是民兵以及军民联防的教育训练。

要把教育训练放在战略位置上,精心谋划,精密实施,把我国海防打造成坚不可摧的海上长城。要加强海防斗争基本观念、基本技能的学习和训练。除了相关部队和地方单位组织学习训练以外,部队院校要专门开设相关课程,进行系统教学和研究。加强海、陆、空、天、战支各军兵种的合成训练以及军地之间的联合演练,把各种海防力量拧成一股绳。

重视战斗精神尤其是血性的培育,用文化的力量锻造国民之魂魄、军人之忠勇。突出院校培育人才的战略地位,促进海防战斗力的提高。充分发挥专家教授、技术人才的关键性作用,让他们在关键性岗位上人尽其才、大显身手。从难从严从实战出发搞好军事训练,做到"仗怎么打,就怎么练",使海防潜力转变为现实战斗力。

中国海防审美文化。海防审美文化是人们以审美的态度对待海防活动和海防人员时产生的精神现象,如以海防为内容的小说、散文、戏剧、舞蹈、诗词、歌曲、雕刻、绘画等文艺作品。进步的海防审美文化,对海防人员有着重要影响。它可以弘扬真善美,提高官兵素质;抒写人生理想,激发战斗热情;陶冶道德情操,培养高尚人格;愉悦人们身心,促进心理健康;等等,能够极大地提高海防人员的意志力、凝聚力、战斗力。

要克服轻视海防审美文化的错误观念,深入海防前线,体验海防生活,实行专业人员与海防人员相结合的原则,创作出大批深受海防人员欢迎的文艺作品,为我国的海防事业服务。

中国海防制度文化。海防制度文化集中体现在国家或政治集团组织、管理、储备、发展、运用海防力量的制度体系上,也包括海防人员基于一定的海防制度认知而形成的海防制度意识、感情、思想观念、行为准则和信仰等文化意蕴,以及海防制度的基本价值观、海防制度心理、海防制度评价,等等。

海防制度文化是海防事业的坚强保证。它能有效地把军队各军兵种以及军地两个方面的力量组合协调起来,实现军队领导权的高度集中统一,确保令行禁止,最大限度地发挥战斗力。海防是一个整体,必须有统一领导、统一指挥,才能统一行动、步调一致,才能统一使用力量,保证战役、战斗乃至战略的胜利。而要做到这一点,就必须有一套完整的制度和先进的制度文化。

要保持和发扬我党我军在近一百年的革命和斗争中建立与发展起来的合理制度和优秀制度文化,结合当今海防斗争的新形势、新特点,建立和完善一套先进的军制体系,包括扁平网络化的指挥体制,一体化、多能化、小型化的部队编成,集中化的科技装备管理体制,先进的后勤和国防动员体制,现代条件下的军民联合作战制度,等等。同时,发展相应的海防制度文化,使制度成为广大军民自觉的遵循,而不仅仅是僵化的条文。

三、中国海防文化的特点与功能

(一)海防文化的特点

突出的政治性。战争的政治性,决定了海防文化的政治性。海防文化及其各个组成部分,具有突出的为祖国服务的特点。不仅海防价值文化(对海防意义的认识)具有强烈的政治性,而且海防谋略文化(对运用海防力量的认识)、海防装备文化(对发展和运用海防装备的认识),都因与国家、民族、阶层的利益息息相关而带有强烈的政治性。

尖锐的对抗性。海防活动是敌我双方进行政治斗争的最高形式——武装对抗,是你死我活的殊死搏斗。敌我双方的对抗性矛盾,贯穿于海防活动的全过程,因而反映海防活动的海防文化也充满了对抗性。

鲜明的目的性。"军人的目的是战胜。"无论是平时还是战时,海防活动的目的都是保存自己、消灭敌人,或者壮大自己、削弱对方。为海防战争服务的海防文化,其根本任务就是提高我方战斗力,就是通过增强海防人员素质(包括思想、觉悟、知识、道德、能力、心理等),提高武器装备的科技水平,使部队更好地完成"打得赢"的目的。防守中的进攻、守卫中的占领,一切手段的运用统统都是为了打赢。

普遍的社会性。海防人员由军队人员和地方人员共同组成,海防文化是军事文化与社会文化的交融和合成,所以具有普遍的社会性。本来,海防文化的产生离不开社会文化的指导、支持和制约,海防价值观以及与之密切联系的军人理想信念是民族价值观及社会理想的集中而生动的体现。海防谋略文化是民族智慧的结晶;反过来,海防谋略文化又是推动社会文化发展的重要力量。

(二)海防文化的功能

信息功能。所谓海防文化的信息功能,是指海防文化具有记录、储存、传递和加工海防信息的能力。海防语言文字(包括海防地图等海防符号),是海防文化的基本要素。通过它们,可以把历史上的海防活动以及相关的知识和经验记录保存下来,供后人学习、研究、总结、交流,作为创新的基础。

认识功能。海防文化作为人们在军事实践中创造的精神财富,包括海防文化符号系统、科学抽象系统以及概念解释和理解系统等丰富内容。通过这些系统所提供的知识、范畴、规律,人们可以更好地选择认知对象,总结海防活动的经验,探索海防活动的规律(如海防与经济、政治相互关系的规律等),不断加深对海防活动的认识。

实践功能。海防文化对人们的实践(尤其是军事实践)具有重要的指导作用。人们的实践活动是主观见之于客观的、有目的有意识的活动,海防文化则通过影响人们的思想意识直接调节人们的行为(尤其是军事活动行为)及其方式。

审美功能。海防审美文化处于海防文化系统的高尚层面,它对海防活动主体的思想、情感、人格、操守的影响是潜移默化的,然而又是无所不在的;是不落痕迹的,然而又是极其深刻的。一般说来,具有积极意义的海防文艺作品,都在一定程度上体现了真善美的统一,不仅能愉悦人们的身心,而且使人们获得理性的认知、道德的感化和美感的熏陶,体悟到什么是理想美、道德美、意志美,从而产生奋发向上的动力,自觉地区分美丑善恶,陶冶高尚情操,培养健康人格,塑造美好心灵。海防审美文化作为人类以审美态度审视海防活动时所产生的精神现象,无疑具有去伪存真、惩恶扬善、揭丑颂美的功能,对于人们净化思想、提升境界、健全心理、坚定信念,从而增强海防官兵的战斗力,具有重要的积极意义。

教育功能。海防文化的教育功能主要体现在:统一海防人员的思想认识,培育官兵的战斗精神,增强官兵的战斗技能,提高官兵的全面素质。为了保证海防任务的完成,每一支军队(包括民兵)都要充分发挥海防文化的教育功能,通过各种形式的思想政治工作和教育训练手段,培养官兵为祖国而战的自觉性和能动性,增强他们忠于职守的使命感和责任感;帮助他们树立服从命令听指挥、团结协作顾大局的整体观念,形成一往无前、敢打必胜的高昂士气和吃苦耐劳、英勇顽强的优良作风;帮助官兵熟悉武器装备的性能,提高他们的战术、技术水平,增强部队战斗力。

创新功能。海防文化是一条流动的河,它产生于过去,汇聚到现在,又奔流向将来,具有超越现实,不断创造新思想、新观念并用以指导海防实践、引起军事变革的功能。海防文化主体在已有海防知识体系和军事理论体系的基础上,借助各个国家、各个时代的海防文化资料,结合当前的海防实践,进行研究、探讨,按照海防活动的发展规律,通过预见未来,创造出新的海防知识、海防思想和海防观念,并在长期积累的基础上创造出新的海防理论体系。在这些新思想、新理论、新观念的指导下,海防实践活动也在创新中不断发展、在变革中不断前进。

四、创建有中国特色的先进海防文化

所谓先进海防文化,是指代表社会历史的发展方向,代表海防人文和海防科技的先进水平,反映海防斗争客观规律,能够为人民群众的根本利益服务的海防文化。

(一)当代中国先进海防文化的基本要求

(1)坚持战争的正义性。用先进的海防文化,为保卫社会主义祖国,保卫中国的现代化事业,保卫人民的幸福生活服务。我们要时刻保持高度警惕,随时准备歼灭任何敢于来犯之敌,粉碎一切分裂祖国的阴谋。

(2)克敌制胜的有效性。先进海防文化,不仅要有正确的向度,而且要有强大的力度。它不仅是斩凶除恶的正义之剑,而且必须锋利无比、所向披靡,具有克敌制胜的强大威力。先进海防文化必须和最先进的军事知识、最先进的信息技术紧密联系在一起,实现武器装备的现代化、信息化、智能化。要重视海防高科技,掌握海防高科技,运用海防高科技。不管是航空航天技术、核技术、激光技术,还是信息技术、生物技术、自动化技术,我们都要掌握,而且技术水平要比别人的更高;不管是粒子束武器、气象武器、次声波武器、地球物理武器,还是军用卫星、无人飞行器、各种侦察监视装备等,我们不仅都要拥有,而且武器性能要比别人的更好。

要以"数字化"时代的海防制度文化指导军队编制体制的改革,实现从数量规模型向质量效能型的转变,使军队编成结构趋向一体化、力量编组一体化、作战指挥一体化,使军队规模结构更趋精干,功能更加多样化,战斗力普遍增强。

要建立以知识化为目标的海防教育训练文化,全面提高官兵素质,使官兵成为思想好、业务精、通识化、复合型的一专多能人才,具有运用现代技术手段获取新知识的能力和把知识转化为现实战斗力的能力。

要建立以科学、民主、高效为主要特征的海防管理文化,借助智能平台,实现海防管理的科学化、正规化、法制化。要在深入研究、充分论证的基础上建立和健全海防管理的法规制度,使海防军人和民兵的活动规范化、法治化。

(3)军民结合的群众性。当代中国先进海防文化必须继承和发扬我党在军事斗争实践中形成与发展的人民战争思想,体现先进性和群众性相结合的原则。要把习近平总书记关于海防文化的最新论述,向广大军民做广泛而深入的宣传。要通过多种途径,宣传先进海防文化,讴歌我军官兵不畏艰险、无私奉献的崇高精神境界和高尚思想情操,总结推广军民联合守海防的先进经验,推动社会文化的发展。

(4)与时俱进的创造性。先进海防文化不是一成不变的,它的先进性要随着军事活动和军事变革的发展而发展。要坚持海防文化的全面创新,既要有基层单位的海防文化创新,又要有各兵种的、全军性的、全国性的海防文化创新;既要有军营文化的创新,又要有地方海防文化的创新……这样,我国的海防文化才会呈现出蓬勃发展、气象万千的生机。

(二)发掘继承中国海防文化的丰厚遗产

构建当代中国先进海防文化,离不开对传统海防文化的继承。从

2000多年前的海防文化到明代戚继光"平倭"斗争,从郑成功收复台湾到林则徐虎门销烟,从关天培喋血疆场到三元里抗击英军,从长江口炮击英舰到西沙之战"拼刺刀"……中国人民在无数次保家卫国的海防斗争中,金戈铁马、沙场鏖兵,用智慧、汗水、鲜血、生命书写了海防文化的灿烂篇章,创造了一次又一次以少胜多、以弱胜强的神话。

对中国海防文化丰厚遗产的发掘继承,可以分为两个部分。

一是对传统海防文化的批判继承。中国传统海防文化,以封建时代的海防文化为主体。辛亥革命推翻清王朝的统治之后,中国传统海防文化就向现代海防文化过渡了。

中国传统海防文化的巨大成就,主要表现在以下几个方面:在海防价值文化方面,表现为战争的意义在于维护国家的统一和世界和平,实现"协和万邦"的理想;军人的价值就在于英勇杀敌、精忠报国。在海防思维方式上,表现为朴素的唯物主义、早熟的辩证思维、初步的系统观念,善于从全局出发,分析矛盾,因势利导,因敌变化,实现以少胜多、以弱胜强,用兵的最高境界强调以计为首、谋略制敌。在作战原则上,主张知己知彼、从实际出发、出其不意、奇正相生、灵活用兵,避实就虚、各个击破。在海防伦理文化方面,崇道尚义,以仁为本,上下同欲,三军齐心,将帅贤明,爱兵恤民,发扬"智、信、仁、勇、严"的"武夫之道",克敌制胜……所有这些,都是中国军民用聪明才智、流血牺牲铸就的辉煌成就,在世界海防文化史上熠熠闪光。

二是对我军海防文化的总结超越。我军海防文化的主要成就有:以代表、谋取和维护人民利益作为海防斗争的最高价值追求,坚持军队建设必须服从和服务于国家建设大局的原则,把"打得赢""不变质"作为我军的两大历史性课题,保卫和促进中国的社会主义现代化事业。以坚持党的领导为灵魂,以加强人民军队建设为中心发展海防制度文化,建立和完善党在军队的领导制度、政治工作制度、纪律制度等一系列规章制度,并形成了把严格的规章制度与强有力的思想政治工作相结合的鲜明特色。在继承中华民族传统美德的基础上,建立和发展适合我军性质与特点的军人道德规范,在全军形成了革命加拼命精神,严守纪律,发扬自我牺牲精神、大公无私和先人后己精神,压倒一切敌人、压倒一切困难的精神,坚持革命乐观主义、排除万难去争取胜利的精神，弘扬"听党指挥、服务人民、英勇善战"等优良传统和作风。以人民军队为骨干，以军民团结为力量源泉，以通盘筹划、掌握主动为原则，形成了以劣势装备战胜优势装备之敌的一系列战略战术和军事谋略，等等。

此外，我们还要大胆汲取世界各国海防文化的优秀成果，并在海防斗争准备的实践中努力创新，使我国海防文化的发展有一个新的飞跃。

苍南海防文化史迹研究

Research on the History of Cangnan Coastal Defense Culture

CANGNAN

唐宋元时期平阳海寇山寇兵祸袭扰略考

——明朝苍南海防的前世

苍南县委办公室 林加潘

　　苍南历史上一直属平阳辖域,1987 年才独立设县。此考略中的平阳含苍南地界。平阳面海背山,地理位置特殊。刘伯温在《赠周宗道六十四韵》①中说:"天弓拨其弦,平地跃虎狼。腥风扇九泽,浊雾干太阳……永嘉浙名郡,有州曰平阳。面海负山林,实维瓯闽疆。闽寇不到瓯,倚兹为保障。"唐以前,由于年代久远,海防历史仅有少量记载,如弘治《温州府志》②和民国《平阳县志》③:"陈后主至德三年乙巳(585),丰州刺史章大宝反,攻分水岭。永嘉内史毛喜修治城隍、严饬器械,遣所部松阳令周磻领千人援之。"宋濂《温州横山仁济庙碑》中也提及了此事:"神讳凯,字公武,姓周氏,世居临海郡之横阳。生而雄伟,身长八尺余,发垂至地,善击剑……陈至德间,闽寇章大宝侵分水岭,其气势张甚,民争遁逃,神见天兵于云间,戈甲耀日,盗惊而溃。"④

　　①　刘基:《刘基集》卷十"赠周宗道六十四韵",浙江古籍出版社 1999 年版,下同。
　　②　王瓒:弘治《温州府志》卷十七"遗事·防寇",上海社会科学院出版社 2006 年版,下同。
　　③　刘绍宽:民国《平阳县志》卷十八"武卫志二·兵事",中华书局 2017 年版,下同。
　　④　宋濂:《文宪集》卷十六"温州横山仁济庙碑",吉林出版集团 2005 年版。

一、唐朝：袁晁起义军之害

唐朝时期，温州一带颇受起义军和兵祸所害，弘治《温州府志》[①]记载："宝应元年，台州贼袁晁反，陷明州，僭号，改元宝胜。十月攻温州，李光弼遣部将张伯仪破之于衢州。广德三年，袁晁伏诛。"唐至德二年（757）进士，曾任永嘉监盐官的顾况在《仙游记》中写道：

> 温州人李庭等，大历六年（771），入山斫树，迷不知路，逢见漈水。漈水者，东越方言以挂泉为漈。中有人烟鸡犬之候，寻声渡水，忽到一处，约在瓯闽之间，云古莽然之墟，有好田泉竹果药，连栋架险，三百余家。四面高山，回环深映。有象耕雁耘，人甚知礼，野鸟名鸲，飞行似鹤。入人舍中唯祭得杀，无故不得杀之，杀则地震。有一老人，为众所伏，容貌甚和，乍见外人，亦甚惊异。问所从来，袁晁贼平未，时政何若。具以实告。因曰：愿来就居得否？云此间地窄，不足以容。为致饮食，申以主敬。既而辞行，斫树记道。还家，及复前踪，群山万叠，不可寻省。[②]

此文颇有仿陶渊明《桃花源记》之嫌，但也不失为一段描述温州"瓯闽之间"百姓为避袁晁起义军之患而隐居的早期记载。关于该地的具体位置，明代姜准《岐海琐谈》收录了该文并在按语中写道："按宋曹叔远修《永嘉谱》将此《仙游记》与《莽墟赋》附在乐清雁山之后，意指其地属于北雁也。余读《记》云'约在瓯闽之间'，乃今南雁荡，在平阳县崇政乡四十八都，去县治西南百里，与福建连界。所谓瓯闽之间，抑或即此地与？如为北雁，则壤接临海，去闽远矣，断是南雁无疑。"[③]可能基于这

---

① 王瓒：弘治《温州府志》卷十七"遗事·防寇"。
② 董诰、阮元、徐松等：《全唐文》卷五二九"仙游记"，中华书局1983年版。
③ 姜准：《岐海琐谈》卷十"仙游记"，上海社会科学院出版社2002年版。

段文字表述,民国《平阳县志》卷五十九"杂事志二"收录了该文[①]。

二、北宋后期:方腊起义军之害

北宋宣和二年(1120)十月,方腊起义。宣和三年三月,方腊起义军攻陷处州(现丽水),靠近处州的温州瑞安、平阳、永嘉等地首当其冲,民国《平阳县志》载:

> 宋徽宗宣和三年辛丑三月,方腊寇至处州,温州州学教授刘士英令馆下生石砺招致海舶五十余只,以蒲门巡简林绁分统之。四月,贼迫温州,林绁兵不至,士英遣鹿西巡简,领土军及平阳、瑞安二县义勇,往拒战。

宋元时期平阳人林景熙写的《永嘉忠烈庙记》中也有详细记载:

> 宣和间,睦寇猖獗,所至同恶响应。州连陷且五六,建瓴而下,荡摇我境。守贰将弃城走,教授雪川刘公士英愤激于衷,曰:"吾徒诵《诗》《书》,讲逆顺,而俯首帖耳以事贼乎?"馆下生石砺慷慨佐之,划守御谋,行保伍法,出奇计数挫贼锋。于时海内狃安,郡无武备,而忠驱义感,独恃人心为守,保全城以还天子。越五十六日,王师至,贼始惊遁,永嘉遂为秉礼义之邦。

关于这段历史,万历《温州府志》的记载更为详细:

> 宣和庚子(二年)冬,方腊起严州帮源,连陷杭、歙、婺郡城。明年春,至遂昌,(温州)州民望风奔遁,郡守周丘鹗、倅江端本皆以城圮无固志。州学教授刘士英与学生石砺白守倅纠

---

① 刘绍宽:民国《平阳县志》卷五十九"杂事志二"。

集义兵,倅难之,固请乃许差官分户录姓名,俄闻缙云贼盛几
犯松阳仙居,贼吕师囊围台州时,人心已离而官又无斗志,闻
录以为兵寔之死地咸罪建议者,士英与砺大呼于市曰:今避贼
且死从贼亦死,惟同心拒贼有生理遂条具钱粮,白守倅每日给
米二升钱六十稍有应募者,乃分城为八界,每界以一官统之,
各据界防守,五人为一甲,甲有首,十甲为队,队有长,择材勇
者为之,以士人为之副,激以忠义,俾知守御之法,学掾卢璿及
郡义士二十有八人佐之……

可见,方腊起义军波及温州一带的时间为宋徽宗宣和三年(1121)
三月。此时,起义军攻陷处州,温州郡守间丘鹗和通判江端本因城墙毁
坏而没有固守之意,州学教授刘士英令馆下学生石砺招致海舶五十余
只,让平阳蒲门巡简林细分统之。四月,方腊起义军迫近温州,林细的
兵马却未及时到达,刘士英于是遣鹿西巡简领当地驻军及平阳、瑞安二
县义士前往抵抗交战。

刘士英(1082—1126),字仲发,武康(今浙江德清)人,年少好学,政
和二年(1112)上舍释褐,先任江苏武进县尉,后调任温州教授,靖康初
(1126)任山西太原府通判。金兵入境,刘士英与将官协力坚守,城陷,
战死,《宋史》有传。[1]

有关温州郡守间丘鹗的资料不多,其约于1120—1121年在任。

通判江端系出名门,祖父江休复(1005—1060)是1027年进士,欧
阳修为其作墓志,《宋史》有传;外祖父刘敞是1042年进士,著名史学家
刘攽、刘敞的堂兄弟。按《宋史·林灵素传》,皇帝派江端本通判温州主
要是为了监视被斥还故里的道士林灵素。[2]

就抵御起义军角度而言,郡守的抵抗决心很大程度上影响着全城
军民的士气。如方腊起义军进攻明州(现宁波)时,在郡守楼郁(楼钥祖
父,楼钥先为温州教授后为知温州)的带领下,组织了有效的抵御,保全
了明州不被起义军所占。楼钥撰《跋先大父徽猷阁直学士告》有如下
记载:

---

①　脱脱:《宋史》列传第二百一十一"忠义七·刘士英传"。
②　脱脱:《宋史》列传第二百二十一"方技下·林灵素传"。

政和间，先大父少师被命守乡邦，再任至四年。宣和二年，方腊起睦州，连陷睦、杭、歙、处四郡，声摇两浙……时先祖备御甚严，保全郡境。适召赴阙下，不敢遽去，奏乞候代，以安人心。事定奏闻，遂升学士。

显然温州郡守闾丘鹗、通判江端本并未做好一、二把手的表率作用，倒是统管一郡之教育的刘士英力排众议、挺身而出，力挽狂澜。《宋史》闾丘鹗、江端本无传，而刘士英有传，不无道理。至于方腊起义军对温州一带造成的巨大危害，胡寅为许景衡写的《资政殿学士许公墓志铭》有记载：

寇起东南，诏两浙、江东路权免茶盐比较。贼平，有旨仍旧。公论奏以为："茶盐人所日用，当视食之者众寡以为岁额高下。今被兵州县户口减半，而茶盐岁额必使与旧比，东南赤子何以堪命？"奏三上，卒从公言。

《宋史·许景衡传》中也有类似记载：

睦寇平，江浙郡县残毁，而茶盐比较之法如故。许景衡奏："茶盐之法，当以食之众寡为岁额之高下。今收复之后，户版半耗，民力萧然，而茶盐比较不减于昔，民欲无困，得乎？"奏上，诏两浙、江东路权免茶盐比较，贼平日仍旧。

可见，方腊起义军过境后的整个温州是"户版半耗，民力萧然"，平阳亦难免其灾，危害之大可见一斑。

三、南宋时期：海寇袭扰

南宋时期，朝廷虽然偏安东南，但给温州一带带来了150余年的经济文化繁荣。然而温州濒海,沿海岛礁多,为海寇的滋生提供了丰富的土壤,如瑞安海上有铜盘山、平阳海上有南麂岛等。如民国《平阳县志》卷十七"武卫志一"载:"南麂岛,此奥阔大,坐临深海,山外大洋别无山岛,贼来俱经此栖泊,实巢穴也。风顺,一二潮可至飞云港。"一方面,有从明州(现宁波)、台州、温州自北而下袭扰福州(现宁德一带宋时属福州)的海寇;另一方面,"福州前枕大海,为贼之渊"①,福州海寇也可以自南北上袭扰温、台、明州等地。因此,历史上有颇多记载。

(1)真德秀(1178—1205)《西山文集》卷五十"海神祝文":"大海之神,比者温、明之寇来自北洋,所至剽夺,重为民旅之害。舟师致讨,稍挫其锋,而余孽尚蓄也。倘弗即扑除,则其纵横海道未有穷已。某既大集官民之兵,俾往迹捕,然鲸波浩渺,实为危道,非神力助顺岂能必济?"

(2)包恢(1182—1268)《敝帚藁略》卷一:"福州之境言之,贼船自北而来者则自温州界分铜盘山(属瑞安,近平阳外岛屿)、半洋碓(应是半洋礁,现南麂岛附近)等处而入……"

(3)《宋史·李苰传》:"(李苰)以浙东提刑知温州。州濒海多盗,苰至盗息,遂以前官移浙西。"

(4)曾知温州的王之望所撰《汉滨集》卷七有载:"近台州申获海贼首领毛大等五十七人,温州申获次首领许大等九十六人。"

不管是明、台、温州南下的海寇,还是福州北上的海寇,平阳都是必经之地,其受袭扰之频率也就可想而知了。此外,平阳附近海上有铜盘山、南麂岛附近有半洋礁等近距离据点的存在,这使平阳更易成为海寇袭扰的目标。南宋时期平阳部分墓志明确记载着平阳受海寇袭扰的情况。福建理学大师林希逸为平阳金舟乡(现苍南金乡、炎亭、钱库一带)林湾里人、1250年武举三鼎甲林栋撰写的《永嘉林国辅墓志铭》:

> (林栋)性喜施轻财,救荒赒急不少吝。某梁某路苟有病
> 于人,不待告者。筑均水偃,复古运河,团保伍,捍海暴,或请
> 于诸使自为之,或献以奇策俾行之。使君得用于时,必以勚劳
> 见,惜哉!其睦族有恩,其交友有义,其持身有礼,其教子有

---

① 脱脱:《宋史》列传第一百六十"辛弃疾传"。

方,国史状已详。

该段文字给出了丰富的信息,林栋族父是变卖家产协助县令汪季良创修舥艚阴均陡门的林居雅①。林栋除了参与舥艚阴均陡门后期重建、古运河修复,还为家乡"团保伍,捍海暴,或请于诸使自为之,或献以奇策"②出力,他是在抗击海寇的实践中成长起来的。林栋后去中央武学读书,读书期间积极向朝廷上书,在抨击时政和褒贬人物忠邪方面,他总是冲在前面。林栋于淳祐庚戌年(1250)高中武举三鼎甲,林希逸称林栋在武学时文声籍籍,既有"永康学派"创始人龙川先生、状元陈亮的气骨,又有"横浦学派"创始人无垢先生、状元张九成的学问。在林希逸的眼中,林栋是妥妥的状元之才,对其评价不可谓不高。他在家乡"团保伍,捍海暴"的经历就是一段重要的历练。可惜天年不永,英年早逝!

更凑巧的是,宋代唯一一对兄弟武状元陈鳌、陈鹗及武状元项桂发,武榜眼戴应发、林弇等(见表1)武举三鼎甲的生活区域皆在数千米之内。南宋时期在金舟乡这么一个小小的区域内,武举三鼎甲井喷式出现,即使放之全国,也是绝无仅有的现象。该现象除了与南宋政治文化中心南移有关,也与此地频频受到海寇侵扰而致尚武成风有直接关系,从海防文化角度而言,这一现象值得深入研究。

表1　宋代金舟乡武举三鼎甲名单

中举年份	姓　名	等次
1138	陈　鳌	武状元
1142	陈　鹗	武状元
1241	戴应发	武榜眼
1244	项桂发	武状元
1250	林　栋	武举三鼎甲
1268	林　弇	武榜眼

---

① 杨简:《慈湖先生遗书》卷二"永嘉平阳阴均堤记",山东友谊出版社1991年版。
② 林希逸:《竹溪鬳斋十一稿续集》卷二二"永嘉林国辅墓志铭",北京燕山出版社2019年版。

四、宋元之际：兵祸不断

宋末元初，改朝换代，陵谷变迁，平阳再次受到兵祸的大规模影响。隆庆《平阳县志》卷三"灾祥"：

> 德祐乙亥十一月，赵与檡溃军夜纵火，凡三日不减，从杭云桥至平政坊，北自白石桥至黄泥桥，西自城后桥至社坛巷皆烬。

此处的德祐乙亥(1275)疑有误，应为德祐丙子(1276)，理由有三：(1)1275年，元军尚在北方，1276年11月才到温州，因此1275年时应无"赵与檡溃军"一说；(2)据弘治《温州府志》职官记载[1]，赵与檡在德祐二年丙子(1276)后期才为知州，且赵与檡词条下注为"(德祐)二年十一月初六夜弃城遁"；(3)弘治《温州府志》卷十七"宋附元"[2]："宋德祐二年丙子(1276)，(十一月)初六早，滨海举火，距城一舍地，光彻夜如昼。李帅始胁秀王弃城，席卷帑藏以逃。夜半，溃军焚劫。初七早，延燎及府治，而北门一境尽为煨烬。"可见，隆庆《平阳县志》提及的"十一月，赵与檡溃军夜纵火"事件发生的年份应是德祐二年丙子(1276)，而非乙亥年(1275)。

除了时间误记外，该段文字记载整体是可信的，可知在宋军溃退之际，秀王赵与檡等为防止物资为元军所得，采取了坚壁清野的方式，纵火焚烧温州城，且南逃途中还纵火焚烧了平阳城。宰相陈宜中的弟弟陈自中，同秀王赵与檡逃至浙闽交界地分水关，力战而亡。[3]

在陈自中拒守分水关的义军中，还有一位平阳牙阳(现属泰顺)人，他是1271年进士林雄。据林鹗等纂《泰顺分疆录》卷七"人物·忠烈·宋"："林雄，牙阳人，字子毅，咸淳戊辰进士，少帝航海南迁，元兵穷追，

---

① 王瓒：弘治《温州府志》卷八"职官"。
② 王瓒：弘治《温州府志》卷十七"宋附元"。
③ 王瓒：弘治《温州府志》卷十一"人物二·忠义"。

行军司马陈自中拒分水关,雄集义民助守,自中兵败,宋随亡。雄仍聚义,被擒,元祖义之,放归。至括,会有陶某亦起义,复与同事,兵败,死之。"

在元军入城之际,平阳泗溪(现属泰顺)的林逢龙也做出了惊人之举。林逢龙少时曾入郡学读书,后以胄牒补国子太学生,曾与同舍生齐应魁上书弹劾贾似道误国之罪和请求解救襄樊之围而被革去学籍,押解回乡,是一位妥妥的热血爱国青年。德祐丙子(1276)元兵到温州后,元将素闻林逢龙之名,在山中找到了他,强迫他跟着入城。元将想让他做官,为元朝服务,林逢龙攘臂怒骂,以腹触刃而死。①

遗憾的是,忠义之士无法阻挡元军南下征服的铁蹄,元军所到之处伴随着各种杀戮和抢夺,致使平阳人口和经济损失惨重。林景熙在《粦说》中记载:"柔兆困敦(丙子,1276)之岁,朔骑压境所过杀掠,数十里无人烟。"第二年(1277)秋天,林景熙经过北塘等地时,见到处处皆是死难者骨殖发出的"鬼火"。

林景熙在给蓬德威(1230—1301)写的《故国学内舍蓬君墓志铭》中也提到了宋元变迁后的萧条情景:"会陵谷,兵戈骚屑,所至无完室。君旋被荒秽,结小屋数间,缭以榆柳,种菊莳兰。"宋元变迁这一阶段"兵戈所至无完室"的情形,可见当年情景之惨烈。

---

① 林鹗:《泰顺分疆录》卷七"人物 · 忠烈 · 宋",上海书店出版社 1993 年版;王光蕴:万历《温州府志》卷十二"忠节",翼化堂藏版。

温州海防遗存调查和研究

——以苍南县为例

苍南县教育局　周功清

一、 问题的提出

（一）研究背景

明初，朱元璋统一全国后，采纳刘基的奏议，建立军卫法。恰逢此时倭寇对中国沿海进行侵扰，于是明朝政府在东南沿海海防要地筑城列寨，建立永久性的防御工事。海防据点的制度，分卫、所、堡、寨；重要地带设关隘；各营堡间也设烽堠报警。《明史》志六十七"兵三"记载："十七年，命信国公汤和巡视海上，筑山东、江南北、浙东西沿海诸城。后三年……复置定海、盘石、金乡、海门四卫于浙。"当时汤和经略东部沿海防务，设卫所，并在洪武二十年（1387）于沿海筑59城。当时的温州区域，在温州卫、平阳所、瑞安所、乐清所的基础上，又建立磐石卫和金乡卫，增补蒲岐所、宁村所、海安所、沙园所、壮士所、蒲门所等。

作为防卫设施的重要节点，时金乡卫所管区域超过平阳所，管辖新建立的沙园所、壮士所、蒲门所。其管辖范围北达飞云江南岸的瑞安、平阳区域，南达浙闽边界的蒲门区域，统率自苍南到瑞安沿海所有水陆关寨，南起蒲门所、壮士所，北至沙园所（今瑞安市），占据温州沿海的一半海防区域。

嘉靖三十六年（1557），添设温处参将，驻扎温州，协调、管辖温州、处州、台州等地的军事事务，所属有金磐备倭把总，后驻扎金乡卫，以都指挥的身份统一调度，专管水关，统领兵船，游哨飞云、江口、镇下等关。管辖自镇下关至磐石（今乐清市）、黄华（今瓯江北岸），包括玉环（今玉环市）、南麂（今平阳县）的辽阔海域。

明代，金乡卫守御旗军，在炎亭、大小濩、珠明、肥艚等地方设中营一，总团驻扎在肥艚。嘉靖四十三年（1564）为防倭，建炎亭、珠明 2 营。

自建制后，金乡卫下辖庙背寨等 11 个兵寨、半塘墩等 15 个烽墩；蒲门所下辖 2 个兵寨、1 个瞭望台、3 个烽墩；壮士所下辖 1 个瞭望台、3 个烽墩；沙园所下辖 4 个兵寨、1 个瞭望台、4 个烽墩。

（二）国际国内研究现状

国内外对于海防遗存的研究，一般融合在明代历史研究中，独立的海防研究相对较少，这方面的研究至今仍不属于学术界关注的热点，且多融合在抗倭研究中。新时期以来，学界对于倭寇的认识存在不同的看法，以致时人对于明代海防遗存及历史的认同感产生较大的差异，倒是日本的田中健夫著《倭寇——海上历史》、松浦章著《中国的海贼》等书，对明清两个时期的不同海事及海防做了梳理。通过检索发现，关于海防遗存的现代研究专著数量较少，国内目前主要有宋烜的《明代浙江海防研究》，苏勇军的《明代浙东海防研究》，张亚红的《宁波明清海防研究》；另有研究论文：李新峰的《论明代沿海卫所人口田地与州县的关系》，王日根的《明代海防建设与倭寇、海贼的炽盛》，施剑的《明代浙江海防建置研究》《试论明代浙江沿海卫所之布局》，王海鹏的《烟台海防遗存一览》，王海鹏等的《论明代登州的海防筑垒及其遗存保护现状》，孔德静等的《明代环渤海海防建筑遗存与海上长城文化资源的文旅发展战略》，陈政禹的《明清惠州海防建置及遗存述略》，钟行明、王雁的《基于"系列遗产"视角的青岛海防遗产整体性保护与活化路径》，王清爽、张丹的《江苏明清海防炮台建筑遗存》，周润垦等的《江苏明清海防遗存调查报告》，薛广平、张露文的《失落的"海上长城"——明清时期青岛地区的海防遗存》，李宏松的《明清海防遗存认定、分类及保护特性研究》,张长水的《明清之际漳州海防遗存及其保护状况蠡测》,张建雄的《让"海上长城"永矗南天——关于虎门地区清代海防遗存保护对策的探讨》,吕洪年的《保护古代抗倭斗争的历史文化遗存》等,其他涉及抗倭文化的论文相对较多,不再一一列举。

(三)苍南海防遗存研究现状

苍南作为一个新兴县,于1981年从平阳县析出,又于2019年再次析出龙港市,故其历史与这两个县市相交错。苍南境内的金乡镇系明代金乡卫的主城所在地,金乡卫管辖范围北达瑞安市,故对苍南海防遗存的调查和研究将涉及温州沿海的一半区域。而苍南海防遗存的保有量在温州区域占据较大的比例,也拥有温州海防遗存中的1处全国重点文物保护单位,可以说是温州海防遗存的主要代表,故对苍南海防遗存的研究实属必要。

2005年,苍南县政协编有文史资料第20辑《抗倭名城——金乡·蒲城》,蒲城文保所也编有《蒲城四有资料》。2007年,蒲城文保所编有《壮士所城白湾堡巡检司遗址四有档案》。2014年,蒲城文保所编有《蒲壮所城文物保护规划资料汇编》。2015年,苍南县文化局编撰"蒲城文化丛书",后于2018年出版《蒲城海防遗存》《蒲城乡土建筑》《蒲城方言》《蒲城人物》《蒲城拔五更》等。另杨勇有《金乡记忆》一书,涉及金乡卫海防遗存,钱克辉撰有题为《苍南县发现一处明代海防遗存方城底东城门》的论文。这些研究涉及苍南海防遗存的历史变革、体系类型、文化遗产等,解决了一般性的问题,但还缺少宏观性的把握、微观式的辨析,尚留下不少问题。

(四)研究意义

苍南海防遗存,包含原金乡卫防御体系里的金乡卫、蒲门、壮士等千户所及下属的寨、堡、巡检司、烽堠等军事设施遗址,目前遗存众多、体系完整、类型丰富,具有重要的文物价值和历史价值,是中国沿海保留最为完整的海防遗存,也具备申报世界文化遗产的特质。其中蒲壮所城是第二批全国重点文物保护单位,包含众多的遗存和遗址,具有非常高的研究价值。目前苍南县虽设有专门管理蒲城文保的机构——蒲城文保所,但由于职权所限、人员短缺,仅局限于管理蒲城范围内的文物单位,而金乡卫及附近的抗倭遗址缺少相应的专属管理,苍南沿海海防遗存的家底没有经过完整的盘点,因此须要通过实地调查和文献研究,进一步梳理苍南沿海海防遗存的基本情况,揭示其发展脉络,厘清遗存在古代文献中的对应名称,辨析、考证海防遗存的演变历程,从而为保护、开发、利用整个区域海防遗存打好基础。苍南的海防遗存在温州地区占据重要地位,而且金乡卫的海防体系涉及瑞安、平阳、龙港、苍南多地,因此苍南海防遗存研究具有更广泛的意义。

二、研究内容

对海防遗存的研究内容包括:(1)温州地区飞云江以南区域及苍南沿海海防体系的研究;(2)调查苍南全县范围内的海防遗存;(3)甄别古代海防著作中现有海防遗存的名称,确认苍南海防遗存。

通过厘清苍南海防体系,调查、盘点苍南海防遗存,考证现存海防遗存,辨析遗存与文献记载的关系,清晰了解苍南海防遗存的保存现状及特征,达到摸清苍南海防遗存家底的目的,展示苍南海防遗存的独特价值。

(一)厘清海防体系

根据文献记载的明代抗倭体系基本特征,结合本地实际,分别对明代卫所制度的制定、东南海防设施的设置情况、职官设置、明清时期海防历史进行梳理,特别是要厘清金乡卫的抗倭体系,因其是整个苍南海防体系的主体部分。

明初实行卫所制,在旧平阳区域内首先设置平阳千户所,在洪武十一年(1378)再设置仙口巡检司、江口巡检司、小渔野巡检司、下村巡检司等,并辅以众多烽堠,作为海防的辅助机构。

洪武二十年(1387)置金乡卫。金乡卫统率自苍南到瓯海沿海所有水陆关寨,南起蒲门所、壮士所,北至沙园所(在今瑞安市)。金乡卫辖区海岸差互、海湾众多,北部区域为平原,飞云江和鳌江的出口均在境内,中部和南部则有系列山脉由舥艚之地延伸至蒲门区域。

自建制后,金乡卫下辖庙背寨、屿门寨、大峃寨、炎亭寨、大濩寨、小濩寨、石塘寨、石砰寨、大渔野寨、小渔野寨、半塘堠、尖山堠、白崎堠、马迹堠、凤凰堠、猫头堠、上垟堠、舥艚堠、毕湾堠、东岗堠、岭头堠、东山堠、蒙湾堠、蓝头堠、舥艚门堠、奠山堠等军事设施。

蒲门所下辖菖蒲洋寨、埏溪寨、水竹台、悬中堠、四表堠、分水堠等。

壮士所下辖高阳台、雷奥堠、尖山堠、时家墩等军事设施。

沙园所下辖陡门寨、仙口寨、眉石北寨、眉石南寨、眉头台、冷水堠、宋步堠、仙口堠、烽火堠等军事设施。

在建立卫所、寨堡、烽堠外,相继建立了屯田、冶铁、交通驿站及制盐场等制度和设施,形成金乡卫完整的防御体系。

经过近200年,卫所制度废弛,在抗倭斗争中越来越难以起到主要作用。于是,嘉靖三十四年(1555)增补了海上防卫金磐备倭把总。不久后移驻金乡卫,以都指挥的身份统一调度,专管水关,统领兵船,游哨飞云、江口、镇下等关。管辖自镇下关至磐石(在今乐清市)、黄华(在今瓯江北岸),包括玉环(今玉环市)、南麂(在今平阳县)在内的辽阔海域,而且还管至宁村所(在今温州市瓯海区)、海安所(在今瑞安市)。

此后,在炎亭、大小濩、珠明、舥艚等地各设1营,总团驻扎在舥艚。嘉靖四十三年(1564),为了防倭,再建炎亭、珠明2营。

(二)厘清苍南沿海及原金乡卫管辖范围的海防设施

通过文献研究,明确了苍南历代沿海海防设施的设置,其中明代的抗倭设施最为典型,也最为完善,是苍南沿海海防的重点设施。明代的金乡卫管辖蒲门、壮士、沙园等3个千户所,其范围包括飞云江以南区域,涉及今瑞安、平阳、龙港、苍南等地。

唐咸通年间,设蒲门戍,驻兵数量不详。诗人陈陶(812—885)经过蒲门,作有《蒲门戍观海》一诗见证。

宋熙宁元年(1068),设蒲门寨,派兵驻守。元丰元年(1078)于蒲门戍设寨。元祐五年(1090)于蒲门寨设官营造船场。

元大德元年(1297),平阳置镇守千户所,称"平阳所"。

大德八年(1304),蒲门立镇守司。

明洪武元年(1368),平阳建仙口堡。

洪武二年(1369),设平阳守御千户所。设镇下关,派兵把守。

洪武七年(1374),增筑平阳县城。

洪武十一年(1378),在平阳区域内设置巡检司,有江口巡检司、肥艚巡检司、小渔野巡检司、下村巡检司。

洪武十七年(1384),为防倭寇,置金乡卫、蒲门千户所、壮士千户所、沙园千户所。金乡卫设指挥使司、指挥使等官97员,旗军4928员。沙园所设千户等官13员,旗军1250员。蒲门所设千户等官14员,旗军1232名。壮士所设千户等官15员,旗军1232名。

洪武二十年(1387),由信国公汤和主持建造金乡卫城、蒲门、壮士、沙园所城。是年,于横阳古道上岭山东南设立驿站,供过往军马憩息。其处即名"马站"。仙口堡迁墨城。

成化十三年(1477),重修仙口寨城。

弘治十五年(1502)前,壮士千户所迁移至蒲门所城。

嘉靖二年(1523),设立南关、北关、镇下关等3个关卡,派兵把守。

嘉靖三十二年(1553),建榆垟、宋埠等民堡。

嘉靖三十三年(1554),增设镇下门水寨,防御沿海倭寇侵犯。是年,在蒲门招募水军1支。

嘉靖三十四年(1555),设金(乡)磐(石)备倭把总,驻金乡卫,专管水关。统辖水兵5支、船48只、兵1255名。

嘉靖三十八年(1559),设温处参将,统陆兵九总,其中左营、中营、前营、珠明营、炎亭营等5把总,分驻蒲壮所、金乡、仙口、珠明岭、炎亭等要冲,以防倭寇。

嘉靖四十四年(1565),在小濩建龟峰堡。

隆庆四年(1570),镇下关设总哨官,泊官岙。

清顺治三年(1646),在平阳设置驻防官1名。

顺治五年(1648),设置蒲门、壮士、七溪、双排、后同、石塘、龟峰等急递铺。

顺治十六年(1659),在平阳设副将1名、参将1名。

顺治十八年(1661),清军大批进驻蒲门,执行"迁海令"。

康熙八年(1669),在平阳设总兵官,驻扎平阳,标下有中、左、右3

营,管辖瑞安。官制设置,中、左、右游击各 1 名,守备各 1 名,千总各 2 名,把总各 4 名。设置蒲壮营,设有守备 1 名、千总 1 名、把总 2 名。

康熙五十二年(1713),设蒲壮守备及千总 3 名、兵 295 名,调防处州。

雍正十三年(1735),设蒲门巡检司,置弓兵 12 名。

乾隆十二年(1747),平阳协派兵驻防蒲壮、镇下关等地。

乾隆二十三年(1758),镇下关驻有千总 1 名、兵 46 名,蒲壮汛驻有左营守备 1 名、千总 1 名、外委千总 1 名、兵 141 名。

同治十一年(1872),蒲门左营守备撤防。

光绪二十四年(1898),镇下关驻有千总 1 名、兵 26 名;蒲壮汛有把总 1 名、外委把总 1 名;赤溪汛有外委把总 1 名、兵 70 名。

从研究得知,自明代起,金乡卫范围内的各个海防设施因战略重点的转移、战事的需要,防卫侧重在不同时期有所变化,主要表现在以下 3 个方面。

(1)将金乡卫作为防卫重点,在可达内地的关键之处均设有关隘,外围更构置许多旱寨。关隘有珠门隘、岭门隘、洪岭隘、炎亭隘、将军隘等,旱寨分别是庙北寨、屿门寨、肥艚寨、大岙寨、炎亭寨、大濩寨、小濩寨、石塘寨、石砰寨、大渔野寨、小渔野寨等。

此后,在炎亭、大小濩、珠明、肥艚地方设中营,嘉靖四十三年(1564)为防倭,再建炎亭、珠明 2 营。

(2)前期的军事设施环绕卫所设置,后期则根据军事需要做重新调整。

以马站区域为例。在前期,从蒲门壮士所周围的设防情况看,根据马站区域特殊的地理条件,东、西两侧各有半岛,中为内海,即东侧半岛为从渔寮至霞关一线的滨海山脉,西侧半岛是笔架山及其余脉,中间为旧蒲海,今已变为马站平原。根据当时的地理条件,在东侧多设烽堠,作为预警系统,仅在战略要点设置军事单位,如在众多的预警系统中只设置了镇下门水寨;西侧以蒲门壮士千户所为中心,在其东、西两侧的山地中设防,北面有下魁隘、上魁隘,南面为木林隘、团军隘、菖蒲隘,并相应布置预警的烽堠,但数量相对较少。

在后期的防卫设置中,东面濒海的霞关半岛在原有布置众多预警系统的情况下,逐渐增加镇下门水寨、程溪寨、高洋寨、三雷寨、七溪寨等军事设施,西面的内侧则多在南侧的海口设置木林寨、菖蒲洋寨等,即将前线推移到海口外侧。

(3)一地如果属于战略要地,根据需要,会同时设置两类军事单位,各自行使军事职能,但一般不设在同一个处所。如仙口巡检司和仙口寨、肥艚巡检司和肥艚寨、炎亭寨和炎亭隘等,由此可见龟峰巡检司和小濩寨最初也并不是在同一个地方,而是各自设置在不同区域。而小濩之地比较偏窄,无处另设龟峰巡检司,最后只能与小濩寨合在同一个城堡内。初期如果是同一地的不同军事设施,一般名称会大致相似;后期,有些非战略要地被废弃,合并为一处的情况多有发生,如江口巡检司和麦城寨、肥艚巡检司和肥艚寨、龟峰巡检司和小濩寨共处一堡。

(三)调查、盘点苍南沿海海防遗存的基本情况

经历了数百年的风雨,苍南沿海海防遗存逐渐淹没在岁月中,大部分的寨堡和烽堠烟消云散,遗留下来的也大多是残垣断壁。尽管如此,由于苍南位于浙闽边界,濒临东海,在过去的相当长一段时间里,交通闭塞,许多抗倭设施位置更是偏僻,它们仅仅受到自然因素的侵蚀,人为的破坏反而相对较少,因此仍然保存了很多的海防遗存,但其完整程度不一。其中,体量最大的金乡卫城破坏较大。民国期间,其城池保存得还相对完好,附属设施都比较完善。中华人民共和国成立后,随着人口的增多、社会经济的发展,其破坏程度逐渐加剧。特别是改革开放以来,作为温州地区改革开放的前沿阵地,金乡镇的商品经济得到极大的发展,逼仄的金乡卫城极大限制了金乡的发展,加以金乡人一向以城内人自居,没有迁到城外居住的习惯,最后城墙被迫拆除,城内的河流被填埋,这些卫城的标志逐渐消失,所幸金乡卫城的基本结构仍然比较完整,尚保留完整的护城河,以及1座城门、2个水门,还有其他的一些城防设施。另外,位于平原区域的一些小城池也因经济的发展而没能保留下来。倒是在沿海山区,有些城堡在各种机缘下得到不同程度的保存。规模相对较大、保存比较完整的是蒲壮所城,其次是白湾堡和渔吞堡,遗址保存比较好的有壮士所城遗址、龟峰巡检司遗址等。其保存的总体数量在中国沿海区域相对比较多,而且相对集中,类型多样,具备

完整的体系。反观温州其他区域,如乐清的磐石卫、龙湾的海安所、瑞安的沙园所,因经济的发展而基本拆除,不见痕迹。

苍南海防遗存目前保存情况统计如下。

卫所:金乡卫城遗址、蒲壮所城、壮士废城遗址。

巡检司及寨、堡:白湾堡(七溪寨)、龟峰巡检司(小岙堡)、大姑营遗址(旧龟峰巡检司)、大渔野寨遗址、程溪寨遗址、菖蒲洋寨遗址、朱堡等。

关隘:大隔巡检司遗址(木林隘)、镇下关、岭门隘、将军隘。

墩台:南堡烽堠、四表烽堠、悬中烽堠、时家烽堠、高洋烽堠、尖山烽堠、雷奥烽堠、濛湾烽堠、兰头烽堠、东山烽堠、东岗烽堠、岭门烽堠、毕湾烽堠、奠山烽堠、凤凰烽堠、马迹烽堠。

目前,根据文物部门的"三普"调查,这些海防遗存大部分已被列入保护计划。首先被列入保护计划的是蒲壮所城系列,成为第二批全国重点文物保护单位,这个系列包括蒲壮所城、壮士所城遗址、龟峰巡检司遗址、白湾堡、南堡岭烽堠。金乡卫城,夏文墓,大、小烟墩山烟墩等被列为文物保护点,菖蒲洋寨、埕溪寨及大部分烽堠被列为县级文物保护单位。渔岙堡现为浙江省历史文化村落。金乡镇为浙江省历史文化名镇(见表1)。

由于年代久远,受各种因素的影响,尚有一定数量的烽堠和烟墩未能明确其历史渊源、确定其具体的信息。这些遗存所分布的区域,从南到北分别为马站镇、沿浦镇、霞关镇、赤溪镇、大渔镇、金乡镇、炎亭镇,在"苍南168黄金海岸线"的区域内,基本分布在沿海这一大片山脉之中,有些烽堠甚至位于山巅。目前,有些偏僻的区域少有人烟,许多遗址被淹没在草木之中,风吹雨打,大多倾颓。更多的遗址因缺少完整的建筑,成为不起眼的废墟,难以成为景区的景点,对于保护极其不利。

表 1 被列入保护的海防遗存统计表

序号	名称	位置	保护级别
1	金乡卫城	金乡镇狮山社区	县级文保单位
2	大烟墩山烟墩	大渔镇渔岙村	县级文保单位
3	小烟墩山烟墩	大渔镇渔岙村	县级文保单位

续　表

序号	名称	位置	保护级别
4	夏文墓	马站镇西门外村	县级文保单位
5	小岙堡	大渔镇渔岙村	县级文保点
6	烟台山烟墩	金乡镇凤凰村	县级文保点
7	埕溪寨	霞关镇新林村	县级文保点
8	菖蒲洋寨	沿浦镇云亭村	县级文保点
9	城门朱堡	马站镇城门顶村	县级文保点
10	大炮手烟墩	马站镇兰山村	县级文保点
11	烟墩贡烟墩	赤溪镇安峰村	县级文保点
12	烟墩脚烟墩	赤溪镇新东村	县级文保点
13	三步擂烟墩	赤溪镇园林村	县级文保点
14	打石坑烟墩	马站镇草屿村	县级文保点
15	田寮烟墩	马站镇渔寮湾社区	县级文保点
16	关头山烟墩	马站镇兴岙村	县级文保点
17	大尖山烟墩	马站镇崇安村	县级文保点
18	柳垄烟墩	霞关镇三澳村	县级文保点
19	南关岛烟墩	霞关镇霞关村	县级文保点
20	大垵山烟墩	霞关镇瑶洞村	县级文保点
21	北关岛烟墩	霞关镇瑶洞村	县级文保点
22	棕榈头军事遗址	赤溪镇新东村	县级文保点
23	顶魁山烟墩	马站镇城门顶村	县级文保点
24	马尾礁烟墩	金乡镇坑南村	县级文保点
25	石钟岗烟墩	霞关镇澄海村	县级文保点
26	岭尾贡烟墩	沿浦镇岭尾村	县级文保点
27	凤凰山烟墩	炎亭镇海口村	县级文保点
28	罗家山烟墩	马站镇兴岙村	县级文保点
29	北山烟墩	金乡镇坑东村	县级文保点
30	岭头烟墩山烟墩	大渔镇大岙心村	县级文保点

(四)辨析现有遗存与文献记载的关系,明晰遗存的实际状况

由于时移世易、年代久远,加上不同历史时期的军事需求,这些海防设施历经数百年后,发生了较大的变化,甚至其功能、名称也发生了变化,致使原来文献所记载的海防设施与现存的海防遗存出现难以"对号入座"的情况。许多古代文献所记载的海防设施在现实中已经找不到踪迹,而相对于文献记载的对象,在现实中似乎又凭空多出不少海防遗存。为了辨析两者之间的关系,同时也为了厘清现存的海防遗存的实际渊源,课题组走访了蒲城文保所,以及沿海各村落,通过田野调查,摸清了海防遗存的基本情况,并与古代文献的名称进行一一对照,基本厘清了文献中现存海防遗存的基本信息。

1.考证壮士所城的弃城时间,辨析蒲城和雾城(壮士旧城)的关系,了解壮士所城遗址的城制特征,以及对蒲城的影响情况

壮士千户所,位于今浙江省苍南县马站镇渔寮社区雾城村,建于明代洪武二十年(1387),是沿海 59 个卫所中的一员,属金乡卫管辖的 3 个千户所之一。据记载,由于壮士所城经常受到倭寇攻击,难以守卫,遂弃城归并到蒲门千户所,壮士所城变成废城,今尚有比较完整的遗址。

关于壮士所城的具体废弃情况,历代史志语焉不详,难以详知其情。兹从文献记载和出土文物中找寻其蛛丝马迹。

(1)文献记载及辨析。

历代文献记载壮士所城撤并的直接证据有 4 处。其一,弘治《温州府志》卷九"兵卫":"壮士千户所,洪武二十年置于平阳小洋孙。后因倭夷登岸,归并蒲门城内。"按,弘治《温州府志》于弘治十六年(1503)修成。其二,嘉靖《温州府志》卷六"兵卫":"壮士千户所,在平阳小洋孙,洪武二十年立,后因倭夷登岸,归并(併)蒲门城。"内容与弘治《温州府志》基本相似。其三,《大清一统志》记载,温州府"又壮士守御所,在县东北五十里,明洪武二十年建。筑城,周二里有奇。隆庆初,并入蒲门所。今设蒲门巡司"。按,《大清一统志》系清朝官修地理总志。其四,苍南县马站镇城门朱堡朱氏宗谱记载:"永乐十五年闰五月,有倭船八十三只攻坏城垣,对敌阵亡。申文到兵、工二部,经八个月圣旨下修城,

不期龙脉伤断,即修即塌,不得已奉旨将蒲门所城池画半与壮士所官军栖止。东门有所基在焉。"

从以上 4 处记载看,关于壮士所城弃城的时间有以下三种说法:第一,永乐十五年(1417);第二,弘治十六年(1503)前;第三,隆庆初。对于这些说法的辨析,可以借助历史文献记载的战事、事务,以及古旧地图所绘制的地图标注来考证。

(2)从战事、文物、文献等方面考证。

从战事来看,关于壮士所城被攻击的历史,《皇明经济文录·倭夷寇边略》《日本考略·寇边略》《重刊日本考略》《西园闻见录》皆有相似的记载:"永乐……十五年……正月十五日船八十四只寇海门卫,又寇金乡卫、壮士所及平阳岐山地方。"可见城门朱谱所载于明永乐十五年(1417)被攻打,确是事实,但文献均未言明是否被攻破。又《筹海图编》记载:"正统四年陷大嵩所、昌国卫……八年六月,寇海宁、乍浦诸处,十月寇壮士所;景泰六年寇健跳所;成化二年寇陷大嵩所。"这个时间记载了壮士所再次被攻击的史实。与"正统四年"的大嵩所、昌国卫被攻陷,"成化二年"的大嵩所被攻陷,其记录的文字并不相同,壮士所仅载被攻打,并没有明确说明为被攻陷。

由此可知,此前有人论断"永乐十五年"和"正统八年"为壮士所被攻陷的时间,皆为不确。在战事方面,正统八年应是文献记载壮士所被攻击的最后一次战斗,当可作为归并时间的上限。

再从文物、文献记事来看,①《王母太宜人史氏墓志铭》是一块出土文物,所立时间为明代弘治十五年(1502),记载的是壮士所千户王氏一家的基本情况。碑上刻有"金乡卫壮士千户所官舍王瑞走百六十里,抵余草堂"等文字。一百六十里当在蒲门所,由此可见壮士所早在此时间前已归并到蒲门之地,故归并时间比弘治《温州府志》的编纂时间(1503)可略推前。②《遗爱亭碑记》也是一块出土文物,所立时间为明代嘉靖十五年(1536),记载蒲城内的遗爱亭建造事宜,立碑者为壮士所千户、百户等官兵一干人等。所言为蒲城内之事,却由壮士所官兵所建造,可见当时蒲门、壮士二所已经同处一城中。③明代汤日昭撰万历《温州府志》,其卷六载:"分布哨御蒲门所与壮士所,同坐平阳县五十五都。"据记载文字叙述内容,此时蒲门所和壮士所虽已在同一个地方,然编制依旧各自存在。

（3）从名称变迁去考证。

①《大明会典》始纂于弘治十年（1497），正德六年（1511）颁行。所列的卫所名称即有"蒲门千户所 壮士千户所"的内容。②《筹海图编》一书于明代嘉靖三十五年（1556）开始编撰，嘉靖四十一年（1562）初刻。"沿海山沙图"标注着"壮士旧城"，在谈到浙江防务事宜时，称"蒲门壮士二所"，两者已合称。可见嘉靖年间，壮士所已完全废弃，两所已经完全合并。由这些时间节点推测，壮士城被废弃的时间当在 1502—1536年，即弘治末至嘉靖时期，时间跨度为 34 年。③蔡逢时撰于万历丙申年（1596）的《温处海防图略》，"浙江温州图"内有"蒲壮二所"的名称。另"温处海图"内有"蒲门壮士二所"的名称，还有不清晰的壮士所标示。至万历年间，对于蒲门、壮士所的称谓，已经并称"蒲门壮士二所"，或简称"蒲壮二所"。此后的资料皆为如此，如成于明万历二十七年（1599）、由王鸣鹤所撰《登坛必究》和成于明天启元年（1621）、由茅元仪所辑的《武备志》均称"蒲门壮士二所"，时两所已经合称。清代嵇曾筠所撰雍正《浙江通志》则称"壮士所、蒲门所共一城，操军各一"，也明确了两所共处的情况。

由此判断，壮士所城在永乐四年（1406）、正统八年（1443）均被攻击过，但尚未被舍弃。至弘治十五年（1502）前，应已迁移到蒲门所。此后，直至嘉靖年间，一直共处在同一城，蒲门所在西，壮士所在东。嘉靖后期，两者不再分开称呼，而直接合称"蒲门壮士二所"，今则简称"蒲壮所"。至于文献记载的"隆庆初"合并，显然是一个错误的判断。同时，从这些情况可判断壮士所废弃是一个渐进的过程。

（4）考证弃城时间的意义所在。

确定壮士所城的弃城时间，不仅对壮士所城本身有着重要意义，而且可以解开蒲壮所城的许多谜团，是破解蒲壮所城许多不明之处的关键所在。

①对蒲城名称变革的影响。从文献中可以看到蒲城有不同的名称，初为蒲门千户所，后为蒲门壮士所，再简为蒲壮所。其缘由与壮士所入迁蒲门所有关系。②对于判断壮士所城的城制特征及考古挖掘均有意义。可判断明代城制建设的特征，由考证可知目前的古城遗址属

于明代中前期，保存着当时明代城制的基本特征，不仅有考古意义，而且可补充文献的不足，并且提供当时明代城制的实证。从考古的角度看，明确壮士所城废弃时间对于明代中前期城制的考察具有指导意义。可将考古内容比对文献制度的记载，形成明代中前期城制的基本结论。③可解释蒲城两座晏公庙的来历。明初制度，每卫所均置晏公庙（又称"平浪王庙"）。根据明代官方祭祀体系观照，晏公被普遍祭祀。明嘉靖《温州府志》有关于蒲城内军队驻扎情况的记载，即蒲门所驻扎城西，有营寨及后勤设施。壮士所驻扎城东，也有营寨和后勤设施，且两所共用校场。而蒲门所和壮士所内均有晏公庙，根据目前蒲城内有东、西晏公庙的情况来看，可判断西晏公殿为蒲城原有的建筑，系始建即已存在。而东晏公庙则应是明中期由壮士所迁来。其时大约城内建筑已满，实无空地可供修筑新的晏公庙，于是建在东门城墙上。东晏公庙不仅选址有典故，而且朝向也有讲究。由于东晏公庙迁自壮士所，故其庙宇朝向东北，即朝向故城，以寄托思念旧城之情。④可明晰民俗"拔五更"的起源及时间。拔五更是蒲城现存最奇特的民俗活动，是正月元宵民俗的一个独特类型，现为浙江省非遗项目，目前均以渔人从李家井水上获得晏公木像的传说作为其起源。其实，捞神像的传说几乎是所有地方宫庙神灵的来源类型。在蒲门、壮士两所并存时期，特别是明代后期，两所士兵利用祭祀晏公的时机，以练兵为目的，开展负重竞赛，作为军事训练的一种手段，后逐渐演变为一种观赏性的竞技比赛。至清代，由于所城军事功能的削弱，此项竞技比赛被赋予更多的宗教色彩，与迎神赛会结合，逐渐演变为一种信仰活动，成为今天蒲城的一道民俗盛宴。⑤可解释《遗爱亭碑记》中夏恩为壮士所千户的疑问。《遗爱亭碑记》背面勒刻建碑捐款者名讳，皆为蒲壮所城内的壮士所官兵，其首名即为"壮士千户所千户夏恩"。按，夏家历代世袭蒲门所千户，然此地碑记却勒刻着夏恩为壮士所千户，与过去的认识大相径庭。如果从壮士所迁入蒲门所后，两者在嘉靖年间已进入共存阶段，夏恩转任壮士千户所千户就不难理解了。

由此可见，确定壮士所城的废弃时间，可了解其对蒲城的建筑格局及风俗形成具有一定影响，在历史、建筑、民俗等方面均具有重大意义。

2. 辨析两个龟峰巡检司的缘起和变革

关于龟峰巡检司的位置所在，有一个公案存在，原因是文献所载龟峰巡检司的军事领地可能包括两处：一处记载在五十三都，一处记载在五十二都。五十三都的龟峰巡检司即为今渔寮社区三墩洲之地，俗称"大姑营"。五十二都的龟峰巡检司位于小濩，在今大渔镇渔岙堡村，又称"龟峰堡"。

龟峰巡检司的具体位置及存在时段，《读史方舆纪要》卷九十四记载为，平阳县龟峰巡检司：在县东南九十里，亦明初置。嘉靖初废，改置龟峰堡。编纂于嘉靖十六年（1537）的《温州府志》记载："龟峰巡检司，在招顺乡……龟峰巡检司巡检一员。"《筹海图编》卷五"浙江兵制·温州府"记载："龟峰，弓兵一百名。肥艚，弓兵一百名。"以上所提供的信息只是一个大致方向，未能言明具体的位置。

《筹海图编》之《浙江沿海山沙图》有"龟峰巡检司"，其位置在蒲门壮士二所和壮士所废城之间。明范涞撰《两浙海防类考续编》卷一有《全浙海图》，内有"龟峰隘"，位于下魁隘和城门隘及壮士废城间，其位置的标注更为明确，这片区域属于五十三都，大概位于今大姑营之所在。同时，地图上另有"龟峰巡司、小濩寨"的名称，两者是连在一起标注的，位置在今小岙堡。清雍正《玉环志》卷二"舆图·全浙海图"所绘地名与上之《全浙海图》基本相同，并且更为清晰。

嘉靖年间，沿海防卫体系中增补了多处营寨，平阳之地设有小濩寨。按，平阳沿海多为湾岙，往往一个岙即为防卫之处，壮士所、小濩、大濩等皆如此。其地狭窄，只能在本地设防，故小濩寨驻地当在今小岙堡所在地。《筹海图编》言："小濩寨：与龟峰巡司相联，南临海，至竿山一潮，比□山，巡司逼临海滨，贼最易登犯，额设。弓兵：旗军防守。"此记载时间为嘉靖三十四年（1555），可见至少在此时段，龟峰巡检司已搬迁至小濩。

由此基本可以推断，早期的龟峰巡检司确在今三墩洲之地，民国《平阳县志·建置志》做"大姑营"，姑山原名"龟山"，盖山形似龟，故名。《武卫志》载，明洪武廿六年（1393），置龟峰巡检司，明蒲壮所设大姑营，以御倭寇。

到嘉靖后期，再迁到今小濩之地，并与小濩寨处于同一地，其城堡格局有更多的官方特征。至万历间，原五十三都龟峰巡检司遗址又设龟峰隘，再次具备短暂的军事身份。

至嘉靖四十四年(1565),平阳建龟峰堡。民国《平阳县志》卷六"建置志·废堡"记载:"龟峰堡,在五十三都,明嘉靖乙丑巡检王□建,有石刻《王公建堡去思碑记》。"小濩,又称"小峇",乾隆《平阳县志·疆里》记载系五十二都,故此处记载有误。民国《平阳县志·舆地》里也载在五十二都。

3.探索明代金乡卫所辖烽堠墩台布局的变迁

根据对金乡卫及苍南沿海烽堠分布情况的文献搜索,了解到苍南沿海的烽堠设置从明初至明中、后期发生了较大的变化,并且由于各种历史原因,导致其名称及实际位置的标示都发生了不少变化,有必要予以勘定。

(1)分析各类墩台的设置与变化。

①烽堠名称的勘定。

各处烽堠在不同历史时期,因为口音和记载的差误,导致同一处烽堠出现多个名称的情况,易让人无所辨别,兹列举同一处烽堠的不同名称(见表2),根据其实际位置、归属关系,对照不同文献的记载,以及当前的名称沿革,予以重新勘定,从而获得确切的名称。

表2　同一处烽堠的不同名称表

序号	烽堠名称	出处	勘定	序号	烽堠名称	出处	勘定
1	拦头	弘治《温州府志》		2	刘家山	弘治《温州府志》	
	兰头	其他文献	√		时家山	其他文献	√
3	漾湾	弘治《温州府志》		4	复嵯	弘治《温州府志》	
	濛湾	《温处海防图略》			后嵯	其他文献	√
	蒙湾	其他文献	√		后槽	现代地名	
5	关山	《温处海防图略》		6	下村	弘治《温州府志》	
	关头	现代地名			下材	其他文献	
					厦材	其他文献	√
					下在	现代地名	
7	卑湾	弘治《温州府志》		8	玄中岩	弘治《温州府志》	
	毕湾	其他文献	√		县中岩	其他文献	
					悬中岩	其他文献	√

续 表

序号	烽堠名称	出处	勘定	序号	烽堠名称	出处	勘定
9	高洋	其他文献	√	10	奠山	其他文献	√
	高垟	《筹海重编》			郑山	《温处海防图略》	
11	白崎	其他文献	√	12	峰瑞	其他文献	
	白骑	《筹海重编》			峰端	《两浙海防类考续编》《浙江温州府属地理舆图》	
	白奇	《浙江温州府属地理舆图》					
13	平岭	其他文献	√				
	半岭	《浙江温州府属地理舆图》					

②在明初卫所尚未完善的时期,沿海烽堠主要由巡检司管辖。至卫所时期,预警系统并入卫所管辖。其中有的烽堠统属于整个预警系统,也有少数烽堠属于卫所等各级军事单位,专用的烽堠大多不列入这个系统里,故文献多不记载这类烽堠,这导致此后在调查中往往出现与文献所记载不符的墩台,如旧龟峰巡检司建于山中,需要有专门的烽堠作为预警,所以它的外侧有俗谓的大炮手炮台,即其专用的烽堠,但不载于文献。至清代,基于当时的防御理念,沿海又增设了不少新的墩台,导致此后的墩台数量往往与历史文献所记载的墩台数量出现难以一一对应的情况,至近代,沿海处处是烟墩,名称往往重复,却难以辨析何为明代所设,何为清代所设,由是墩台的历史渊源极其混乱。

③在明代后期,因为军事需要,出现了将一些烽堠改设为关隘和军营的情况。对《温处海防图略》和《两浙海防类考续编》的烽堠设置进行对照可知,石砰烽堠、珠明烽堠、江莱烽堠分别改设石砰寨、珠明隘、江莱寨,当然,或者也有将珠明旧营在此基础上改设珠明隘的可能。总之,这些情况都说明了各类军事单位的设置和变化是频繁的,但在明代的文献里并不能直接反映出来,需要通过对照和梳理,明了其中的发展变化情况。

④清代烟墩的变更。清代浙南沿海的布局,随着军事的新需要,许多军事设施发生了变化,而且增加了更多的墩台,称为"烟墩"。民国

《平阳县志》记载:"清代绿营兵制:驻分汛,汛分台、寨、口址,各派兵驻守。日久制弛,台寨虚设,或竟废弃,而册报仍列兵数,具文而已。兹照光绪二十四年营册胪列,各台、寨、口址名目并兵数如左略见旧制而已。"所罗列的台、寨、口址,涉及沿海区域包括如下内容。

左营范围内:江口汛、北岸江口炮台、南岸江口汛、南岸江口炮台、刘店台。墨城汛、洋屿门口址、蔡家山台、张家岭台、烟墩峰台。宋步汛、仙口台、官山台、烽火台、黄泥山台。南岸汛、浦口台。蒲门汛、王孙口址、上下魁口址、陈山口址、少沙口址、常沙口址、木林口址、南堡岭台、车岭头台、城门朱堡、三步擂台、赤溪汛口址、双排口址、安峰口址、石塘山台、石塘汛口址。镇下关口址、打石岭口址、珵溪口址。

右营范围内:金乡寨城、大奥口址、石砰口址、珠明岭口址、大渔口址、大濩口址、小濩口址、将军岭口址、将军岭台、寨山台。肥艚汛、肥艚山台、陡门炮台、林家院台、炎亭山台、芦浦汛。沙园汛。

将清代墩台与明代墩台进行对照,可以看出清代在新的军事要地重新布局海防设施,这就为现在区分不同时期的墩台增加了难度,需要通过实地调查进行对照,才能明了其中的区别。

(2)明晰墩台称谓的前后变化。

由于墩台一般位于山巅或偏僻之处,在现代社会的背景下,墩台已失去它原有的功能,长期受到岁月的侵蚀,逐渐衰败。此后,许多墩台被民间改为信仰场所,另有些则被埋没在草间,逐渐失去它的真面目。故当地百姓一概将拥有墩台的地方冠以"烟墩",如"烟墩山""烟墩岗",这类称谓极大模糊了不同历史时期的墩台,以及不同时期的墩台变化情况,所以需要厘清其中的渊源,弄清其历史面目,确定其目前所在的位置。当然,由于存在专属的烽堠没有列入文献记载的现象,某些难以构成古今对应的烟墩也有可能并不都是清代的烟墩,而是属于明代军寨、巡检司、关隘专属的烽堠。经过调查和文献对照,将沿海墩台的位置和现有名称进行对照,辨析其历史渊源,具体如表3所示。

表3　现保存的各种墩台及其所在位置统计表

所在海口	古代墩台名称	现代墩台名称	所在位置
肥艚海口	肥艚烽堠	北岭山烟墩	肥艚镇北岭村
		琵琶山烟墩	
炎亭海口	凤凰烽堠	凤凰山烟墩	老城乡戴家堡村
石坪海口		石碑烟墩	石碑乡
小岙海口		大烟墩山烟墩	均属大渔乡
		小烟墩山烟墩	
	东山烽堠	东山烟墩	小岙村
镇下关海口		烟墩山烟墩	霞关镇大坂村
	悬中烽堠	南关岛烟墩	霞关镇南关岛村
长沙海口		柳垄烟墩	南坪乡柳岚村
		对面山烟墩	南坪乡与澄海乡交界处
王孙海口		打石坑烟墩	渔寮乡打石坑村
王孙海口	南堡岭烽堠	南堡岭烟墩	云亭乡南堡岭村
王孙海口	高垟台	高垟烟墩	渔寮乡高垟村
蒲壮所城（包括南堡岭、木林海口和顶魁、下魁关防）	关山烽堠	关头岗烟墩	渔寮乡
		田寮烟墩	渔寮乡田寮村
	尖山烽堠	大尖山烟墩	渔寮乡崇安村
		顶魁山烟墩	渔寮乡与城门乡交界处
赤溪海口	雷奥烽堠	南奥烟墩	赤溪镇南奥村
	时家墩烽堠	韭菜园烟墩	信智乡韭菜园村
龙沙海口	兰头烽堠	烟墩岗烟墩	龙沙乡烟墩岗村
石塘海口		龙山腰尾烟墩	龙沙乡沙坡村

　　4.重新考证赤溪寨、井门巡检司、程溪寨、大隔巡检司的实址

　　(1)关于赤溪寨的考证。白湾堡是一个规模较大的抗倭城堡,但其在明代抗倭营寨中并没有相应的记载,这不符合其规模和建制,也不符合其作为国家重点文物保护单位的身份。

　　考索康熙《皇舆全览图》,其中"浙江图"测绘于康熙五十一年(1712),内有赤溪寨堡,其位置即为白湾堡所在地。乾隆《皇舆全图》是

对康熙《皇舆全览图》的校正,也有赤溪寨堡之名。从《全浙海图》的标注来看,可推断《两浙海防类考续编》等海防史籍中所记载的七溪寨,即应为白湾堡。

至于"白湾"之名,最早见于《浙江全省舆图并水陆道里记》,其中地图绘制于光绪十六年(1890)浙省编修的《清会典图》,内有"白湾山"。1937年浙江省陆军测绘局绘制的《浙江省全图》、1947年上海亚光舆地学社出版的《浙江分县全图》均有"白湾城"名称。1932—1939年由平阳岭门李顺泰石印局刊行的《平阳县全图》,始有"白湾堡"名称。可见"白湾堡"之名,应系来源于清末之"白湾山",逐渐名为"白湾城",最终成为今之"白湾堡"。

(2)关于井门巡检司和程溪寨的考证。《明会典》之《宣宗会典》记载,明初巡检司设置偏远,不能发挥作用,重新在宣德年间进行调整,其中井门巡检司迁到龟峰巡检司。

井门巡检司目前确切位置不明。乾隆《平阳县志》记载,井门在五十五都之地,考之约在今澄海和南坪一带。《筹海图编》的山海图上标注海中有"井门山",而南坪水门宫村原名即井门宫,故井门当在今水门宫村。此地一山隔两洋,外为东海,内为蒲海,在明初军事意义较小。

"井门"的名称,除了《明实录》外,在明代隆庆和清代乾隆《平阳县志》中皆出现过,井门和厦材、外奥、镇下、后嵯同为平阳五十五都地名,并有文献记载倭寇从井门等地登岸,《筹海图编》之《浙江沿海山沙图》标注海洋中有"井门山",可见,井门之地当为海滨之地。然至清末民初当地地名发生了变化,故民国《平阳县志》言其失考。今从马站区域考察,五十五都区域当在马站南部和中南部,厦材、外奥、镇下、后嵯今之位置皆清晰,唯澄海和南坪及其海滨区域未明属地,故可判断当为井门之地。其地有南北方向的山脉隔断马站平原与海滨之地,井门之地应多为海滨及其东侧山脉之地。其周围人烟稀少,因此改迁到五十二都的小濩。

此中有一废弃军营遗址,目前文物部门认为系程溪寨。南坪和澄海确为古程溪之属地,然这个位置似乎与关于程溪寨的记载不相符合。乾隆《平阳县志》里对程溪寨记载:"南至海,西抵镇下门水寨,实为蒲门要害的区域。"从地理位置看,程溪寨的位置应在柳岚村和小漕村之间,才符合关于程溪寨的描述。但目前这片区域已经没有类似的兵寨遗址。从这个角度看,这处废弃的军营遗址可能是当时井门巡检司遗址。

(3)关于大隔巡检司的考证。大隔巡检司位于沿浦镇云亭白蓬岭村,处于山腰的交通要道,也有一个小城堡的遗址,村人皆称"巡检司",然考之历代文献,此地均无巡检司之设置。但在《筹海图编》《筹海重编》《温处海防图略》等地图里,此片区域标注有木林隘的名称。大隔的名称即来自山势及地理位置,此处为交通要道,符合设置关隘的要旨。而此地的山麓即为木林村,基本符合木林隘所在的地理特征,故所谓的大隔巡检司应是木林隘。

三、研究结论

苍南海防遗存是明代抗倭历程中的产物,是见证历史烽烟及民众抗争的物质遗存。苍南海防遗存包括卫、所、寨、堡、巡检司、关隘、烽堠等多种类型,保存比较完好,文物形态各异,具有深厚的内涵,是温州海防遗存的主要代表。它在东南沿海的存在,是中国明代抗倭历史的重要物证,具有世界性的意义和研究价值。

(一)体现海防系统的演变历程

苍南海防系统是指以金乡卫、蒲壮所为核心的海防系统,位于苍南沿海区域,以大渔湾和沿浦湾为核心区域,包含江南平阳的东南部分,马站平原和沿海山脉、山岙等区域,这片区域是原金乡卫防御体系里的主要海防区,担负着警戒浙闽交界至平阳县城的战略任务,具有重要的战略地位。它的防卫系统包含有金乡卫、蒲门千户所和壮士千户所及所属营寨、烽堠等,另有龟峰巡检司、镇下门水寨等。

明初,以卫所体系辅以巡检司,该区域内设有金乡卫、蒲门所和壮士所,金乡卫位于平原和滨海之间的地带,蒲门所城和壮士所城分处旧蒲海和王孙洋,多个巡检司则沿东南海岸布局,此后巡检司被逐渐废弃。明代中期，龟峰巡检司也被废弃，后改设于小漤的龟峰堡；壮士所废弃归并蒲门所，合署办公，并称"蒲壮二所"，明代后期，兴起许多兵寨、民堡和关隘，星罗棋布般地分布在苍南沿海和高山，龟峰巡检司改为龟峰隘，镇下门水寨则兴衰不断。作为警戒设施的烽堠则一直随着明代海防的发展在不断变化，故沿海烽堠遗存发现最多，而其修建时间和归属方面则显得扑朔迷离。

（二）拥有完整的海防遗存和丰富的遗存形态

苍南海防遗存是中国东南沿海至今比较完整保留明代海防体系的设施。这些海防设施沿苍南沿海分布，在曲折海岸线上星罗棋布、蔚为奇观，从海防设施类型看，包含了1座卫城、2座千户所、1个巡检司、多个寨堡、1个水寨、1处民堡，以及众多的烽堠墩台，涵盖海防体系的所有元素，是金乡卫海防体系的重要组成部分，也是中国沿海现存比较完整的海防遗存。从文物遗存角度看，这里有保存得比较完整的千户所主城——蒲壮所城，设施齐备，城墙完整，护城河面貌依旧，城门巍峨，城内马道通畅、巷道纵横，民居保留完好；有保留比较完整的千户所遗址——壮士废城，保留着明代以来的规制，城墙斑驳，青藤蔓延，街巷、古井、水道依稀可见，古朴自然，有着完好的遗址，其考古价值更为难得；有官方城堡——白湾堡（七溪寨），城墙完好，门址清晰，街巷布局基本清楚，与本地的民居、宫庙、古榕合为一体；有军事遗址——龟峰巡检司，置身荒野，逐渐荒芜，然其轮廓依旧，遗迹犹存；有省级历史文化名镇——金乡卫城，历史悠久，规模宏大，护城河环绕，保存着数处城门和水门，街巷格局犹存当年的八卦形设计特征；有省级历史文化村落——小岙堡，依山而建，下临大海，城垣高耸，街巷曲折，堡垒式民居尤具特色；还有各类烽堠墩台，或高耸山巅，或成为宫庙，或留下残石嶙峋，或藤蔓四爬，各呈形态，都展现出历史沧桑感。

（三）海防城堡逐渐走向乡土化

苍南海防城堡具备基本的城防设施，又世世代代生活着与之相依的原住民，两者相存，成为乡土社会的基础，形成一座座具有活生态的小城，至今尤是。

海防城堡从军事用途转化为民用,经历了一定的历程。明代的所城虽已有一定程度的商业化、民用化,但军事用途仍然占据主要地位;清代时,卫所制度的消失,致使其军事用途逐渐减弱,而民用功能逐渐扩大。其主要体现在以下几个方面。

(1)城池拥有良好的居住环境。城墙高大坚固,城内排水系统完整,布局合理,居住环境良好,特别在迁界后,以金乡卫城为首的城池如雨后春笋般建立以宅院为单位的建筑群落,形成独特的乡土建设聚落,以金乡卫城、蒲壮所城、小岙堡、白湾堡为代表。

(2)城堡成为区域中心。集中居住地有利于商业和集市的形成,金乡卫城成为金乡及江南垟的中心,蒲城成为马站平原的中心。

(3)形成富有特色的方言岛。金乡话和蒲城话成为独一无二的方言岛,简称"城里话"。不同族群带来不同的地方信仰,使这些区域成为信仰最为杂糅的地方之一。民俗文化的多样化,金乡的清明祭、拔大龙,蒲城的拔五更都是富有特色的民俗活动。

(4)烽火台的功能转化。部分烽火台由于军事功能消失,逐渐废弃,为民间所用,少数作为祭拜之所,成为庙宇;少数作为过路憩息之地,成为路亭。

如今的蒲壮所城国保系列是遗存和遗址并存。这种文物保护单位具有体量大、范围广的特点,能给人以强烈的震撼感,具有历史研究和现实鉴证作用。2021 年,国家文物局将蒲壮所城作为明清海防遗址重要组成部分,列入《大遗址保护利用"十四五"专项规划》。但令人遗憾的是,苍南海防不可缺少的部分,如金乡卫、小岙堡及其所属的其他军事设施却无法同时纳入规划中。其主要原因是在之前的保护中并没有将之纳入蒲城国保系列,故应摈弃自我封闭的状态,使苍南海防遗存得到整体保护。同时,对于不同的遗存类型要采取与其形态相适应的保护措施。作为核心保护对象的蒲壮所城,其城池完整、乡土建筑完好,故要对其防御功能的城池实施保护,也要对乡土建筑进行保护,使之作为乡土社会类型保护的一个典例,对于温州海防遗存的保护具有重要意义。

因此,建议最好将蒲城国保系列协同苍南境内其他区域海防遗存,共同构置成比较完善的海防设施系列,即从大遗址保护的角度出发,以金乡卫城、蒲壮所城为核心,协同区域内的兵寨、巡检司、关隘、墩台等不同海防遗存,构建苍南海防系列遗址,形成完整的保护体系,有利于进一步提升保护等级,或许可由此扩展到整个温州、整个浙江,甚至中国沿海海防体系的联合保护,申报世界遗产也存在可能。

苍南海防信俗调查

苍南县教育局　　周功清

一、海防历史文化背景

　　明初,明朝政府在东南沿海海防要地筑城列寨,建立永久性的防御工事。《明史》卷九十一志第六十七"兵三"记载:"十七年,命信国公汤和巡视海上,筑山东、江南北、浙东西沿海诸城……后三年……置定海、盘石、金乡、海门四卫于浙。"汤和经略东部沿海防务,设卫所,并在洪武二十年(1387)于沿海筑 59 城。当时的温州区域,在温州卫、平阳所、瑞安所、乐清所的基础上,再建立磐石卫和金乡卫,增补蒲岐所、宁村所、海安所、沙园所、壮士所、蒲门所等。

　　作为防卫设施的重要节点,时金乡卫管辖沙园所、壮士所、蒲门所,其管辖范围北达飞云江南岸的瑞安、平阳区域,南达浙闽边界的蒲门区域,统率自苍南到瑞安沿海所有水陆关寨,占据温州沿海的一半海防区域。自建制后,金乡卫下辖庙背寨等 11 个兵寨、半塘堠等 15 个烽堠;蒲门所下辖 2 个兵寨、1 个瞭望台、3 个烽堠;壮士所下辖 1 个瞭望台、3 个烽堠;沙园所下辖 4 个兵寨、1 个瞭望台、4 个烽堠。

　　自卫所等军事设施设立后,在运转过程中,"军户群体可以重新建构自己的生活空间。以官方祭祀的规制或个人信仰的需要,卫所军城内建造了各种祠庙,而后依照信仰变迁而增建或改建各种宫殿。卫所的宗教信仰一直处于动态的变化过程,在明清国家与地方的互动中,受到国家典章、人群流动、地方治乱等因素的影响,从而呈现出复杂而多元的面向"①。自然,在金乡卫防御体系中的卫所兵寨也建有许多信仰祭祀场所。

如今,浙江省苍南县区域内所遗留的海防遗存有金乡卫城、蒲壮所城、壮士废城、龟峰堡(小乔堡)、白湾堡、龟峰巡检司遗址、菖蒲洋寨遗址,以及一系列墩台烽堠遗址。在这些海防遗存上仍然存留有许多信仰祭祀的场所,或为原有,或为后造。

二、苍南海防信俗调查

信俗是一种由信仰所形成的行为和活动,它是在早期的各类礼仪祭祀的基础上发展而来的,逐渐转化为民间信仰。其内容包括信仰情况和民俗活动。

(一)信仰情况

苍南的海防信仰便是在明代的抗倭背景下产生的,它是从早期的以卫所为主体的祭典和崇祀过程中演化而来的,并且至今仍发挥着重要作用。根据调查,苍南的海防信仰主要包括晏公信仰、城隍信仰、杨府侯王信仰、五显爷信仰、将军信仰等。

本文按信仰来源、进入苍南的缘由、信仰主要分布地、信仰场所等几个方面进行分析。

1.晏公信仰

晏公信仰原为江西鄱阳湖一带的信仰。晏公姓晏,名戍仔,江西临江府清江镇人,元末,以人才应选入官,为文锦局堂长。因病归,登船时便奄然而逝。后来,民众立庙祭祀他。此后,晏公便常在江河湖海显灵。据说朱元璋在攻打张士诚时得到晏公的神佑,遂封之为"显应平浪

---

① 宫凌海、刘岩:《明清沿海卫所道教宫观运作与地方互动——以温州金乡卫为例》,《温州职业技术学院学报》2023年第1期。

侯",后命天下建庙祀之。晏公成为具有全国性影响的水神,职司平定风浪,保障江海上的过往行船安全。

根据明朝政府的规定,作为抗倭体系中心,苍南境内的一卫二所均需修筑晏公庙,供奉晏公。本属军事需要的晏公信仰经过长期发展,便逐渐传播到周围区域,成为本地的民间信仰之一。其主要分布地有金乡卫城、马站蒲壮所城及周围区域、大渔小岙村、藻溪九堡村等。

信仰场所包括以下庙宇。

(1)金乡卫城的5座晏公庙。

今苍南县金乡镇所在地即为明代金乡卫城,其城内现有前所、中所、西门、北门等5座晏公庙。

夏克庵《金乡镇志》中"祠祀"载:"前所平浪王庙:在前所街北,乾隆年重建。神姓晏氏,封平浪王。后所平浪王庙:在城北街东。左所平浪王庙:在英烈庙左右。右所平浪王庙:在丽阳庙左右。中所平浪王庙:在五爻巷西头。"金乡卫城内的5座千户所各有晏公庙。可见,彼时一个千户所应有一座晏公庙。

(2)蒲壮所城的2座晏公庙。

蒲壮所城系国家重点文物保护单位,在今苍南县马站镇境内,系蒲门壮士千户所的所城,其内现存2座晏公庙。

按规制,当时的蒲门所和壮士所应各有1座晏公庙,后壮士所迁移入蒲门城,其地的晏公庙也移入蒲门城,并被安置在东城墙上,紧挨龙山,其庙即今东晏公庙,而蒲门所原有的晏公庙则在西门内侧,即今西晏公庙。这大约是蒲壮所城拥有2座晏公庙的原因所在。

(3)马站区域的4座晏公庙。

蒲城的晏公信仰逐渐外传,主要传播于马站区域(传统的马站区域包括今马站镇、沿浦镇、霞关镇、岱岭畲族乡等4个乡镇),有沿浦镇老街尾晏公庙、马站镇蒲中街晏公庙、马站镇金山村晏公庙、马站镇崇安村晏公庙(2座)、马站镇南垄村晏公庙、马站镇雾城村晏公庙。其中沿浦镇老街尾晏公庙、马站镇蒲中街晏公庙、马站镇金山村晏公庙这3座庙与蒲城晏公庙在民俗活动中有关联。马站镇崇安村晏公庙(共有2座)、马站镇南垄村晏公庙的历史也比较悠久,但与蒲城晏公庙的关系不详。马站镇雾城村晏公庙建的时间则较迟。

（4）大渔镇渔岙村的 1 座晏公庙。

大渔镇渔岙村即明代小濩寨所在地，也是后期龟峰巡检司驻地，建有龟峰堡，城堡外有晏公庙，系苍南县文物保护单位。

渔岙晏公庙，当地人称"晏侯宫"，位于龟峰堡外东面的烽火台下，据传说，其系清嘉道年间所建，因香火旺盛，屡受回禄。道光年间，当地以翁氏为首事，各地信众捐资重建一座五开间的石殿。

（5）藻溪镇九堡村的 3 座晏公庙。

藻溪上游西支流的九堡行政村有 3 座晏公庙，分别为潘庄自然村的下宫、将军脚自然村的雁腾宫、九堡自然村的瑞灵宫，它们都位于溪流旁边，其中雁腾宫为苍南县文保单位，瑞灵宫为苍南县文保点。瑞灵宫和雁腾宫均建于清代嘉庆年间，据说瑞灵宫的香火来自渔岙的晏侯宫，其他 2 座的香火可能来自瑞灵宫。这 3 座庙崇祀晏公的水神功能，与原有的海防背景逐渐脱离了关系。

2. 城隍信俗

城隍信仰自唐代之后始，到明代达到高潮。赵秩峰《明初城隍祭祀制度》记载："正城隍原为中国民间宗教祭祀之神，唐以后其祀愈为普遍，宋代已经列于国家祀典，至明朝初年，国家祀典中的城隍祭祀规则空前系统正规化，从而使明代成为中国历史上城隍祭祀制度化最强的时期。这种制度化又推动了城隍信仰、祭祀在民间的普遍化。"[1]根据当时的社会背景，明太祖朱元璋有意在每座官方修建的卫所城池内设置城隍庙，以之代表国家的权威。苍南作为海防重地，除了置一卫二所外，还有众多的寨堡和巡检司，这些官方机构均供奉城隍。目前除了金乡卫城、蒲壮所城、壮士废城、龟峰堡（小岙堡）等处可寻到信仰场所外，其他官方机构因清初迁界的原因，其信仰机制未见恢复。

城隍庙在城中具有特殊地位，其位置和朝向皆有特殊的规定与意义，故卫所内的城隍庙皆居城池中轴线的正北方向，坐向为坐北面南。观之金乡卫城、蒲城、壮士所城、龟峰堡的城隍庙布局皆是如此。

---

① 赵秩峰：《明初城隍祭祀制度》，第十一届明史国际学术讨论会论文集（未刊稿），2007 年。

其信仰场所具体见下。

（1）金乡城城隍庙。

《金乡镇志》中"祠祀"载："城隍庙：在凤仪街北。相传旧在宦隐庵东头、大屿山麓，迁界毁，展复后，移建于此，前后座，只三间，乾隆四十八年癸卯岁，耆民周成儒、监生余世贤、余景芳重建，增前后、东西庑各五间。"可见城隍庙原在卫城的北面，位于大屿山（今称狮山）麓，其位置正对南门，后来在清初迁界后移到凤仪街。

（2）蒲城城隍庙。

蒲城城隍庙始建于明代，是目前蒲壮所城最主要的庙宇建筑。坐落于蒲壮所城中轴线上北端，背倚龙山，坐北朝南，南临仓前街，直视南门。现存庙宇为光绪初年重建，是一座典型的木构庙宇，今仅存大殿，2012 年修复门楼。

（3）壮士废城城隍庙。

壮士废城城隍庙位于城北，靠山而建，正对着南门，其格局与蒲城相似。其建筑历经多次修建，但位置没有改变。现存建筑为合院式建筑。

（4）龟峰堡城隍庙。

龟峰堡城隍庙原位于城北山脚下，规模较小，三开间。坐北朝南，前有南北走向的中轴线道路直通南部。后遭回禄，在重建时迁移到西北角。

3. 杨府侯王信仰

杨府侯王，又称杨府爷，是旧时温州渔民和航海商人的保护神，受到温州民众的普遍信奉。明朝时期，倭患严重，出于御倭的需要，杨府侯王作为温州的开拓神、地方神，加上其本身浓厚的水神性，信仰在明代得到复兴，故温州沿海卫所也将其作为奉祀对象。"杨府侯王信仰在明代的复兴，与温州海洋灾难有直接的关系，无论是台风、海溢等自然的海洋灾害，还是人为的倭寇之患，都使人们对于海神信仰有着狂热的执着，杨府爷信仰浓厚的水神性正好迎合了这一时期温州人民的信仰观。"[①]

---

① 毕春艳：《明代温州倭患与杨府侯王信仰的复兴》，《西江月（中旬）》，2013 年第 1 期。

苍南是沿海县域,其杨府侯王信仰遍及各地,从沿海到内地,从平原到山村,到处都有杨府庙。但大多数的杨府庙与海防关系不大,仅有少数区域的杨府庙与抗倭事宜有关联,主要有如下几处。

(1)金乡镇湖里村杨府庙。

湖里村原属小渔野,其地有杨府岭,建有杨府庙。明代梅魁《小渔野杨府行宫记碑》载:"杨府行宫之设,以其神著灵,附于东南久矣……洪武间,以阴兵诩赞王师,自昔及今,人民敬事□恪……东南建设行宫,祀之者无处无之。""嘉靖壬子,倭寇犯境,阅数年以来,春防未息,每将领誓师于庙,又崇奉至,以祈神之辅也。"其时,杨府侯王已成为军民共同信仰的神灵,甚至军队训练巡防也都要在杨府庙举行"誓师"仪式。后杨府庙被拆毁,迁建于今湖里村。

(2)蒲城杨府庙。

蒲城杨府庙,原建于水池头西侧,陈桷巷附近,后被毁。清康熙年间,店下郑姓到蒲门开垦,在庙址上建仓屋,道光二十六年(1846),杨府殿迁建于城西北角西庵山门下,与雷神庙相邻。

4.五显爷信仰

五显神祭祀在明初已被列为国家正式祭典,《大明会典》中记载:"洪武中,每年四月八日、九月二十八日都要派南京太常寺官员去五显灵顺庙祭祀。"五显神不仅"有功于国,福佑斯民,无时不显",还能治病救人,显灵退贼,使人致富。在这种背景下,属于军队体制内的卫所,也相应地建有五显庙。

(1)金乡卫城五显庙。

《金乡镇志·祠祀》载:"五显庙,一在消夏亭(今称丰乐亭)东,一在百步街北。"这两座庙的历史都很悠久,据说在建城时即已存在,至今香火不绝。

(2)蒲城五显庙。

蒲城五显庙位于蒲城南面的绍兴巷,系乾隆年间所建。据传,该庙为岑山(今马站镇金山村)陈树望迁到此地时所建,可能是模仿其姻亲金氏的做法,时金氏在其宅院旁建有五福庙,庙里搭戏台,供族内女子看戏。故陈氏也在建五显庙时搭戏台,供族内女子看戏。如今五显庙也是"拔五更"前晏公爷落公馆所在地。

（3）旧龟峰巡检司五显庙。

旧龟峰巡检，又称"大姑营"，所以五显庙俗称"大姑宫"。庙位于城堡的南面。根据营寨的布局，当为明代时已有之建筑，后多次重建，内遗留有光绪二十二年（1896）香炉。庙前还列有一块石碑，名"得胜嵯"，记录了明代天启年间军民抗击海寇的事迹。

（4）龟峰堡五显庙。

龟峰堡五显庙，位于龟峰堡南侧，濒临城墙之地。建筑尚在，但已移作他用。

5. 将军信仰

将军信仰属于本地民间信仰，是由民众自发形成的祭祀行为，极少见于文献，是为纪念战死的守卫官兵而设，其信仰场所多位于高山深处及山巅的烽堠遗址。烽堠位于山巅，视野好，容易为宗教人士青睐，所以如今各个山巅的烽堠皆建有庙宇，一部分为其他神灵的祭祀场所，也有专门祭祀战死官兵的信仰场所。这些信仰场所的特点是规模小，因位于偏僻之地，信徒相对也少。其主要信仰场所如下。

（1）大炮手墩台瞭望将军宫。

大炮手墩台位于旧龟峰巡检司的东面山巅，临海，是龟峰巡检司的门户，并起传递信息和报警的作用。现存有瞭望台遗址。遗址上建一小庙，单开间，供奉瞭望将军。据传说，当地居民曾在瞭望台旁发现3个金瓶，认为是守卫士兵的骨骸，遂为之列一小庙，建于墩台之上，称瞭望将军宫。

而大炮手墩台还可能与明代天启年间的剿灭海寇事件有关，其中抗击海寇牺牲者中有位叫杨哨长的守卫士兵。清代道光三十年（1850），本地民众与驻军在墩台旁重立石碑纪念，名之为"宪示德胜嵯"，叙其事："大明天启二年正月廿五日海寇三大王众登陆，浮斩于此。"后碑移至五显庙前。

（2）柳垄烟墩将军庙。

柳垄烟墩将军庙位于霞关镇的柳垄烟墩上，三小间，除了供奉将军外，还供奉杨府爷。

（3）大隔巡检司将军庙。

大隔巡检司疑为木林隘之误，位于沿浦镇白蓬岭村，有一座小城堡的遗址。城堡位于山隔之间,扼守交通要道。隔,闽语俗话指的是山的临界处,一般为要冲之地,其地也是福建与浙江的交通要道。

小城堡规模不大,仅为一般关隘的规模。呈长方形,仅南面一门可进出,西北方为山岗,故三面有墙。城外东面有一小庙,祭祀守城将官,称"侯天大王"。这是后期民众对守城将士的纪念。

6.其他信仰

(1)蒲城后英庙。

明代嘉靖年间,蒲城一位名叫陈老的樵夫为抗击倭寇突袭而牺牲,其事见清代蒲城文人华文漪的《逢原斋诗文集·后英庙神传》:"神姓陈氏,讳老,吾里人也。前明嘉靖某年,倭氛大作,濒海之境,尤被其毒。蒲城西门南际岭横贯数里,与闽接壤。一日,倭帆风闽海,舍舟登陆,将逾岭以剽吾里。神时适伐木山上,见之,念:寇若过岭,则势不可挡,里中人必无噍类。今幸未出险,扼而歼之,一人力耳。于是率同樵四五人,当山径峻绝处,垒石塞之,而身隐其内。贼至,怒甚,势方汹汹。神猝起大呼,挺斧奋斫,贼皆错愕披靡。卒以众寡不敌,丧其元焉。而城中得樵人逸归者报,即登埤拒守,倭力功不克,引去,竟脱于祸。于是相与求神遗骸,瘗于龙山之麓,即其侧立庙祀之,名曰后英。言其为后来之英豪也。呜呼,神之死,可谓壮矣。"

为了纪念因抗倭牺牲的陈老,蒲城民众将之葬于龙山南麓,人称"后英墓",成为龙山唯一的坟墓,并在墓前修建"后英庙",庙中塑有陈老手持砍柴刀的神像,作为后人瞻仰之地。

(2)环绿观。

环绿观原位于金乡卫城狮山下双圣庙北。作为道观,环绿观具有官方背景。"卫所军官参与修缮或者创建一些规模较大的寺观,具有强烈的官方色彩,浙江沿海卫所中这样性质的寺观不在少数。……金乡卫中最有名的道观当是环绿观,乃是卫所军官指挥张麒创建。"张麒是金乡卫第一任指挥使。他之所以建造道观,是因为当时金乡卫"寺有观无",不便于举行"祝釐"等大规模的祈福活动,因此"移文有司",申请建立道观。"明初道教得到了明太祖的尊崇,他命令道士编纂斋醮仪范,确定玄门格式,严格管理道教宫观。由此可见,张麒此举并非个人行为,而是官方行动,后来该观经礼部批准。"①

环绿观历经多次存毁修建,在民国时犹存,民间俗称"道人堂",在20世纪50年代拆建为金乡中学的礼堂,自此环绿观彻底消亡。

(二)民俗活动

信仰在发展过程中,会根据自身的需要衍生出各类民俗活动,并与社祭相结合,以迎神赛会的形式展示信仰的力量。由信仰所衍生的民俗活动会变得越来越丰富,经过明、清两代发展的苍南海防信俗也不例外。

1. 蒲城晏公庙拔五更

"拔五更"是蒲城民间自发组织的一项独特的大型迎春民俗活动,流传至今已有数百年,2007年被列为浙江省非物质文化遗产保护项目。

据传在明朝,当地驻军为了防止抗倭官兵在春节期间疏于训练而组织了这种活动,后与当地的"晏公信俗"相结合,形成了这种驱魔辟邪的迎神赛会活动。

整个活动每年从正月初四开始至正月十六结束,前后历时近半个月之久,内容包含了大大小小三十多个环节,环环相扣,高潮迭起,几乎每天都有新的内容。主要环节包括洗身、拔天申、回娘家、落人家、落公馆、闹花灯、吃五更饭、拔五更、抢杠、游街、放烟花、抢红等。

"拔五更"活动最热闹的是正月十三"闹花灯"和正月十五"拔五更""抢杠"以及正月十六"游街""放烟花""抢红"等环节。尤其是元宵节晚上,鼓乐、炮仗不绝于耳,精美的花灯让人目不暇接。在高潮的环节"拔五更"到来之际,更是万人空巷,气氛不亚于西班牙的"奔牛节"。"晚11时30分,在一声铁铳响后,位处不同地点的两个'五更福'道场,瞬间骚动,人声鼎沸。东、西二厢的晏公爷旁,那些早已按捺不住兴奋仿如'箭在弩上'的男子们,随即扛起高灯笼、举起虎头牌、背上香斗立即前冲,接着'拔老爷'的人们抬着四扇(开路先锋的角色)、三扇、二扇、大扇依次接踵而至,便箭一样冲了出去。'拔五更'开始了。

"百来号身强力壮的男子,各司其职,形成紧凑的'拔五更'队伍,浩

① 宫凌海、刘岩:《明清沿海卫所道教宫观运作与地方互动——以温州金乡卫为例》,《温州职业技术学院学报》2023年第1期。

浩荡荡,他们按既定路线,在观瞻人群此消彼长的'顺啊……顺啊……'呼喊声、吹号声、敲锣声的交汇中极速奔跑……激烈、亢奋、壮观的场面,可谓难以尽述。

"随着相应的换班接力,两支队伍相继跑过城内东、西、南、北四厢的巷弄驱逐鬼魔。"①

经过激烈角逐,完成"拔五更",随后又进入更为激烈的"抢杠",其对抗性更强。

正月十六晚上的游街和抢红是"蒲城拔五更"活动的另一高潮。当夜幕刚刚笼罩在古城的上空,东、西两庙鸣响铁炮,吹吹打打抬着本庙的晏公神像,穿行于大街小巷,开始游街。整个晚上,古城炮竹不绝,夜空烟花不冷,呈现出"火树银花不夜天"的盛况。

2. 马站晏公信俗中的"串脚弄"

经调查,马站区域晏公信俗的民俗活动,经过发展,形成了与蒲城"拔五更"于一体的活动形式。在早期,这几个区域的晏公庙有着统一的时间和排序实施民俗活动,一般蒲城为正月十五,沿浦为正月十六,马站金山村为正月十七,马站蒲中街为正月十八。2023 年正月时,笔者曾在马站老街采访,据老街一位 70 多岁的老人言,他年轻时曾参加过"串脚弄"。大家抬着晏公爷的神像,有一人赤裸着上身,站在晏公轿子上,大家沿着狭窄的老街奔跑,街上人家则举着长长的竹竿,竹竿上挂着百子炮,纷纷燃放。轿子一路冲过去,站在轿子上的人却毫发无伤。至金山村调查,村人言到正月十七晚上,大家齐集村中心的晏公殿,那里有一株大榕树、一口大宋井,周围空地开阔。大伙环集,各自手举串着百子炮的竹竿,一等晏公爷的轿子从庙里出来,百炮齐鸣,一下子炸向轿子,在一片硝烟中,抬轿者自如穿梭,仿佛一点事也没有。

不过在近些年,这些地方的"串脚弄"民俗活动慢慢淡化了,因为很多人在外经商,正月初八后就大多外出了。所以民俗活动就提前实施,结果许多仪式和程序又被简化,慢慢变得动静越来越小,只有蒲城的"拔五更"依旧严格按照预定的程序,从年内一直忙到元宵,每项该做的事,都一一严格执行,多年的坚持,使蒲城"拔五更"声名鹊起,受到各方

---

① 蔡榆:《蒲城拔五更》,团结出版社 2018 年版,第 122—123 页。

的关注,反观其他地方却变得悄无声息,甚至连当地人对此都不知晓。

从文化传播的角度看,马站区域的"串脚弄",规模大、时间长,如果能进行整理,确立规范,予以发扬光大,对于展示该地的民俗文化内涵,提高文化魅力,有着一定的作用。

3.藻溪九堡瑞灵宫的舞龙

旧时,藻溪一带流行瘟疫,晏公爷托梦村人,说只有舞龙,才能驱除瘟疫。于是,九堡村人开始扎龙,学习舞龙,果然驱除了瘟疫。自此,舞龙的习俗便代代相传,其技艺越来越精,名声大噪,每年一到正月,各地便纷纷邀请九堡前去舞龙。

4.金乡城隍庙清明祭

金乡清明祭作为民俗活动,是以城隍信仰为基础,结合金乡卫抗倭历史,从清明祭祀的功能性出发,为活跃本地的经济、文化生活而形成的系列活动,并保留抗倭文化的内涵,将祭奠明代抗倭牺牲官兵的内容融入清明节庙会中,表达金乡民众对抗倭先烈及祖先的崇敬与悼念之情。清明祭还与城隍庙其他活动有机结合、功能分属,如正月半拜玉皇经、清明祭出巡、七月半打兰盆(包含放河灯和义冢祭奠)等,形成比较完整的民俗体系。

自明代以来,除了比较特殊的年代,清明祭基本没有间断过。2012年6月,"金乡清明祭"被列为第四批浙江省非物质文化遗产保护项目。

金乡清明祭活动的主要内容如下。

(1)桐山跳。城隍爷出宫前三日,由两人扮演"赤爷""白爷",组成"桐山跳",每天上午由城隍庙跳出至城内街巷和城外甘溪村净街,也是告知众人,城隍爷将要出巡之意。活动时,赤衣白衣,一高一矮,前呼后应,有进有退,舞之蹈之,谐谑之姿,甚是有趣。

(2)超阴保阳。其间有和尚在城隍庙礼佛诵经,做超阴佛事。城隍出巡后,和尚诵经做保阳佛事。晚上在庙内搭台,和尚坐于台上,以唱经为主、诵经为辅,做放焰口佛事,烧些银纸(冥币)和日用品,祭奠抗倭阵亡将士及无主游魂。

(3)城隍出巡。城隍出巡共3天,即在清明前后。一天一次,出巡有隆重的典礼仪式和严格的程序。城隍出巡要请城隍爷下殿,须要举行请城隍爷下殿仪式。

城隍出巡时鸣锣开道,火铳震天,几百名兵勇拿着刀剑列队跟行,簇拥着骑着高头大马的"将军",囚车内关押着重要"倭寇",一些小喽啰则被押解在后,队伍最后为善男信女,拈香后随。

(4)义冢祭奠。义冢是安葬抗倭阵亡将士的忠骨之地,民间大众自发而建、自发祭奠。金乡城外共有6处义冢,其中甘溪头规模最大,一般出巡活动最后一个环节是在甘溪头义冢做祭奠仪式,宣读祭文、焚经文、化冥币,超荐英灵孤魂。

出巡归来后,民众还在护城河上放河灯,到海边去放海灯。

夜晚,城隍庙的主事或组织民间搞抬灯活动,或请外地戏班做戏以娱神灵。

此外,通常还举行盛大的庙会活动。街上游人看游行、购物、吃小吃,摩肩接踵。医卜星相、江湖术士、三教九流也赶来凑热闹。各类表演,应有尽有、各尽所能,吸引游人争相欣赏逗乐。

5.蒲城城隍庙会

蒲城早期一直有"城隍下殿"的风俗。那一天城隍爷要出巡,出巡时伴随有一套仪仗跟随,既有扮演将士的随之出巡,也有扮演罪人的戴拷出行,整个阵势非常宏大。随着影响力越来越大,后期逐渐形成庙会,成为周边区域的主要贸易集散地。至"文化大革命"时被禁止,至今未曾恢复。

三、结　论

苍南的地方信仰形式多样,除了东瓯本地信仰、族群迁移所带来的信仰,有些信仰是从官方信仰系统演化而来的。作为旧时温州的边陲之地,海防信仰受官方鼓励,一些异地的信仰由此进入苍南大地。在长期的演变中,海防信仰成为苍南民间信仰的重要内容之一,蕴含丰富的历史人文基因,寄托着对先辈英烈的哀思和崇祀,并从中衍生出奇瑰的民俗活动,成为苍南文化的有机组成部分,具有特殊的历史意义。调查苍南海防信俗的分布情况、信仰场所及民俗活动,目的是梳理其源流,了解其演变历程,从中找到它与当地民众发生联系的规律。

从"山川形胜"到"山川育才"

——卫所"民化"进程中的金乡城官方认知转变

温州商学院　　杨　乐

近年来,学界对卫所"民化"[①]相关的研究成果日益丰富,但以认知为中心进行的研究还较为有限。温州金乡城在明代是扼守浙南闽北的卫城,在清代亦为军事重镇,官方由明至清对金乡城认知重点呈现出从军事地理学角度的"山川形胜"到堪舆学角度的"山川育才"的转变。

针对这一转变,值得研究的问题有两个:第一,在东南沿海卫所"民化"的进程中如何理解这一认知重点的转变? 第二,"山川形胜"与"山川育才"是否为两种矛盾的认知? 本文拟就这两个问题展开讨论。

一、卫所、浙江海防与金乡城

卫所制度是明代实行的重要军事制度,由于卫所管辖一定数量的土地与人口,可视其为嵌入所处地方社会的军事组织。[②] 浙江地区濒临

---

① 狭义的"民化"指的是明清时期卫所与行政区划的关系,尤其是指实土卫所向正式政区的转化;广义的"民化"指的是卫所在各个方面由军事向民事的转化。参见郭红:《明代卫所"民化":法律·区域》,上海大学出版社 2019 年版,第 2 页。本文指的是后者,即广义的"民化"。本文涉及的卫所"民化"具体表现在军事功能的削弱、军户与民户界限的消弭、卫所屯田与民田越发相似等方面。参见叶鹏:《军民何以一体? ——评郭红〈明代卫所"民化":法律·区域〉》,《中华历史与传统文化论丛》2021 年第 00 辑。

② 尤育号:《温州沿海卫所及其地域亚文化考察》,《中国地方志》2018 年第 4 期。

东南沿海,最近登陆处距明初都城南京不足 200 千米,面临倭寇的巨大威胁。而中国经济中心的南移,使得倭寇为追逐更大的利益,将入侵重心转移至浙江地区。诸多因素促使江南地区成为明代整个海防体系的重点。①

对于浙江海防来说,温州的地理位置十分重要。明代温州先贤王瓒认为:"温于浙为极东,东际大洋海,自海以外皆夷邦也,故温壤卫所之棋布视他郡独多。"②清代顾祖禹在《读史方舆纪要》中也持同样观点:"温州与闽接壤,寇舶犯境,必首撄其锋,惟先严莆门、镇下、官岙、南台之险,庶足以扼其来,于此不戒而入内地,温殆岌岌矣。"③而兵家必争之地的金乡恰好位于浙南闽北要冲,具有扼守这一海防要地的地理优势,其易守难攻的优点十分鲜明。此外,对旧平阳县所辖区域而言,金乡卫的设置既符合沿海卫所体系"防倭护民"的总目标,又有强化对鳌江南岸地区及鳌江上游山地管理的考虑。④ 综合以上因素,金乡设置卫所是极为适当的。

就明代浙江海防卫所来看,因卫所选址失当而不得不迁往新址的案例屡有发生——壮士所城建城之后因其易攻难守的缺点导致被倭寇屡屡破城,不得不迁入蒲门所城⑤;桃渚所城由起初的下旧城迁至中旧城,最后定址于上旧城。⑥ 反观金乡卫城案例,其选址于区域内的较高处,背靠狮山、光照良好。城址既居高临下,又不过于陡峭,护城河环抱。⑦ 之后的历史证实,金乡卫城的选址与规划十分科学,既充分发挥易守难攻的特点,又满足军民的日常生活需求。

明代倭寇对金乡地区的骚扰大致可分三个阶段(见表 1):第一阶段是洪武五年至嘉靖二十二年(1372—1543),这约 170 年间的特点是倭寇骚扰频繁;第二阶段是嘉靖二十三年至嘉靖四十二年(1544—1563),这约 20 年间的特点是倭寇多次大规模入侵;第三阶段是嘉靖四十三年

---

① 尹泽楷:《明代海防聚落体系研究》,天津大学 2015 年博士学位论文,第 148 页。

② 王瓒、蔡芳:《弘治温州府志》,上海社会科学院出版社 2006 年版,第 577 页。

③ 顾祖禹:《读史方舆纪要》,团结出版社 2022 年版,第 3971 页。

④ 林昌丈:《明清东南沿海卫所军户的地方化——以温州金乡卫为中心》,《中国历史地理论丛》2009 年第 4 辑。

⑤ 尹泽楷:《明代海防聚落体系研究》,天津大学 2015 年博士学位论文,180—181 页。

⑥ 徐华炳、陈勇:《温州史学论丛(第 4 辑)》,合肥工业大学出版社 2014 年版,第 205 页。

⑦ 尹泽楷:《明代海防聚落体系研究》,天津大学 2015 年博士学位论文,第 184 页。

至崇祯十五年(1564—1642),这近80年间由于戚继光等将领对倭寇的打击,金乡一带大致平静。[①](见表1)

表1 倭寇侵扰金乡城阶段[②]

	时间	特点
洪武五年至嘉靖二十二年	1372—1543	骚扰频繁
嘉靖二十三年至嘉靖四十二年	1544—1563	大规模入侵
嘉靖四十三年至崇祯十五年	1564—1642	逐步结束

作为金乡城屏障的狮山位于城东北部,其南麓历来为全城中心区域,明代的卫治即选址于此,该区域也是下文金乡最早的官办道院环绿观的所在地。清代则在狮山南麓建文昌阁、师山书院。从军事地理学角度来看,狮山居高临下、俯瞰全城,其南麓背山面海,东、南、西三面环山,城外环水,防御效果极佳。[③] 从堪舆学角度来看,作为“镇山”的狮山雄踞全城东北,其西南麓为坤位之首,地理方位上最为尊贵,城开中轴于此的目的即为突出此地,故有“气聚狮怀”之说。[④] 卫治、环绿观、文昌阁、师山书院等一批金乡城重要建筑选址于此,说明以狮山为中心进行剖析,可以一窥官方对金乡城的认知重点。

二、“山川形胜”:明代官方对金乡城的认知重点

位于狮山南麓的环绿观在金乡城的宗教建筑中十分特殊。其为金乡卫经过礼部审批的最早官建道院。金乡置卫之后,由于有寺无观,出现“祝釐无所”的情况,故而指挥使张侯麟在狮山之南修建德清观(后改为环绿观),聘请江西龙虎山正一道士杨伯实为主持。[⑤]

关于环绿观碑文共有撰文于建文元年(1399)的《环绿观碑记》、弘

---

① 杨慕良:《苍南杨氏通志》,西泠印社出版社2008年版,第349页。
② 杨慕良:《苍南杨氏通志》,西泠印社出版社2008年版,第349页。
③ 温州市第三次全国文物普查领导小组办公室、温州市文化广电新闻出版局、温州市文物局:《温州古村落》,浙江古籍出版社2017年版,第254页。
④ 《金乡志》编纂委员会:《金乡志·卫城志(上)》,浙江古籍出版社2019年版,第441页。
⑤ 《金乡志》编纂委员会:《金乡志·卫城志(上)》,浙江古籍出版社2019年版,第477页。

治十六年（1503）的《重兴环绿观记》与嘉靖三十六年（1557）的《敕建奏复环绿观碑记》三通。其中前两通碑文分别由桃源县学教谕李一中（大儒史文玑弟子）、刑部主事陆健撰文，撰文人均具有官方身份，集中反映出官方对金乡卫城的认知。

这两通碑文中时间较早的《环绿观碑记》镌刻于建文元年（1399），立碑于景泰七年（1456）。正文先说明了汤和奉命创建卫城的重大意义，之后叙述修建环绿观的缘由，最后部分的铭文突出反映了对金乡卫城的认知——首先说明了明朝的正统性；然后指明"寇犯我疆"的时代背景，以"可筑斯筑，以卫兵民"肯定汤和的苦心经营，说明了营造金乡卫城的目的；之后以"越惟金乡，在温横阳。崇墉汙（污）濠，固如金汤"赞美了金乡易守难攻的"山川形胜"；最后以"祝釐无所"引出修建环绿观事件，点明环绿观建造的功能。

《环绿观碑记》铭文如下：

> 於穆圣皇，奄有万方。子育黎庶，洞彻遐荒。蠢蠢岛夷，肆为不轨。寇犯我疆，孰守孰御。
>
> 爰命大臣，谋度咨询。可筑斯筑，以卫兵民。皇华载赋，来城濒海。邪许万夫，畚臿具举。
>
> 越惟金乡，在温横阳。崇墉汙濠，固如金汤。翰屏将臣，桓俾威武。奚其拜恩，祝釐无所。
>
> 有美张侯，作念自衷。云屿之阳，公构是崇。谓阙有道，列职教事。既经既营，观阙雄伟。
>
> 玉相堂堂，金科玄玄。臣拜稽旨，天子万年。海国晏康，莫匪帝力。颂美有辞，垂示无极。[①]

由于环绿观为经过礼部审批的最早官建道院，主导者为指挥使张侯麟，主持为龙虎山正一道士杨伯实，《环绿观碑记》即为环绿观落成而撰，故而该文行文严谨，官方风格浓厚，可视为环绿观建观的"官方说明"。其中的"越惟金乡，在温横阳。崇墉汙（污）濠，固如金汤"从军事

---

① 吴明哲：《温州历代碑刻二集》，上海社会科学院出版社 2006 年版，第 943—944 页。

地理学的角度突出反映了官方对金乡城军事功能的认知。

刑部主事陆健在弘治十六年(1503)《重兴环绿观记》中,记载了自杨伯实主持"拓而大之"之后,因年代久远,殿堂门庑"几于倾圮"的境况,以及由郑德延重兴修复的经过。此事的直接效果是扩大了宗教场所,同时也执行了公共职能——充当官方旅舍与军务议事厅。^① 值得注意的是,陆健在文中以"山水之胜、林麓之美也具在旧文"提及山水形胜。^② 虽然该文篇幅不长,但从中依然能看出,从军事地理学的角度,"山水形胜"为两通碑文所反映的官方认知金乡卫城的共同点。

结合表2,我们发现撰文人李一中与陆健均具有官方背景,很大程度上代表着官方对金乡城的认知。结合表1可以看出,两通碑文的撰文时间均处于倭寇对金乡地区频繁骚扰的阶段,这一时期金乡城的军事功能人所共知,从军事地理学的角度理解金乡城的"山水形胜",是明代官方认知的重点,具有十分鲜明的时代特征。

表2　环绿观碑文与倭寇侵扰特点对照表^③

碑文	撰文时间	撰文人	职务	倭寇侵扰特点
《环绿观碑记》	1399	李一中	桃源县教谕	频繁骚扰
《重兴环绿观记》	1503	陆　健	刑部主事	频繁骚扰

三、"山川育才":清代官方对金乡城的认知重点

进入清代之后,官方对于金乡城的认知重点发生了变化——由"山川形胜"变为"山川育才",呈现出从军事地理学角度转为堪舆学角度的变化。下文依旧以狮山为中心,分析这一转变。

在古人心目中,文昌阁事关当地文运,进而影响当地的兴衰,文昌

---

①　宫凌海、刘岩:《明清沿海卫所道教宫观运作与地方互动——以温州金乡卫为例》,《温州职业技术学院学报》2023年第1期。

②　"形胜"一词在古代的不同语境中有不同用法,不同时代用法也存在差异,但此句中"胜"与"美"相对,大致推测出其偏向军事地理学的角度。

③　此表由笔者整理而来。

阁的选址一般较为谨慎。金乡文昌阁开鳌江南岸地区风气之先。① 其原址即建于狮山西南的明代卫治所在地。清代金乡文人余象乾所撰的《文昌阁记》记录了康熙四十七年（1708）至康熙四十八年（1709）修建文昌阁一事。该文对金乡城的认知明显与环绿观碑文不同——先从天人合一的角度，对修建文昌阁的原因与根据进行了解释。

> 深愧书史未博，徒类井蛙，大抵就其所名星者，而窍之则在天为西之奎、东之壁、北之斗牛，皆主天下文章，运如箕风毕雨之类，可验也。故五行、二十八宿中皆有定舍，天地之物之无非妙阴阳二五之合而已。有星则有精，有精则有气，有气则有形，形气所钟安在，不可以储灵而祀之哉？②

在前文铺垫的基础上，《文昌阁记》对文昌阁选址于狮山南麓的卫治旧址进行了堪舆学方面的说明：

> 宜经营其地之爽垲者，踌躇三复，莫如卫厅后基，依狮屿则朴茂可掬，面金华则文焰堪瞻，翠柏苍松，龙蟠而虎踞；红桃白李，凤起而蛟腾。

金乡城扼守要害、"固如金汤"的"山川形胜"在《文昌阁记》中没有凸显，这一风格与上文环绿观两通碑文有明显差异。该文主要以"精、气、形"的观点说明了修建文昌阁的原因与根据，然后从堪舆学的角度，阐发文昌阁选址于卫治旧址对当地文运的重要意义。鉴于文昌阁在古代地方建筑中的重要地位，我们可以大致推断官方对金乡城认知已然出现了由军事地理学向堪舆学的转变。但必须指出的是，《文昌阁记》的堪舆学色彩虽然已出现，但还不十分浓厚。

从堪舆学的角度阐述"山川育才"在乾隆年间变得十分明显——乾隆四十二年（1777）官方所立的《禁垦官山碑》记录了民众以种茶的名义申请开垦狮山，但被官方驳回的经过。此时官方立碑的用意在于狮山

---

① 《金乡志》编纂委员会：《金乡志·卫城志（上）》，浙江古籍出版社 2019 年版，第 470 页。
② 《金乡志》编纂委员会：《金乡志·卫城志（上）》，浙江古籍出版社 2019 年版，第 471 页。

禁垦,从中反映出官方对狮山的认知重点依据为堪舆学"山川育才"的观点。①

> 金镇狮山坐于城内,自东门过北稍西约长二里许,东北依山为城,西南居民丛处,延山脚下凿井十余眼,绅士咸以是山为一城护卫风水,城内虽有河道,其水不堪饮食,藉此山下井泉,民人仰给,历来舆情合禁,毋许樵采牧放埋葬等事,恐污食水,有害生民。今该户等呈请开垦纳课,虽称种茶,一经纳课,即属伊等己业,易种他物,谁得禁止?势必粪污水道。体访舆情,不惟风水为虞,咸有将无食水之患。②

狮山的地理位置十分重要,这一点全城上下皆知,但《禁垦官山碑》反映出狮山在官方认知中的重点"为一城护卫风水",其军事防御功能大大淡化。这一认知又延续至二十多年后的嘉庆六年(1801)所立的《狮球山留荫碑》,其是官方为禁止狮山与球山的砍伐与放牧所立。该文开篇即旗帜鲜明地提出"山川育才"的观点——之前的"文风畅盛"由于"封植嘉树",如今的科场不佳缘于树木"濯濯无存"。

> 切缘金镇狮、球二山封植嘉树,藉钟人杰,前数百年文风畅盛,科名络绎,未必不由于此。迨后樵采擅入,斤砍斧残,牛羊践踏,两山树木濯濯无存,现功名□落,亦未必不由于此。③

碑文文尾又一次点明"山川育才",劝诫"共为保护,相戒砍伐"。

> 欲钟人杰,端赖地灵,狮球两山现养松木,乃护卫风水,广育人才胜举,自应共为保护,相戒砍伐,以冀地方兴旺。④

---

① 依据《禁垦官山碑》,官方也考虑到饮用水的问题。
② 吴明哲:《温州历代碑刻二集(下)》,上海社会科学院出版社 2006 年版,第 1074 页。
③ 《金乡志》编纂委员会:《金乡志·卫城志(上)》,浙江古籍出版社 2019 年版,第 431 页。
④ 《金乡志》编纂委员会:《金乡志·卫城志(上)》,浙江古籍出版社 2019 年版,第 431 页。

由此可见，"山川育才"这一认知在文首与文尾叙述两次，这一观点被反复强调。之后，金乡人李庚在道光年间撰的《金乡图记》是对金乡城全面的介绍，该文是后世研究清代金乡城的重要文献，行文涉及城内狮山、球山、七星泉、八卦巷、文昌阁、丰乐亭等景物，赞颂了"此地得山海回环，其间产菁英人物"，字里行间充盈着"山川育才"的观点。

> 枕雉堞以腾辉，狮山吐雾；带鲤湖而罗秀，球屿生辉。泉列七星，配源流于九曲；巷排八卦，布形势于一城。阁象文昌，金峰对峙；亭名丰乐，珠岭旁通。此地得山海回环，其间产菁英人物。①

至清光绪二十一年(1895)，平阳知事沈懋嘉撰的《金镇文成碑记》记载了狮山南麓师山书院的情况，对狮山的认知再次延续了"山川育才"的观点。

> 余谓金镇一卫所耳，而枕山濒海，物产丰阜，多鱼盐蜃蛤之利。乾嘉道咸间，富民族居，赀财雄一邑。今虽稍凌替矣，而士之涉猎图史，究心文学者，往往轶出于前。余行部至止，见夫师(狮)山苍苍，湖流萦带，灵秀所钟，笃生人文，诸生勉乎哉！志称邑有小邹鲁风，由是进而益上，庶得再见其盛乎？诸生勉乎哉！②

《金镇文成碑记》的文末以山清水秀而"笃生人文"来勉励书院学子，希望再现"小邹鲁风"的盛况，同样是延续了"山川育才"的观点。

综上所述，无论是狮山南麓的重要建筑文昌阁、狮山书院，还是狮山本身，我们均可发现"山川育才"在官方认知中的一致性。不难看出，官方对堪舆学视角下"山川育才"的认可与接纳，并且在相当程度上将其转化为行政资源。

---

① 《金乡志》编纂委员会：《金乡志·卫城志(上)》，浙江古籍出版社2019年版，第432页。
② 浙江省苍南县教育志编纂委员会：《苍南县教育志》，百家出版社2001年版，第33页。

四、卫所"民化"对金乡城官方认知重点转变的影响

由明至清,官方对金乡城的认知重点呈现出从军事地理学角度的"山川形胜"到堪舆学角度的"山川育才"的转变。不可否认的是,沿海军事态势由明至清的变化是影响这一转变的原因之一。但我们若想全面理解这一转变,也必须将其置于沿海卫所"民化"的历史进程中来。

明初重武轻文的导向,使卫所军官的品级一般高于地方府县官员,成建制的军人比普通民众更有优势,明初地方基层社会由此形成"军强民弱"的格局。但至明成化、弘治时期,"军强民弱"的格局逐步消失,卫所对地方府县的依赖程度逐步提高,一些府县官员积极介入卫所事务。① 与此同时,卫所社会也发生了变化——从设立之初的军士频繁流动到明中期之后的军士与家属定居卫城,"军户"由此成立。到后来军户家庭形成姓氏血缘团体。明中后期,军户之后移出卫城、脱离卫籍的现象暗示着"民化"的趋势。而清初的卫所改制与沿海迁界加速了地方化,至清代中后期军户与民户融合。②

在卫所"民化"的进程中,一个重要的表现是卫所社会与当地社会的文化交流汇融,卫所认知与地方社会的认知逐渐趋同。一方面,卫城作为沿海军事聚落独立筑城的最高一级,其首要功能便是军事功能,"山水形胜"成为最显而易见的认知;另一方面,由于中国古代社会科举发挥着举足轻重的影响力,地方社会对培养人才往往十分重视,各种"增文运"的方式屡见不鲜,堪舆学借此在民间大行其道,也被士人所熟知。上文中列举的"封植嘉树""灵秀所钟,笃生人文"便是这一方面的表达。

从"山川形胜"到"山川育才"的转变,实则是从认知维度折射金乡城的"民化"进程——城内与城外文化逐渐交流融汇,它们对堪舆学的接纳与使用趋同,均反映出对科举的重视。这也说明在金乡城内通过

---

① 宫凌梅:《明代中后期温州沿海卫所与府县治理》,《温州职业技术学院学报》2018 年第 4 期。
② 林昌丈:《明清东南沿海卫所军户的地方化——以温州金乡卫为中心》,《中国历史地理论丛》2009 年第 4 期。

科举实现社会流动并逐步受到官方认可的主流方式。

五、余论:"山川形胜"与"山川育才"是否矛盾

如上文所述,"山川形胜"主要是军事地理学角度的认知,"山川育才"主要是堪舆学角度的认知,官方对金乡城的认知重点由明至清出现了由前者到后者的转变。那么,"山川形胜"与"山川育才"这两者是否矛盾呢?金乡城历史的两通碑谶对我们思考这个问题有启发意义。

据坊下村《陈氏宗谱》与夏克庵《金乡镇志》记载,洪武十七年(1384)建城时发现一块碑,碑文描述了金乡的土地形成、地理形势、选址取向等方面内容,可以视为金乡卫城的"城建规划书"①。其碑文如下:

> 大地原从海上来,两峰交夹果奇哉。
> 火星落地文明现,木曜参天秀色开。
> 西北最宜添两印,东南原是有三台。
> 其间会聚千家众,五百年间出异才。②

对此碑文内容的解释,主要有三种。

其中之一认为此碑是康熙五十二年(1713)修复南水门时发现,其被认为是洪武建城时所埋,清代余象乾《复南水门记》与夏克庵《金乡镇志》均有记载。该碑依据太极八卦的原理,从术数处理、阴阳分列等方面将金乡城乾坤八卦布局解说得更明确。③ 其碑文如下:

> 九里包罗乾与坤,交流夹屿脉南分。
> 青龙渡马钟灵杰,甲子三三蛇启门。④

---

① 《金乡志》编纂委员会:《金乡志·卫城志(上)》,浙江古籍出版社2019年版,第425页。
② 《金乡志》编纂委员会:《金乡志·卫城志(上)》,浙江古籍出版社2019年版,第435页。
③ 《金乡志》编纂委员会:《金乡志·卫城志(上)》,浙江古籍出版社2019年版,第435页。
④ 《金乡志》编纂委员会:《金乡志·卫城志(上)》,浙江古籍出版社2019年版,第435页。

天人合一理念对中国古人的思维无疑有着重要影响,涉及哲学、天文、地理、建筑等许多领域。以上两通碑谶对金乡城的规划在传统话语中进行了解读,如果我们将其理解为古代天人合一理念下的表达方式,那么金乡的地形特色,诸如"木曜文星""东南有台""山镇险于外,水环通于中"等表述,既能从军事地理学角度来看待,又能从堪舆学角度进行解读。

需要指出的是,融通军事地理学角度与堪舆学角度并不是今人的独创,清代平阳文人张綦毋的《军屯》可能已表现出这一思想:

> 布置犹余信国城,龙眠山势伏狮形。
> 军屯依旧环双屿,谯鼓而今只四更。[1]

我们可以大致判断出,这首竹枝词中的"龙眠""狮形"涉及堪舆学,而"信国城"与"环双屿"则与军事地理学有关。

综上所述,本文一方面论述了金乡城的官方认知重点呈现出从军事地理学角度的"山川形胜"到堪舆学角度的"山川育才"的转变,这一转变既有沿海军事态势的影响,更应将其置于东南沿海卫所"民化"的进程中来理解;另一方面,我们不能割裂地看待"山川形胜"与"山川育才"两种认知,而应结合中国古人思维影响深远的天人合一"范式"来理解。

---

① 潘超、丘良任、孙忠铨:《中华竹枝词全编4》,北京出版社2007年版,第734页。

继承与交融

——明清蒲城移民与文化生态

上海大学历史系　欧阳芳欣　郭　红

　　蒲门(又称蒲城)位于温州最南端的沿浦江入海处,后靠群山,是天然的海防门户。唐宋两代起,蒲门处便设置有戍兵,大德八年(1304),元廷在此设立了镇守司。蒲门周边虽有福温古道等浙闽交通要道,但困于当地局促、封闭的自然环境,无法发展出更繁荣的经济和文化,因此明清之前的蒲门是一个军事功能大于经济、政治功能的地区,其文化中更多体现浙南地区共同的山海文化。[①]

　　蒲城作为温州苍南海防线上的一环,其文化生态中既有着浙南沿海卫所的共性——海防文化,又在共性之外有着因其地域闭塞、地缘特殊而衍生出的个性,这样的个性体现在蒲城一些独特的文化风俗之中。明清以前蒲城移民群体的来源南北皆有,北方移民和福建人口占大多数,后者尤其突出,但也呈现出总人数少、时间分散等的特点[②],不能为蒲城移民和文化之间关系的探讨提供支撑。进入明清时期,包含平阳在内的整个温州移民活动都更加频繁,卫所建置、迁界复界政策的颁布、经济的发展、粮种更新和地区招垦等都带来了大量移民人口。在多重因素的影响下,不同时期移民之间的冲突交流、新文化与本土文化的交融,都让明清之时的蒲城文化生态不断地在继承的大框架下涌入新

　　[①]　林亦修:《温州族群与区域文化研究》,上海三联书店 2014 年版,第 4 页。

　　[②]　陈丽霞:《历史视野下的温州人地关系研究(960—1840)》,浙江大学出版社 2011 年版,第53 页。

鲜的文化血液。

　　以往学者对于明清之际蒲城的研究通常是将其放在温州整体之中进行讨论，或以温州海防体系为对象①，或将温州的移民族群和当地文化的形成作为切入点②，讨论温州卫所体制、宗族群体、社会文化的流变，这些研究的内容大多较为宏观，很少单独将视线放在如蒲城这样的边缘地区上，且部分学者认为，温州清初迁界前后的文化是有所中断的③，但就蒲城明清文化的发展而言，在经历了卫所移民与闽籍移民的进入后，明代后期当地的文化生态已趋于稳定，清代迁复界及后迁移民并未动摇当地文化的根基。

一、卫所移民与海防文化下的蒲城

　　蒲城始建于洪武二十年(1387)，因倭寇频犯，汤和受命在浙江沿海修筑卫所城池，蒲门所城便为其一。蒲城中有蒲门所和壮士所2千户所，最初只设有蒲门1所，因壮士所所在的雾城"倭寇登犯难守"，正统八年(1443)壮士所武官奉旨暂居蒲门，隆庆二年(1568)"归并于蒲门所内"④。正因为这样的建置，蒲城具有典型的明代抗倭海防城池建筑风格和人口、文化特征。

　　在明代，蒲城的人口可以大体分为军户及其家属和非军户两大类。浙江沿海卫所群的建设早在吴元年(1367)时便出现在李文忠的进

---

　　① 宫凌海：《控扼东南——明代浙江卫所与海洋管理研究》，上海人民出版社 2021 年版；宫凌海：《明清浙江海防体制与地方互动——以温州卫所为中心》，黑龙江教育出版社 2019 年版；尤育号：《温州沿海卫所及其地域亚文化考察》，《中国地方志》2018 年第 4 期，第 95—104 页。

　　② 林亦修：《温州族群与区域文化研究》，上海三联书店 2014 年版；陈辰立：《明清闽籍徙温移民与温州宗族社会》，福建师范大学 2014 年硕士学位论文；林敏霞：《宗族离散与重构——清代"迁界"前后温州沿海地区族群迁徙与认同状况研究》，《族群迁徙与文化认同——人类学高级论坛》2011 年卷，第 242—253 页；罗诚：《清初迁界与移民——以顺治十八年的温州迁界为中心》，《中国社会经济史研究》2018 年第 2 期，第 28—38 页。

　　③ 林敏霞在《宗族离散与重构——清代"迁界"前后温州沿海地区族群迁徙与认同状况研究》一文中便认为，"蒲城一带的宗族组织经历了程度巨大的离散乃至解体"，且在后续半个世纪之内重新凝聚构建，第 243 页。

　　④ 康熙《平阳县志》卷八"防御志·军营"，日本国立公文书馆藏清康熙三十三年刻本，第 2b 页。

言之中:"浙江嘉兴、海盐、海宁沿海州县皆边防之所,宜设兵戍守。"①洪武十七年(1384),明太祖命汤和巡视海道,同时"筑山东、江南北、浙东西海上诸城"②。虽没有明确的史料表明蒲壮两所的军士来源是哪里,但根据洪武二十年(1387)周德兴受命往福建建设沿海卫所,以"福、兴、漳、泉四府民户三丁取一"的垛集政策征兵③,推测温州同年设置的磐石卫和金乡卫及其下属千户所,也是于当地直接征集民户以戍守海防,如瑞安蔡氏的族谱载:"洪武二十年……信国汤公设立四丁民兵,以其现有四子抽充瑞安所军。"④之后产生"土人为军反为乡里之患"的卫军管理问题也验证了这一观点。⑤

就近征戍难免衍生出逃役等管理问题,于是洪武二十七年(1394)明太祖下诏浙、闽沿海土军互徙,即沿海卫所互调。平阳《陈氏族谱》中载"明太祖忿其不仕,将公之三子福一公迫勒随军来闽,未几,遁归平阳。复将公之四子亚记公勒伍入闽"⑥,即平阳人被调入福建卫所之例。但跨省调度军队毕竟不便,有许多军士如陈氏先祖一般逃役,后来部分互调又调整为浙江省内卫军之间互调,而温州沿海卫所主要与宁波的沿海卫所进行调换。⑦温州诸卫所军士在经由上述的几个征调阶段之后,已经不再是单一来源的籍贯了,但综合来看,普通士兵仍是浙、闽两籍占据大多数,明初福建文化便随着这一群体进入了蒲壮所城。

对比普通军士而言,卫所武官的籍贯则更加多样化。林亦修在明代温州卫所移民的情况统计中,明确为蒲门和壮士二所卫所武官的有如下之人。⑧

王胜,吴元年自山东莱阳县长声乡孙售店村随征,受百户职。子山洪武二十七年受千户职,调掌壮士所。

朱印,原籍江西饶州府浮梁县儒林都古坛村,从军,洪武年受封百

① 张廷玉等:《明史》卷九一"兵志三",中华书局2013年版,第2243页。
② 王鸿绪等:《明史稿》卷八八"兵志五",上海图书馆藏清雍正元年刻本,第1b页。
③ 王士骐:《皇明驭倭录》卷一,《四库全书存目丛书》史部53册,齐鲁书社1996年版,第18a页。
④ 转自宫凌海:《控扼东南——明代浙江卫所与海洋管理研究》,第53页。
⑤ 《明太祖实录》卷二三三洪武二十七年六月甲午,(台北)台湾"中研院"历史语言研究所校印本,1962年版,第3404页。
⑥ 陈韶虞:《平阳陈氏族谱》,《重纂陈氏家谱记》,上海图书馆藏。
⑦ 宫凌海:《控扼东南——明代浙江卫所与海洋管理研究》,第55页。
⑧ 林亦修:《温州族群与区域文化研究》,第303—310页。

户,洪武二十年调海门卫百户,同年调壮士所。孙英于正统八年奉旨迁移蒲门所。

金继保,明洪武二十年自临海县城十字街迁居海门卫,洪武二十七年又迁居平阳县蒲城。

夏积,原籍安徽庐州合肥,洪武元年(1368)因克敌有功封武德将军,随同汤和来金乡蒲门视察,监筑蒲城,并于此留居。子文袭武德将军,为首任蒲城正千户掌印。

从上述内容可看出,蒲城的卫所武官来源地复杂,山东、江西、浙江、南直隶皆有。而普通士兵则大多数来自浙江和福建,因为人数众多,对该地的文化发展更具有引领作用,这也影响到了明中后期乃至清代的蒲城仍然以闽、浙两地文化为主。

除去卫所移民本身带来的家乡文化,在明代对蒲城当地影响更加深刻的当数因卫所设置而形成的浓厚的海防文化。蒲壮所作为嵌入地方社会的军事组织,在军事卫所的归类中属于准实土卫所,实际控制着蒲城以及周边地区,从蒲门城墙的修建和布局便可以看出,其修建城池的主要目的就是抗倭安民,城内除衙门、教场等地,还修有仓储、城隍等祠祀。① 生活在蒲城内的民众在长期抗倭战斗中,逐渐形成自己的地域文化,由全国各地而来的将士及军户家属也产生了共同的信仰凝聚。

蒲城的民间信仰中,迎晏公的"拔五更"活动最能体现明代卫所影响的痕迹。晏公信仰诞生流行于元明之际,根据蒲城西晏公庙的初建时间来看,晏公信仰在元时便已传入蒲城,随着明代晏公信仰入祀和蒲壮所的建立,晏公逐渐成为当地最重要、最受民众尊崇喜爱的俗神之一,有关晏公的迎神赛会也是当地最有特色的一种仪式,且从明代开始一直延续至今。蒲城两座晏公的祠祀,一座位于所城的西门,称西晏公庙;一座位于所城的东门附近,为东晏公庙。《温处海防图略》记载:"蒲门所与壮士所同城……蒲门所分守西南边一半……壮士所分守东北边一半……"②东晏公庙随壮士所迁来而建,又为寄托思念旧城之情将其

---

① 尤育号:《温州沿海卫所及其地域亚文化考察》,第 97 页。
② 蔡逢时:《温处海防图略》卷一,北京大学图书馆藏明万历二十四年刻本,第 5a 页。

建在东门城墙附近,其庙宇朝向东北,以示眺望故城。[①]"拔五更"中东、西晏公的对冲原是蒲、壮两所士兵利用祭祀晏公的时机,以练兵为目的,开展负重竞赛,这在明代是军事训练的一种手段,后逐渐变成一种竞技比赛。至清代,由于所城军事功能的减弱,此项竞技比赛被赋予了更多的民俗色彩。

蒲城地处浙闽的交通要道附近,"蒲门所与壮士所同坐平阳县五十五都,东至金乡卫城八十里,南至福建流江二十里,抵福宁州一百二十余里,西至泰顺县二百四十余里,北至平阳县渡江一百一十里,抵温州府城二百三十里"[②],辐射的范围较大,来往商人、农民也有选择在此落户的。和明初军事移民的集中性及其带来的浓墨重彩的海防文化相比,明代中后期迁来蒲门的非军户移民虽然一直不断,却较为分散,影响较小。新的移民群体来蒲高潮集中在明代后期,尤其是在嘉、隆、万时期,这时福建人地矛盾激化,出现了大量的失地农民和失载人口,人多地少的窘境使得生存性大移民成为必然。[③] 而作为移民迁入地区的浙南,与闽相接,又因长期倭患造成了人口流失和土地荒废,都吸引着闽籍移民迁居温州地区。

新来的闽籍移民强化了蒲城原有的宗族认识,新旧宗族在明清把持着蒲城的土地、人口和文化话语权,也因为其存在使得蒲城的文化并没有随着迁界复界的变动而出现中断。但由于蒲城在明代特殊的卫所性质,后来的家族并未在当时于蒲城内发挥巨大的社会功能,占据蒲城话语权的依旧是夏、王、陈、朱、金等卫所家族,这些家族以世袭武职为基础,或与卫所武官内部联姻,或与当地望族通婚,形成了蒲城内部的社会关系网络。

从壮士所千户王氏家族史氏的墓志铭中足以窥见蒲城卫所军官家族婚姻的部分信息。[④] 王氏第三代千户王俊,娶妻项氏。项氏有很大的

---

① 陈庆华、薛思源:《明代卫所制度下的遗产——蒲城晏公信俗》,《温州文物》2021年第18辑,第50页。

② 万历《温州府志》卷五"食货志",《四库全书存目丛书》史部210册,第581a页。

③ 陈辰立:《明清闽籍徙温移民与温州宗族社会》,福建师范大学硕士论文2014年,第13—15页。

④ 孔彦雍:《王母太宜人史氏墓志铭》,杨思好主编:《苍南金石志》,浙江古籍出版社2011年版,第59—61页。

可能出自当地的望族。苍南《瀛桥项氏宗谱》记载,项氏系晋时从福建长溪赤岸迁来,原籍蕃盛,五代时先祖弃官徙居浙江温州府昆阳金舟乡瀛桥西堡,后裔繁衍各地,至十三世项文弥于明洪武二十三年(1390)与孙存道同调至金乡卫蒲门所第十五军,始迁来蒲门定居。王氏第五代共四人,子三女一:子磷"娶蒲岐所镇抚刘隆女弟",子珍"娶本所百户刘清女",子瑞"娶本卫调漳州指挥李明妹",女妙堂"适千户李鉴"。王氏第六代可考十七人,其配偶也多是各卫所的武官及其家属。这些联姻对象以金乡卫及其下辖卫所武职人家为主,也有与蒲岐所等其他温州府境内卫所通婚的。蒲城内的其他军户婚配情况应该也是如此。

从王氏婚配情况中也可看到蒲城军户与附近府县的民户进行通婚的痕迹。王氏六代中王镛、王钲的配偶身份都是民户,一位是"寿官吴均海孙女",一位是"老人陈贵明女",这些民户都有这一特点,即婚姻背后隐含门当户对的特征,这种联姻有助于卫所军官家族地方权力的扩张。[1]

后迁来的移民在明代的蒲城社会中可能拥有一定的土地资源,也有可能当时就在此地建立了宗祠等具有浓厚宗族文化的标志建筑,但是这些依旧处在大的制度背景之下,只要卫所制度不灭,军户始终是蒲城主要的移民群体。"尽管明后期以来,卫所制度已渐趋废弛,但沿海卫所与地方的地域边界还是非常清晰的"[2],非军户只能在蒲城政治和文化的边缘地带徘徊,蒲城的文化生态中卫所带来的文化影响也远远超过了别的人群。然而,随着温州沿海卫所制度的废弛、卫所军户的地方化,明清之际,卫所对地方文化的影响受到冲击和挑战。清兵入城时,温州前朝官员、军士纷纷选择避居乡野,"隆武抚、按、总戎、监司、守、令等官俱遁入桐山,归闽去"[3]。蒲城大部分的明代卫所武官家族亦有外逃,如前文提到的壮士所千户王氏一族,就于此时被迫迁出蒲门城,后又遭遇清初迁界,族人四散,其中一支移居西门外上、下南垅等地。清廷逐渐稳定之后,普通的来蒲移民家族抓住这一机会,从原来的

---

① 宫凌海:《明清浙江海防体制变迁与地方互动——以温州卫所为中心》,第136—137页。
② 尤育号:《温州沿海卫所及其地域亚文化考察》,第104页。
③ 朱鸿瞻:《时变记略·鼎革之变》,陈光熙编:《明清之际温州史料集》,上海社会科学院出版社2005年版,第159页。

边缘家族逐渐成为把握蒲城话语权的大宗族,浙闽的宗族文化也随之在蒲城内更加茁壮。

二、迁界复界与世俗文化的兴盛

明清之际,蒲门经历了一个人口流失的过程。朝代更替、战乱未稳,原属于蒲城内戍守的卫所家族有一些选择迁出避乱,如夏氏避居大姑屯,王氏避居西门外,朱氏避居城门村。当地抗清的拉锯、东南沿海持续不断地受到骚扰,都让蒲城在城的人口有了一定数量的减少,这一迁居的高潮则出现在清廷迁界令颁布之时。

从康熙《平阳县志》所载可知,顺治十五年(1658)五月"海寇郑成功大艐蔽江而至",并在乡内劫掠三日抢取典铺积货,并伴有"山寇复作,拦连海寇为乱",于是在顺治十八年(1661)秋,"徙沿江居民于内地,捍木为界",蒲门自然也在迁界的范围之内。后因沿海危机渐渐荡平,清廷下令复界,"康熙九年(1670)复界外地,独蒲门未复"①,直到康熙二十三年(1684)蒲门才恢复界外地。

持续二十四年的迁界对清初的蒲城来说,可谓一场灾难,人口的流失使得蒲城的各方面都受到了巨大打击。《浙江家谱总目提要》中能查询到的清初从蒲门迁走的家族有:

曾进举,清初自平阳县蒲门所迁居本邑闹村村(今属闹村乡);②

朱宗泰,清代自平阳县蒲壮所(即蒲门所,在今舥艚镇蒲城村境)迁居本邑城门村(今属苍南县马站镇);③

林心田,清顺治年间(1644—1661)自蒲门招顺乡(在今苍南县马站镇境)迁居本邑北港杨美村(今属闹村乡)。④

这些迁走的家族,大多数并没有离开平阳县,而是留在了蒲门北边靠内陆的村落。

---

① 康熙《平阳县志》卷一二"杂志·时变",第20b—21b 页。

② 《天水郡曾氏重修宗谱》,程小澜主编:《浙江家谱总目提要》,浙江人民出版社2005年版,第875 页。

③ 《沛国郡朱氏宗谱》,《浙江家谱总目提要》,第142 页。

④ 《西河郡林氏重修宗谱》,《浙江家谱总目提要》,第328 页。

　　康熙复界之后，清廷一直积极地在温州沿海地区招垦，希望能够恢复当地民生。康熙十年（1671）、十一年（1672），从平阳县整体数据来看，共"招回男妇人丁五百二十五丁"，直到康熙三十年（1691），平阳县总有人丁四万四千七十九丁口。① 在雍正、乾隆两朝，仍有招徕民众复垦的情况，"从前因海氛未靖，画疆迁界，将向入版图之地方尽弃海外。自圣祖仁皇帝德威远播，海宇荡平，台湾、舟山尽入疆域，昔时迁界土田陆续招徕垦复……复颁谕旨招垦荒田，以为穷民谋生之计，至深且远"②。

　　这些复界之后来蒲城的民众中，一部分是应征来此垦荒的无地农民，以闽籍为主，更多的则是原来迁走的普通军户、商人、农民等。正如《华氏宗谱》中所记载的：

　　　吾族本江南无锡，当元季有唏晋公者，来宦于平，兵阻不得归，遂家焉斯邑。再传为永源公，实始居蒲，则前明洪武十八年（1385）也。吾蒲宗派，以永源公为始迁祖……初始祖及各祖坟原立有碑志，城内建有大小宗祠。适顺治十八年，海氛滋扰，致有迁移之变，悉皆毁没。后于康熙二十三年展复，于是宗族咸归故里，得以仍前祭扫其宗祠，既于雍正元年（1723）重建于城西，今复立碑志于墓前，镌先代世次于上，以垂不朽云。③

　　华氏在明初便已定居蒲城，在顺治十八年（1661）的"迁移之变"下，蒲城内的家族产业皆毁，族人也举家四逃，直至康熙复界之后才回归故里、重建宗祠。

　　《林公墓道碑》也记："我林氏始祖元泗公于前明正统年间自福闽安溪迁平邑之蒲门，择中魁以奠居，迨其卒也，始祖暨二世祖俱卜葬王孙内岙，穴坐艮向坤丑未分金，山形肖龟，故锡名龟山焉。"④这与《西河郡

---

① 康熙《平阳县志》卷三"贡赋志·户口"，第 4a 页。
② 乾隆《温州府志》卷二八下"艺文"，《中国地方志集成》，上海书店出版社 2011 年版，浙江府县志辑，第 58 册，第 614b 页。
③ 华日昕：《南堡岭脚总墓碑》，杨思好主编：《苍南金石志》，浙江古籍出版社 2011 年版，第 73—74 页。
④ 《林公墓道碑》，《苍南金石志》，第 84 页。

林氏九修宗谱》中所载的先祖事迹相吻合,并且宗谱中还记有林氏是清代自安溪赤岸村迁居浙江平阳县蒲门招顺乡五十三都登科里中魁村(今属马站镇)的①,两者相较,可以推测林氏是明正统时迁居蒲门,清代移居中魁,清代再次迁居的原因则与迁界的影响有关。

华、林以及蒲城其他的大姓,在其现有的族谱中都可以找到清初迁走后又迁回的例子。正是有这些重回蒲城的大宗族,复界之后的蒲城才能够比较迅速地重构起自己的社会秩序,重建的宗祠和庙宇也让蒲城的文化得以传承下去。正如李晓龙在关于清初迁界前后广东归德、靖康的研究中所言,迁界并未对沿海盐场大宗族的主要成员造成太大的影响②,蒲城的情况也相类似。

但是除了复界后迁回的原移民家族外,许多闽籍新移民也在此时机进入蒲城。蒲城的文化生态在这一次迁界复界之后迎来了新的发展契机,原来的以卫所、海防文化为主导的文化生态发生了改变。首先,在这一次动荡之后,卫所制度的影子逐渐淡去,在长期生活中形成的融和了不同地区民间信仰的蒲城民俗文化宗教色彩愈加浓厚。其次,崇武思想消退后,蒲城作为浙闽相接地的交通作用更加凸显,以乾隆时期温州的市镇而论,蒲门镇是温州府通往福建福宁府的浙闽通道中的重镇③,来往商人常将蒲门作为中途的补给地与货物的集散地。蒲城重商风俗也因此逐渐兴起,如果说明代蒲城是作为所城而存在的,那么清代尤其是乾隆之后的蒲城,则融入整个温州崇商的文化之中。

蒲门华氏一族自明代迁居而来,在清代发展为当地望族,清中叶以后华氏有不少族人从事商贸活动。如华镇藩,"甫弱冠弃而学贾";华克兰,"经商致有小康";华亦奎更是利用蒲门附近丰富的矾矿资源经营明矾生意,创立的"通记"已为百年老字号,华氏遂有"五代义商"之美誉。④距蒲城不远的金乡,在复界之后同样有不少商人来此定居,如从清代到现今都是当地大姓的殷氏。殷氏的先祖原是宁波四明人,殷俊杰在嘉

① 《西河郡林氏九修宗谱》1887,《浙江家谱总目提要》,浙江人民出版社2005年版,第330页。
② 李晓龙:《清初迁海前后的沿海盐场与地方宗族——以广东归德、靖康诸盐场为例》,《安徽史学》2015年第5期,第41页。
③ 陈丽霞:《历史视野下的温州人地关系研究(960—1840)》,浙江大学出版社2011年版,第123页。
④ 马站云亭爱竹山斋编:《华氏宗谱》卷一,苍南县图书馆藏1991年重修复印本。

庆年间"挈家迁居邑之金乡","初在巴马赞开设烛铺",在金乡成为当地富户之后,更加积极地扩张销路,产业涉及蜡烛、丝烟等多个领域,"其时肆中雇用工役与伙友,约有八百人,岁出货几达百万,不十年富甲一乡矣"[①]。

当蒲城这样的卫所城逐渐转变为普通社区,且民众商业思想兴起时,民众对于民俗信仰的塑造有了不同的目的,这些都反映在苍南民间信仰的发展变化中,有助于我们理解苍南复界之后文化生态持续的建构过程。我们无法考证所有蒲城庙宇的始建时间,但可以确定的是,在复界之后的较长一段时间内,蒲城的庙宇都处在重建的状态。这些祠祀的重新建立,一方面依赖于迁回人口的信仰记忆,另一方面又受到闽籍移民的影响。

其实早在明代,苍南的民间信仰文化便已经很多样化,南北诸神都可以在蒲城内找到信众,归根到底是因为蒲城卫所移民来源复杂,蒲城的俗神文化往往笼罩在了卫所制度带来的影响下。进入清代之后,卫所的影响渐去,蒲城社会对俗神信仰的构建逐渐变得更加世俗化、实用化和功利化,各个俗神信仰之间原本泾渭分明的界限被打破,以致形成一种诸神祇道场界限模糊、汇聚一堂的杂祀现象。

在温州沿海卫所一众丰富芜杂的民间信仰神灵体系中,杨府爷是温州地方特有且盛行的俗神,其职责的变化也体现出浙南卫所市镇在迁界复界之后民俗信仰中不同文化的影响上。地方志载:"杨府庙在瞿屿山趾,临海神,杨姓,失其名,相传兄弟七人修炼入山不见,后每着灵异。今祀非一庙,兹庙尤有征应,郡每祈雨于此,而海艘出入必致祷焉。"[②]杨府爷信仰随着温州海洋文化的发展逐渐扩展到温州各郡县,成为温州地方特有且信众广泛的本土俗神。因其主要的神职是水神、海神,在明代杨府爷被纳入沿海卫所民间信仰体系,温州沿海各卫所普遍建有杨府庙,其中就包括蒲门、金乡等城。蒲城内杨府爷信仰可考资料较少,但可以参考金乡卫杨府爷信仰的神职流变情况。金乡《小渔野杨府行宫记碑》中有记:"杨府行宫之设,以其神着灵,附于东南久矣……

---

① 周季兰:《大同创业记》,苍南《金乡殷氏宗谱》,郑笑笑 、潘猛补:《浙南谱牒文献汇编》,香港出版社 2007 年版,第 191—192 页。

② 万历《温州府志》卷四"祠祀",《四库全书存目丛书》史部 210 册,第 541a 页。

嘉靖壬子(1552)倭寇犯境,阅数年以来,春防未息,每将领誓师于庙,又崇奉之,以祈神之辅也。"①可见明代在海防文化的影响下,杨府爷的信仰功能与卫所军事活动和抗倭历史经验相结合,有着强烈的"卫所化"趋势。②而到了清代复界之后,随着商业化的深入发展,商业社会所带来的移动性、不安因素的增加以及人们对世俗物质的需求,进一步促使了杨府爷信仰在神灵职能上的多元化发展。如今金乡镇内的杨府庙每年前来祭拜的数以万计的信众中,求经商顺利、求学、求官、求医、求子等祈求内容占据了前列,且杨府庙中除了正祀神杨府爷外,还有许多其他的俗神。

迁界复界对蒲城文化生态的影响,主要集中在社会风气、宗族文化、民俗信仰之上。迁界使卫所对蒲城文化生态的禁锢消解,卫所的影子逐渐褪去,宗族文化和商业文化成为蒲城文化生态的主干。但是又因为复界之后来蒲移民的特性,原有的文化生态并没有彻底瓦解,仍与明代蒲城文化有着极强的继承关系,只是随着"单一的军户社区"过渡到多元化人群社区③,文化中世俗文化的色彩逐渐浓厚。

三、继承中交融的蒲城文化

蒲城在长期的历史进程中形成了自己的文化生态,其大致可概括为三类:卫所的军事性带来的海防文化、浙闽社会宗族文化、其地缘位置带来的各地民间信仰文化。这三种文化并不是先后接替出现于蒲城文化生态之中的,而是在不断交融中共存,使得在明清两代蒲城文化经历了一个明显的转变——由卫所文化主导转向世俗化文化体系。宗族及移民既是文化转变的发起者,也是串联者。

蒲城在经历明代的长期抗倭战争、清代的迁界复界之后,内部已经形成了稳定且抱团的家族群体。明清移民经过较为迅速的本土化过程

① 梅魁:《小渔野杨府行宫记碑》,《苍南金石志》,第161—162页。
② 尤育号:《温州沿海卫所及其地域亚文化考察》,《中国地方志》2018年第4期,第102页。
③ 宫凌海:《明清浙江海防体制与地方互动——以温州卫所为中心》,黑龙江教育出版社2019年版,第273页。

之后,在蒲城内或周围谋生,主要的姓氏有华、金、蔡、陈、林、朱、谢、叶、甘、倪等,这些家族如今在蒲城内都有自己的宗祠,成为蒲城的一大文化特色。

这些现今在蒲城内仍占据人数优势的姓氏,大部分并不是清代复界之后才从外面迁来的,而是明代时就已经在蒲门长住,只有在顺治迁界时才短暂迁出蒲城。2000年第五次全国人口普查中,蒲城乡户籍人口在1000人以上的有华、陈两姓。在苍南县可查的谱牒资料中,华氏永源公一支早可追溯到明洪武十八年(1385),其于蒲城尚在建造之时,就已从平阳县邑城(今昆阳镇)迁居蒲门。而其后裔虽于清顺治十八年(1661)蒲门迁界后移居北港水头,但在复界后便复居蒲城。① 陈氏也在蒲城支派众多,其中的山下角陈氏、东门陈氏、西门陈氏三支派皆是明代迁居蒲门,尤其是西门陈氏,更是在洪武年间就已迁居西门街。陈氏在清初复界后也同样迁回了蒲门。②

无独有偶,金、倪、叶、甘等家族都在避祸之后重新在蒲门落户。这样的普遍现象,使得蒲城迁界复界前后,掌握城内经济和文化话语权的家族并无较大的替换,故而宗族和民俗文化还是较好地延续了下来,并未断绝。也正是这些宗族文化的留存,尤其是民俗宗教的内容依托于宗族的存在较为完好地保留了下来,可以说蒲城家族的谱牒成为民俗文化的载体。

管中窥豹,以蒲城作为着眼点来看,苍南或者说温州的文化生态,杂糅各种文化的色彩。海防作为蒲城最开始建设的主要目的,在时代的不断发展中,其占据的分量是不同的,从最开始的主导逐渐变成被其他文化所包含。"皇明于沿海之多建卫所,所以周防御也……迩年各卫所凋敝,而温州卫尤甚。尽以粮运被累,官军俱困附卫诸所,且鞠为蔬圃,为疆圉计者,是可不一振刷之耶"③,卫所的凋敝荒废、福建移民的进入,使得原本笼罩于海防文化之下的世俗文化终于有机会迅速发展。

---

① 《华氏宗谱》卷一,苍南县图书馆藏1991年重修复印本。
② 金希亮:《蒲城姓氏研究》,徐宏图、康豹:《平阳县苍南县传统民俗文化研究》,民族出版社2005年版,第500—542页。
③ 万历《温州府志》卷三"建置三",《四库全书存目丛书》史部210册,第525b页。

　　蒲壮现存的祠祀建筑中,明确经历明清流传下来的有晏公信仰、城隍信仰、雷公信仰、妈祖信仰、五显大帝、三官信仰及佛、道文化。在此之外,还有一些祠祀属于当地独有的俗神,如后英庙①等。从各庙宇的建造时间来看,众多庙宇都在清代有过重建,如城隍庙是在清光绪年间重建、三官庙于道光二十五年(1845)重建,但城隍爷、三官神、妈祖、陈十四娘娘等俗神,早在明之前便广泛流行于浙南地区。究其原因,是明末战乱和清初迁界,随着人口的外迁以及贼寇的破坏,蒲城内的庙宇由于缺少民众的供奉和修缮,自然而然毁于时间长河之中,但正是蒲城原有人口的迁回、宗族文化的继承性,才使得原本因为信众变化而产生改变的民俗信仰保留了下来。

　　温州的许多民俗文化也被详细记录在了当地宗族的家谱上。金乡郑氏的族谱中载有关于祈雨的记闻,其族中有名伯宗者尤精于雷法,"尝游江汉间,名公钜人,凡遇灾旱,必罗而致之,一祷辄应",故其声誉赫然。永乐二年(1404)夏"旱魃为虐,郊原如赭,民且傍徨奔走,无能为存活计",当时的金乡卫武官陈侯恭请郑伯宗祈雨,"明日,登坛作法,雷声震慑,上下肃然,罔不祗畏。越三日,投诚谏于龙湫,辞令严切,鬼神丧魄。翌明下山,甘澍大作,河源充溢,枯瘁者于焉以苏,饥困者于焉以保,侯及宾属皆俛(府)首以谢"②。记文除了记录金乡的民俗文化外,还表明当地宗族会直接参与神教事务,成为民俗活动的主持者,永嘉徐氏也有如郑伯宗般直接参与宗教事务者,惠日寺住持智澄就是"本姓徐氏子,天石先生六世孙也"③。

　　除了族谱对民俗神教佚闻的记载外,当地的家族也在实际的物资上满足了当地宗教文化发展的需求,通常会为当地各种民间信仰的庙宇提供修缮和组织活动的钱财与人力。

　　从清代直至现在,蒲城内的民俗文化一直蓬勃发展,地方宗族对于当地宗教文化各方面的支持,让宗族文化与民俗文化紧紧联系在一起,民俗文化从宗族的支持中获取所需,宗族也在民俗活动中不断强调自

---

①　民国《平阳县志》卷四五"神教一"载,"神本里人,姓陈名老,事详神迹本传",第13b页。

②　陈端:《赠洞虚先生祷雨有感文》,苍南金乡《南楼郑氏世谱》,《浙南谱牒文献汇编》,第279—280页。

③　王瓒:《惠日寺记》,永嘉枫林《徐氏宗谱》,《浙南谱牒文献汇编》,第164页。

己的社会影响力。两者的交融才使得蒲城的文化生态呈现出多样、交融、共存的特点。

四、结 语

蒲门这一移民所建的市镇,在日复一日的生活中建立起了稳固的文化生态。明代海防文化打下了蒲壮所城的文化生态基础,清代的迁界复界突破了卫所的限制,更多移民的进入为蒲城文化注入新的生机与活力。但蒲城的文化根基并没有在一次次的灾难打击中被重构,清代复界后的移民特征与明代中后期来蒲移民高度相似,即多数为闽籍移民,明代迁来的闽籍移民已为其打下了文化基础,故而复界后的移民能够顺利地融入当地社会之中,为蒲城文化注入新鲜血液。虽然经历了明清时人口的迁走与迁回、时代的变化与流转,但蒲城文化却在不断地以原有的文化为基础,对新文化包容并蓄,这些不同的文化也并没有相互替代更迭,正如卫所文化并没有随着卫所制度的废弛而消失一般,旧文化融入了蒲城的文化底色之中,成为其不可或缺的一部分,继承与交融是明清蒲城文化生态的主题。

蒲城海防文化事象略述

苍南县人大常委会　华松国

苍南县最南端蒲门，原为海湾一角，因长期潮汐涨落、泥沙淤积，渐成菖蒲、芦苇、杂草丛生的海滩。相传先民来此搭寮垦荒，取菖蒲叶编织为门，故称"蒲门"。

蒲门自古为军事要塞，唐设蒲门戍，宋设蒲门寨和巡检司，元立镇守司，明洪武二十年（1387）二月建蒲门所城，后壮士所城因屡遭倭寇登犯难守而并入，合称"蒲壮所城"，简称"蒲城"。清末设蒲门乡，民国设蒲门区（第六区）和蒲门镇，1950 年 6 月改称马站区。

蒲壮所城于 1996 年被列入第四批全国重点文物保护单位，2012 年被列入省"非遗"旅游景区，2016 年被授予"中国传统村落"和省历史文化名村荣誉称号，2021 年被列入国家明清海防《大遗址保护利用"十四五"专项规划》。

蒲壮所城曾经的守城将士多来自浙北、苏南和福建等地，由于明代实行守城将士世袭制，在相对封闭的环境中长时间生活，形成了较为特殊的族群；各地语言在此交汇融合，形成了当地特殊的方言体系"蒲城话"；受海防文化影响，也形成了极具地方特色的文化特征和民俗习惯。所以说，海防文化与蒲城族群、方言、民俗习惯等有一定关系。

一、蒲城族群的历史印记

　　族群是指在特定时间特定地点中所形成的一个与其他族姓人群有所区别的群体。蒲壮所城族群的形成与发展,与抗倭海防历史有一定的渊源关系。

　　蒲壮所城现有姓氏,不少是明代因抗倭而迁入、发展而来,如夏、王、朱、华、金、陈、徐、项、甘、张等,他们在当地开枝散叶、繁衍成族,并在一定程度上主导了蒲壮所城这个小社会整个体系的各个领域,族群中的一些精英型人物,甚至构成了蒲壮所城这部区域历史的主干,留下了历史的印记。

　　明代农夫抗倭英雄陈后英,为了城内百姓免遭倭寇残害,明知寡不敌众,却派同伴回城报告敌情,自己因垒石塞道、孤身抗倭而牺牲。陈后英的故事和精神在蒲城代代相传,并深刻影响着后人。

　　明末京卫经历华一鹏,从戎抗倭,保家卫国;平生行义乐善,所葺桥梁不胜纪。个人行状载入乾隆《温州府志》和隆庆《平阳县志》(清康熙间增补钞本)。

　　明末清初诗人项元生,亲历一场"迁界"浩劫,知清政府粉饰"迁界"。为"保全民生",悲愤写下揭露"迁界"惨状的纪实组诗《十禽言》并序传世。

　　民国《平阳县志》载:清嘉庆十六年,贡生华如积重修沿浦斗门(新岙斗桥)。工程完工,他却因劳累过度而病逝。

　　清嘉庆年间,国学生华伯安,以蔡牵乱,与张玉珍(张琴父)同治团兵,特赏识琴,每功辄推与之。琴遂以是奋迹,后为台湾镇总兵,卒后追封振威大将军。这分明有"封侯非我意,但愿海波平"的胸怀。

　　清嘉庆辛酉年拔贡生华文漪,人穷志不穷,殿试被黜落后,专心诗文,为"兰社六君子"之一,以"入清以来文学之最"美誉名闻浙南闽东,著有《逢原斋诗(文)钞》等文集传世。"斋誉逢原文载道,名冠兰社笔生花。"个人行状载入民国《平阳县志》。

　　清代女诗人谢香塘,嫁入蒲门金家,不幸年轻丧子失夫,她却毅然独撑金家门户;并著《红余诗稿》传世,作品被选入多个版本的闺秀类作品集。

晚清名伶"蒲门生"叶良金,不顾穷困潦倒,组建"同福"戏班,抢救濒临灭绝的昆剧,赓续文脉。后著名永昆演员徐郑、炳虎、邱一峰、杨永棠等均得"蒲门生"真传。

晚清东南地理学者金东,著有自编集《行滕存牍》,明知位卑言轻,却未敢忘国忧,同治八年(1869)竭力上书提出开发台湾规划,呼吁早设军屯,未果。过五年,发生日本侵略琅峤事件,他又上书提出"早日定计,用兵驱除"等主张……

清末民初国学生拳师华鹤琴,承家学,研眼医;创办正本学校,任校长;还开武馆,练团兵,保卫家乡,浙南硕儒刘绍宽先生题赠匾额"梓里长城"。另外,华觉民、华醒民等华氏族人捐资在华祠创办振华小学(蒲城学校前身),1931年获民国教育部二等奖,刘绍宽先生为此著《振华族学记》。

王国桢烈士(1899—1931),为蒲门王氏第18世孙,于1925年加入中国共产党,搞农运、闹革命,与胡公冕成立浙南红军游击总队(红十三军前身),任首任中共浙南特委书记,为民族救亡和解放事业出生入死。

20世纪八九十年代,华业祖、林培初、华可招、华晋绪、甘友余、陈立陶等老人,为蒲壮所城申报县、市、省、国家文保单位和抢修文物,四处奔波,不计报酬,十几年如一日。

张和钦老师,1975年借助当时马站中学简陋的物理实验室作为研发平台,开发产品,与洪作斌等创办了苍南仪表厂;1995年又创办了天信仪表厂。如今,这两家企业均已成为"国家级高新技术企业",生产的气流表等主导产品在国内外市场上占有一席之地。

华翰绪先生,曾引进并推广蘑菇种植技术,创新直接在菇棚中用锅烧水升温进行二次发酵技术,既增产又节约,为马站(包括蒲城)1999年被评为"中国蘑菇之乡"和为当地农民脱贫致富做出了贡献。其事迹被载入2014年版《苍南县志》。

他们是抗倭将士在蒲城的后裔,他们是蒲城族群形成后出现的一代又一代的精英代表,从陈后英孤身抗倭,到王国桢烈士献身革命,再到张和钦、华翰绪引路富民,他们的所作所为是爱国爱乡精神在不同历史时期的表现,他们的集体人格与海防文化一脉相承,其共同特点是"敢闯敢拼,敬天爱人"。

二、蒲城方言的历史声音

方言指的是某一地区语言,由语音、词汇和语法组成。蒲壮所城依龙山而建,位于龙盘虎踞风水穴之中。在龙山和虎山围成的湾区内形成了"蒲城话",而周围都讲闽南语。长期被闽南语重重包围而不被同化的"方言岛"现象,也算是蒲城文化一奇。

"蒲城话"的形成原因,固然有待进一步研究。但特殊的地理环境与海防历史背景,一定是"蒲城话"形成原因中的重要元素。下面谈谈同属吴语系的"蒲城话"之一些特点。

(一)"蒲城话"方言岛至今保留了一些瓯语的古老发音

多年前,中国社会科学院语言研究所研究员郑张尚芳先生曾到蒲城调研方言,当地老人称猫头鹰为"竹棍头"时,令他大为吃惊。郑张尚芳先生说:称猫头鹰为"竹棍头",其实就是瓯语的读法,这种读法如今在温州地区也是少之又少了,没想到在蒲城竟然还能听到。

"蒲城话"的大多词汇和读音与瓯语大同小异,如筷子称"箸"、锅称"镬"、黄鱼称"黄瓜鱼"、青蟹称"蝤蠓"、海蜇称"藏鱼"、牡蛎称"蛎勾"、藤壶称"雀嘴"、四季柚称"四季奇"、蜘蛛网称"飞丝网"、蝙蝠称"老鼠皮翼"、虹称"挂鲎"、台风称"风痴"、雷阵雨称"上雾雨"、早上称"天光"、中午称"日昼"、晚上称"黄昏"、明天称"明朝"。童谣有云:"天光露水烂极极,不如日昼灰个歇。日昼日头热烘烘,不如黄昏掼灯笼。黄昏蚊虫叫喳喳,不如明朝起五更。"

(二)"蒲城话"的发音有的与北部吴语及金乡话相近

"蒲城话"的发音有的与北部吴语及金乡话相近,如刀、包、凡、关、饭、粗、路、土等。有的词汇也较相近,如伙伴融洽称"落阵"或"落党",合适称"落事",听得进去称"落耳",谋划称"排阵",事情称"事干",烧得很焦称"乌焦烂炭",遍体鳞伤称"脱皮烂流",烽火台称"烟墩",谚语"烟墩起火,稻桶岩擂鼓"等。

还有,笔者发现"望(mo)戏"和"街路去嬉(玩)"的读音与台州话相似。这也许与明代蒲壮所城的守城将士和人员大多来自北部吴语区有关,如明代蒲城三大姓华、金、徐,华氏迁自无锡,金氏迁自台州海门卫,徐氏迁自台州路桥;另外,负责建造蒲门所城的千户夏积和世袭千户夏文父子迁自合肥,壮士所副千户抗倭牺牲的王山升迁自山东莱阳,壮士所百户抗倭牺牲的朱信迁自江西饶州儒林(城门朱氏宗祠大门对联"江西儒林旧迹,浙南壮士流芳"),大阳沟陈氏迁自绍兴山阴,绍兴巷张氏迁自绍兴,等等。从这些方言产生的深层来解析,我们似乎可以听到来自历史久远的声音。

三、蒲城民俗的历史底色

民俗一般是指民间人们生产和生活的风俗习惯,主要是指婚、丧、祭祀、生育、过年过节等礼仪和习俗。蒲城与周边汉族地区的民俗习惯大同小异,但受明清海防文化影响,也形成了一些极具地方特色的文化特征和民俗习惯,具有历史底色。

(一)婚丧嫁娶

(1)婚嫁迎送。蒲壮所城有东、南、西三座城门对外交通,南城门为正门,蒲城人将其寓意为"南天门";西城门寓意为"西天门"。所以喜事婚事的迎送队伍要走南城门,坚决不走西城门。

(2)丧事殡葬。出殡队伍一般走西城门,意为驾鹤西去,而不走南城门;葬后回龙(返回)队伍要从南城门走入,而不从西城门走入,即殡葬队伍一般"西出南归"。东城门一般可出也可入。

(3)扫墓分饼。清明扫墓祭祖,以前都要分"上墓饼"(而今移风易俗,讨饼的人也没了)。"上墓饼"蒲城人都用咸光饼(也称戚光饼或继光饼)来充当。此款烧饼中央有小孔,相传戚继光当初即用绳子串起来挂在将士们脖子上做干粮,以方便行军打仗,后流入民间。

（二）街心辩解

蒲城十字街区，也是城内重要的商业集聚区。蒲城流传俚语"城门硐里讲闲谈，十字街口评对错"。这是因为在街心有一块明代建城时埋下的四方石，称"奠基石"，也称"方位石"。"石"谐音"实"，又在城中央，蒲城人认为此石有灵性，站在此石上就要讲实话，否则就会遭天打雷劈。（此石有没有"妈祖调解所"的痕迹？）是否得理，要经过在场民众的评判。于是，"理要过众"是辨清是非、解决纷争的重要标准。由此，蒲城街心成为城内民众用于公开公正解决纠纷的重要场所。

（三）特色餐饮

（1）油饺。元宵节北方人习俗是吃饺子，南方人习俗是吃汤圆。蒲城人搞混搭，以猪油、红糖、芝麻、花生米等为馅，把汤圆包成饺子的样子，称"油饺"，以解思乡之情。

（2）煎包。包子多用蒸，饼多用烤或烙，蒲城人把肉菜包子放在平底锅里煎熟，称"煎包"，如饼似包，香气扑鼻，现成为苍南十大特色小吃之一。

（3）肉面。北方人喜欢吃面，当地人喜欢吃肉燕。蒲城人把新鲜猪肉拍打成肉泥，再和以适量的淀粉，擀成面皮（肉燕皮），经蒸熟后切成面条状，称"肉面"。这种做法，与市面上常见的"将肉片摆在面条上做浇头"的所谓肉面，是完全不同的制法。肉面现成为当地知名的特色小吃。

（四）特色民俗

"拔五更"，也称"拔午更"或"拔老爷"，此项民俗活动源于明代，是蒲壮所城一项驱魔祈福的迎神赛会，寄托着国泰民安的美好愿望，于2007年被列入第二批浙江省"非遗"名录。该活动围绕晏公信俗展开。

晏公爷姓晏名戍仔，江西清江镇人，为元初一名清官。告病回乡，卒后启棺视之，一无所有，盖"尸解"云。父老知其为神，立庙祀之。后显灵于江河湖海，传说曾救过朱元璋。明初，诏封显应平浪侯。民众亦称之为"勇南圣王"。

晏公爷入主蒲城时有个传说:从前,附近李家井有个打鱼人,有一天在海里网上一截木头和一筐鱼,打鱼人挑到蒲门把鱼卖后,木头却搬不走。当地有人提议,将此木雕塑成晏公爷像,供奉在溪边小神庙中。后几经扩建,就成了如今的西晏公庙。据传壮士所并入蒲门所后,又在东城建了东晏公庙。

蒲城晏公信俗逐渐形成了"拔五更"民俗活动。每年正月初四开始,举办至正月十六,历时 13 天,几乎每天都有新内容。整个活动环环紧扣、高潮迭起,演绎了还杠还红、游街巷、拔天申、换銮轿、落人家、出巡、探娘家、闹元宵、游四门、看戏、讨喜彩、落公馆、吃五更饭、拔五更、抢杠、晏公爷洗澡、放烟花、抢红、做斛、打爻杯问收成、抢(送)灯球、安香火、吃合福酒等三十多个环节,其中有明代抗倭守城将士巷战军训的元素和庆祝胜利的情境,简直是狂欢节的一个样板。其中最刺激最精彩的环节是正月十五夜的踩街闹元宵、午夜"拔五更"、抢杠和十六夜的游街放烟花、抢红,等等。

"拔五更"民俗活动有如下几个与众不同的特点。

(1)团结协作。"拔五更"就是在元宵节 23 时多的午夜(子夜),东、西晏公庙两队以互鸣铁炮(火铳)为号,同时抬着本庙晏公爷像,在各自仪仗队开路引导下,按事先约定的路线接力奔跑。队员与队员之间,前队与接力后队之间,东、西庙两队之间都必须团结协作。这时全城激奋,所到之处,观众助威高喊"顺啊!顺啊!"等吉祥语,祝愿风调雨顺、国泰民安。午夜"拔五更"不准女人观看,故是清一色男人的世界。全城民众团结协作,有的把自己门前打扫干净,若下雨,还在门前路面铺上砻糠或稻草,夜里门前亮灯,生怕"拔五更"队员在自己门前摔倒。有人捐钱或捐糯米蒸制"五更饭"用于赠送来客。近年有许多妇女分别在街边设点煮红枣汤或汤圆等善待游人。"拔五更"几乎把全城力量都凝聚发动起来,这么团结,这么有组织纪律性,可震慑盗贼。

(2)拼搏自强。"拔五更"有当年守城将士巷战军训的元素,如接力奔跑、抢杠、抢红等。中国人的理念一般是"在家靠父母,出外靠朋友",靠上帝、靠菩萨、靠皇恩,很少有人说靠自己。而"拔五更"要接力奔跑,勇往直前;要靠自己抢杠、抢红等"抢"来保佑,"抢"来好运。"抢"可理解为拼搏、竞争、尚武。这分明是"我命由我不由天"的理念。

　　(3)敬天爱人。"敬天"就是指"天人合一",敬畏天,道法自然。正月十六夜游街放烟花、抢红结束后,东晏公庙还有一个环节是打爻杯,问年景、问收成。若预测年景好,大家就放手大干;若预测年景不好,大家就要小心谨慎,尽早防御,尽量规避风险,既遵循客观规律,又充分发挥人的主观能动性。"爱人"就是仁者爱人、义者助人的意思。"拔五更"全城发动,人人贡献自己应有的力量;在"拔五更"接力奔跑的过程中,大家互相帮衬、互相配合,这就是对家乡对乡亲一种爱的奉献。

　　所以说,"拔五更"民俗活动是植入蒲城人血液中的一种文化标识,更与明清海防文化相关相承。"拔五更"精神可诠释为:团结协作,拼搏自强;勇往直前,敬天爱人。

　　综上所述,这些文化事象,出现在蒲壮所城这么一个小城池里,且与周边的民间文化现象有一定不同,形成了自己的特色,成就了蒲壮所城因历史而得以积淀之厚重与精彩。这些事象的形成机制,与史上的海防背景关联度如何,尚待进一步挖掘,而将来如何更好地开发或运用,亦须要各方关注与研究。

明朝嘉靖—万历年金磐备倭把总考述

浙江东方职业技术学院　　陈　恒

一、金磐备倭把总官职设置背景与研究概况

金磐备倭把总,全称金乡磐石二卫备倭把总,统水兵 5 支,驻扎金乡卫,游哨飞云、江口、镇下等关,额定兵力达 2450 人,专门负责温州地区沿岸的御倭工作,在明朝温州抗倭史上这一职务起到了非常重要的作用。关于金磐备倭把总的官职设定时间,学界中有一定的争议,史料上也存在一定的冲突。如温正灿先生在《明代温州海防体系研究》中认为,从实录来看,最早出现备倭把总记载的是弘治十三年,浙江出现备倭把总的记载则为正德九年秋七月,温州卫指挥佥事任职松门把总。而宋焴先生的《明代浙江海道副使、备倭都司、备倭把总设置考》则偏向于"正统间倭夷犯,顺设把总一员,以统卫所,衔曰备倭"①,认为明宪宗时期便有出现。

然平阳昆阳仙坛寺景泰年钟款有"金磐总高瓛"②字样,而根据《明仁宗实录》的记载,这位原来是锦衣卫指挥同知出任金乡卫指挥使的高瓛应是同一个人,即以金乡卫指挥使的本职标注为金磐总。③ 故最初出

---

① 《湖州府志》:正统间倭夷犯,顺设把总一员,以统卫所,衔曰备倭。
② 《平阳县志》。
③ 《明仁宗实录》永乐二十二年十月:调锦衣卫指挥同知高瓛任金乡卫指挥使司。

现的时间与具体的演变事实上可能更加复杂。

金磐备倭把总日渐重要，离不开嘉靖大倭乱的历史背景，在卫所制度日益崩溃、东南沿海走私与倭乱日益复杂、募兵制营兵制逐渐取代已日益去军事化的卫所军队的情况下，营兵制下新的文武官双轨制取代了原来的三司制度。地方上的大多实践采用以文官为重的"地方兵备道，地方参将，地方备倭把总"的设计。

与许多人理解的七品备倭把总不同，可寻的备倭把总的本官不低，多为四品至三品，且由他卫或原卫指挥使充任，如夏光为温州卫指挥佥事，李光佐、梅魁也以指挥称呼，如谢顾《纪仙居之捷》《记金塘之捷》中载，"会福建桐山之贼，流逼浙境，同知黄钏、指挥梅魁御之，贼溃围北走""指挥李光佐、千户张榜等，兵分三路进剿，杀死三百余人，衣红衣渠魁二人"①，梅魁是在仙居之战中任命为把总的，李光佐是万历年记载为金磐备倭把总的，此时尚非把总职务，可见之前已是指挥佥事——指挥使的本官。但由于本官不能超过同僚，早期备倭把总指挥他卫多有不便，故特地加上"钦依"，后在嘉靖三十七年加上"按都指挥体统行事"的头衔，加强备倭把总在沿海御倭调动军资的威权，但不代表备倭把总的本官达到正二品都指挥使的级别。

关于此方面的研究论文，有关备倭官设置的有陕西师范大学何乃恩的论文《明代浙江备倭官制与职能研究》，浙江历史研究所宋烜的论文《明代浙江海道副使、备倭都司、备倭把总设置考》；以温州视角更详细的研究则有浙江师范大学温正灿的论文《明代温州海防体系研究》；张侃、宫凌海的论文《明代中后期东南地区兵制变迁——以浙江沿海地区为中心的考察》，温州大学宫凌海的著作《控扼东南：明代浙江卫所与海洋管理研究》也极其详细地记述了对明朝浙江地区沿海卫所的研究。对金磐备倭把总人物事迹的研究少有将其作为重点，本文便特以此作为研究重点。

---

① 《筹海图编》。

二、金磐备倭把总事迹与东南御倭战争

　　温州抗倭史有关的金磐备倭把总首推夏光。夏光原为温州卫指挥佥事，在嘉靖三十一年的倭乱中，倭寇祸虐平阳，夏光靠精良的箭法击退倭寇。后倭寇又大军围聚进攻良吏刘畿所在的瑞安县城，赶往瑞安后的夏光又击退了倭寇，成功解救瑞安之围。而这段颇为传奇性的记载实际上是明朝东南沿海嘉靖年抵御倭寇的真实写照，无论是瑞安县（今瑞安市）还是温州府的解困，都是依靠武官的个人武力和冷兵器时期的弓箭击败彪悍的倭寇军队。夏光于第二年在台州松门港大败倭寇①，兵部特地报送了其斩首与擒获的战绩，于是夏光便被快速提拔为都指挥佥事备倭浙江，镇守宁波观海卫，后在调往参加王江泾之战中阵亡。关于夏光阵亡的记载略有冲突，《温州府志》载其投河②，《明实录》载其身中流矢，但是根本原因是友军部队的溃散。由于明朝中晚期军队的组织力大部分依靠指挥官的维持，卫所制的崩溃使得军队无论是装备还是战斗力都极其低下，曾经成功在温州御倭的夏光也因此阵亡。王江泾之战发生的嘉靖三十三年嘉靖东南倭乱最严重的时期，夏光的殉国也成为东南沿海抗倭历史的一道缩影。

　　　　嘉靖中，倭犯平阳掠妇女无数，光追射歼渠魁十余人返其妇女，贼又逼瑞安城，几不守，光驰至缒城而入，以药傅箭镞射贼，贼中箭者拔其镞嗅曰：此夏光箭也！所至闻风而解。

　　　　　　　　　　　　　　　　　　　　——《平阳县志》

　　　　嘉靖三十三年六月，倭寇由吴江转掠嘉兴，署都指挥佥事夏光督兵御之，背王江泾而阵，贼众鼓噪而前，我兵大溃，光流矢死。

　　　　　　　　　　　　　　　　　　　　——《明世宗实录》

　　　　嘉靖三十三年八月，戊戌追赠王江泾死事指挥夏光为都

---

　　① 《明世宗实录》嘉靖三十二年四月：浙江舟师破贼于松门港，把总夏光等擒贼四十四人斩首二十九级。

　　② 《温州府志》：战于王江泾，诸将为敌所乘，先溃散，光独力不支，亦败，投河殉国。

指挥同知,立祠祀之,子孙升实职一级世袭。

——《明世宗实录》

与夏光一样经历了嘉靖时期最惨烈倭乱的还有梅魁、叶欢、李光佐等人。梅魁原为指挥,嘉靖三十五年之时参与仙居之战。从福建桐山(今宁德福鼎市)北上的倭寇在平阳境内被温州府同知黄钏、指挥梅魁击溃,剩余的倭寇立即北上[1],随后这批流寇被各路浙军合围聚歼,史称仙居之捷。嘉靖三十七年四月二十日,戚继光时任参将的军队在长沙之战大败倭寇后,部分倭寇出现在瑞安县梅头(今温州市经济开发区一带),已任把总的梅魁与上级温处参将牛天赐参与了对倭寇的围歼,四日后牛天赐带其余军士分三路围剿倭寇,李光佐以指挥的身份参与此战,杀死三百余人,同一天梅魁与杨岳、陈应从瑞安策应大军,又得斩首,剩余的残寇慌忙出海,并在嘉靖三十八年与泰顺知县区益合作,成功解救泰顺之围困。但是在温州宁村之战中,梅魁与温处参将张鈇因全军惨败受到追究处罚。此战张鈇被偷袭的倭寇乱枪所伤,虽然在总旗黄廷富的提醒下明朝官兵依靠血战保住了宁村并有所斩获,但是依旧受到了朝廷的处罚,被认为参战重臣"均当重究"。但是由于复杂的战场形势,梅魁被同意将功折罪,最后一路升任为宁绍参将。

四月二十日,温之瑞安县周岙贼,由梅头奔突者五百余人,参将牛天赐、通判杨岳、把总梅魁等歼之,伤而死者不计,生擒一人,斩首十三级,余溃走。二十四日,牛参将同兵备副使凌云翼、把总卢锜、武生黄允中、指挥李光佐、千户张榜等,兵分三路进剿,杀死三百余人,衣红衣渠魁二人,军中令不许争首级,故斩获止五十有奇,而是日,杨岳、梅魁、陈应等兵由瑞安后路策应,生擒斩首共十余人,贼溃出海。

——《记金塘之捷》

相对而言,叶欢参与的时间较晚,此时嘉靖时代已经逐渐结束,有

---

① 《筹海图编》:嘉靖丙辰三月,会福建桐山之贼,流逼浙境,同知黄钏、指挥梅魁御之,贼溃围北走。

关他的记载第一次出现在嘉靖四十五年浙江巡按御史庞尚鹏的请功上,此时早年任职瑞安知县的刘畿已成为都御史巡抚浙江,叶欢因立功获得朝廷的赏银,这或是因其斩首记功的赏银。① 不过在《两浙海防类考》中,记载了万历二年四月十四日作为金磐备倭把总叶欢在平阳南麂岛海域参与的一场战斗,并详细记述了东南沿海军民在经历嘉靖大乱后已经开始广泛运用火攻与火器于对倭寇的战争之中。在温处参将李希周的率领下,叶欢的军队包围了这只倭船,并用火攻摧毁了这只倭船。参考二十多年后的露梁海战来看,大概率是使用喷火筒产生的效果。第二年,金磐把总叶欢被提升为浙江都指挥使金书,证明其之前可能已是正三品卫指挥使衔或都指挥使金事衔。后面所记载的李春芳在隆庆六年已是把总,也获得了卓著的战功。

> 万历二年四月十四日,南麂外洋有倭船一只,倭贼七十余徒。该温处兵巡道副使华督同参将李希周统率官兵叶欢等,生擒真倭五名,斩获首级一十六颗,救回被掳人民一十九名。彼时,风浪汹涌,即用火攻烧,溺水死者甚众。十五日,东洛洋外复至大倭船一只,倭寇八十余徒。督遣官兵李春芳等,擒斩真倭首级一十六颗,溺死不计其数。
>
> ——《两浙海防类考》

当然,对于温州历任金磐备倭把总而言,并不是都有胜绩,部分也有被严重追责的,不提嘉靖初年的磐石卫军队叛乱②,万历四十四年的南麂大战便是一例。相比于万历初年的南麂水军战斗力,松海把总以四十只战船对战两只倭船居然毫无优势,到倭寇集中在南麂海洋时,之前擅长的火攻烧到了自己的船,可见武备废弛。金磐备倭把总李耀祖因此被革职③,此战离麦园头惨败仅七年,中央朝廷印象还很深,可见其

---

① 《明世宗实录》嘉靖四十五年四月:把总李相叶欢虞九等功。李相等赏银有差。

② 《明世宗实录》嘉靖八年七月壬寅:时浙江磐石卫有逃军四百余人,以扣支月粮倡乱执缚主簿,胁逼通判本府。巡府县掌印管粮,备倭把总等官有无激变通同情由,一并追究。

③ 《明神宗实录》万历四十四年十一月:日夕戒严者,第自麦头园入犯之后已逾七载,地方苟幸无事。松海把总董養初宜罚俸半年,金磐把总李耀祖宜革任回卫,其道将等官应否叙录,行(浙江)巡按御史核实具奏从之。

惨败程度。[1] 而后万历四十七年，陈朝战死于镇下关，也可见得相较于半个世纪前，又重新回到了武备废弛的情况。

三、金磐备倭把总事迹与地方军民生活

除了本职的海防御倭之外，金磐把总也积极参与了地方军民生活。如梅魁的《修建金乡小渔野杨府行宫记》一文中，便记载了其组织军士卫民筹集资金、寻求工匠修建金乡卫本地杨府宫的经过。盛行于东南沿海的杨府信仰成为温州动乱年代抗倭军民的心灵寄托。在此文中，梅魁便提出地方军官称"仰神之威灵"，以助金乡卫军民得以击退倭寇的记载。写此文时梅魁已是宁绍参将，小渔行宫初建的当年，梅魁刚从金磐备倭把总任上提拔为浙江军门标下游击将军，快十年后他带大军出镇金乡，故地重游仍细叙其文，足可见其对杨府殿建设的重视。梅魁重视地方建设不仅有杨府殿一例，调任宁绍参将后，他在定海（今舟山）镇鳌山麓元代州署故址重建宁绍参将府[2]，并创建紫阳书院，这是明朝在定海县所建立的唯一书院，促进了当地的教育发展。在《重修天妃宫建德星亭记》中，梅魁也为磐石卫的庙宇建设贡献了自己的力量，此时的金磐备倭把总已是戴纲，洪武年初因对抗倭寇战死的金乡卫指挥金事戴顺可能为其同族。

> 嘉靖壬子（1552）倭寇犯境，阅数年以来，春防未息。每将领誓师于庙，又崇奉之，以祈神之辅也。隆庆丁卯（1567），余□寅□泉车公梁建行宫于小渔埠之麓，□著灵感，祈穰者无虚日。
> ——《修建金乡小渔野杨府行宫记》

---

① 《两浙海防类考》：先是，巡抚浙江右金都御史刘一焜奏略谓：及倭自宁、台追逐出洋，毕集于温——大船六、小船二十余，夜悬灯鼓以过南麂；我兵主艅死战，继以火攻而反自焚——即哨官翟有庆焦头烂额捕盗、王宗岳抚伤割级，何救于失事哉！三磐闻南麂之急，横海赴援；倭以马快船直捣其虚，游兵游击尹启易等冲锋椅角，颇有斩获——而官军之阵亡者、重伤者亦略相当，倭船竟遁深洋矣。盖倭以五月初一日入，以二十一日遁。

② 《定海县志》：参将府址隆庆三年参将/梅魁改为参将府。

除此,担任过金磐备倭把总的冯玉、叶欢也率领军士积极参加了地方的水利工程。从《平阳县志》的记载来看,平阳守御千户所有冯斌、冯胜、冯泰、冯亮、冯春、冯刚、冯玉诸多冯姓成员,冯氏当属平阳县的军户家族。在嘉靖时期,冯玉就配合平阳县令张仲孝疏通平阳县城旁边的河流淤堵,到嘉靖三十七年时,因平阳县南北港的严重倭乱,大量居民涌入平阳县城求生,但由于缺乏生存用水,大量人员患病,也是时任千户冯玉与县令李伯遇打开西水门解决了用水问题[①],可见其对地方社会生活的贡献。按《霞山梅公去思碑》里的记载,由冯玉、胡震接任了梅魁的职务,担任金磐备倭把总的职务。[②]

万历初年,叶欢已调往杭州浙江都指挥使司佥书,参与了三吴地区的水利工程。巡按南直隶监察御史林谨在他的奏疏《修复练湖疏》中提到了当时苏南地区日渐荒废的水利情况,并提及了豪强占地与南直隶官府坐视不管的客观原因。在苏松常镇兵备湖广布政司右参政兼按察司佥事温州人王叔杲的支持下,林谨亲自前往勘探查看当地的土地情况,而陪同他亲自勘探废弃土地并处理地方豪强纠纷的正是叶欢。[③] 在文中他称呼叶欢为"浙江都司",这一般是对浙江都指挥使衙门武官的简称,此时还是万历五年,叶欢应为都司佥书二人中的一人,即管理地方的屯田事务,本官应为从二品浙江都指挥同知。

四、明朝嘉靖—万历年金磐备倭把总仕途考据

从现存的资料来看,担任过金乡磐石备倭把总者中有多人最终达到三品乃至二品的官职(不以差遣为定,以本官品级为定),除夏光为追授抚恤外,叶欢、朱九经、陈寅的品级都在生前达到三品到二品以上,其中如陈寅者,若以《平阳县志》中从一品太子少保荣衔孤证不计,陈寅也

---

① 《平阳县志》:嘉靖间,邑令张仲孝与千户冯玉复疏之。戊午倭变,乡民多入城,病渴,冯玉与令李伯遇复开西水门,引西南水入城,民赖以生。

② 《霞山梅公去思碑》:麾下士念之不置官属,阎昂等立碑磐石城,爱慰众思。代任者冯侯玉谒予记。

③ 《三吴水考》:今臣(林谨)督同浙江都司叶欢于,张官渡车水之暇,沿埂逐崖,查得原设之闸半废,函洞之底太低,中虽有水,走泄甚易,且豪黠强御之徒占为己田。

在生前做到五军都督府都督职,职遣达到正总兵,为曾任金磐备倭把总
一职中官职最高者。①

这或许是因为金磐备倭把总所处的温州地区倭乱较多,利于兵部
对斩首校订战功,易于其个人的军官品级升职。而至二品的历任把
总主要也集中在嘉靖末期到万历初年的时间段,这便是温州倭乱最
严重的时期。激烈的倭乱也导致备倭把总面临严峻的战场环境,如
李耀祖因麦园头惨败被革职回卫,陈朝带舟师战死于平阳镇下关(见
表1)。

表1　明朝嘉靖—万历年金磐备倭把总仕途表

姓　名	最后可考官职	品　级
夏　光	以都指挥使司金事总督备倭职死于王江泾之战,追授都指挥使司同知,世袭	从二品
梅　魁	以磐石卫指挥使担任备倭把总,后任宁绍等地方参将	正三品以上
胡　震	隆庆年担任备倭把总,后任温处参将,广州海防参将	正三品以上
叶　欢	浙江某处参将,万历六年前为福建行都司军政掌印管事	正三品以上
戴　纲	掌印指挥,万历后为金磐备倭把总都指挥体统行事	从四品以上
李光佐	掌印指挥,万历后为金磐备倭把总都指挥体统行事	从四品以上
冯　玉	平阳守御千户所千户,隆庆后为金磐备倭把总都指挥体统行事	从四品以上
朱九经	万历十九年二月升河南都司军政金书,为湖广都司	正三品以上
陈　寅	万历四十八年授援辽总兵,前为五军都督府都督职	正二品到正一品
李耀祖	金磐备倭把总,以万历三十七年麦园头之战被革职	疑从三品以上
陈　朝	以游击职代金磐备倭把总,万历四十七年己未,寇犯平阳镇下关,战死	疑从三品以上
刘国勋	崇祯三年钦依浙江金磐等处地方总备都指挥	疑从三品以上
孙维翰	崇祯十年浙江都司金事管金磐备倭事都指挥同知	从二品

比较符合明代中晚期升职情况的如叶欢、朱九经二人。以《明实
录》所记为例,久经沙场的叶欢于嘉靖四十五年即以把总职抗倭立功,
通过浙江巡按御史庞尚鹏的勘功,其与诸多把总受到了朝廷赏银的奖

---

① 《天下郡国利弊书》记为都督职,《明熹宗实录》记为"援辽总兵"。

励。到万历二年四月十四日,身为金磐把总的叶欢在上级温处兵巡道和温处参将的指挥下,擒获日本籍倭寇五人,获得可用首十六颗,救回十九名被劫掠的百姓。[①] 第二年的十一月,叶欢被正式立为浙江都指挥使司军政佥书[②],负责浙江的军队屯田事务,但是依旧负责把总的沿海防务;而后又被升为福建行都指挥使司掌印[③],相当于正二品福建都指挥使,正式成为三司之一。明朝后期,都司佥书通常又作为守备和游击之间的升迁过渡职位,常以都司佥书衔管守备事、游击事,甚至参将事。而后叶欢便来回被朝廷以参将调任各地[④],在万历二十年又被浙江巡抚常居敬夸奖"身经血战,勇冠一时"。

> 万历二十年,浙江巡抚常居敬言:如宁绍参将杨文等听用,参将叶欢等俱身经血战,勇冠一时,愿于所练,各兵选一千名,令统赴宁镇为督臣冲锋犄角之用。
>
> ——《明神宗实录》

除此以外,梅魁、胡震、孙维翰者的经历都各有可取之处。梅魁由磐石卫指挥使[⑤]临危受命接任金磐备倭把总职务。胡震则是从嘉靖年戚继光平定倭寇以来一路从千户、松门卫指挥使到温处参将[⑥],在温台地区征战了数十年,也是诸任金磐备倭把总中对倭寇作战经历最丰富的一位。而孙维翰的经历则提供了大量明末乱局下一名优秀的金磐备倭把总的人生履历,他参与了镇压明末大海盗郑芝龙、刘香老、荷兰大航海的动乱,维持了温州沿海的基本治安,并与叶欢一样以浙江都指挥同知军政代领金磐备倭把总一职。

---

① 《明神宗实录》万历二年四月十四日:南麂外洋有倭船一只,倭贼七十余徒。该温处兵巡道副使华督同参将李希周统率官兵叶欢等,生擒真倭五名,斩获首级一十六颗,救回被掳人民一十九名。

② 《明神宗实录》万历三年十一月:以四川都司佥书侯一位为陕西都司掌印,金磐把总叶欢为都司佥书。万历四年四月,以擒斩海洋倭贼功,把总叶欢及名色把总徐景星等各升赏有差。

③ 《明神宗实录》:万历六年六月癸卯,升浙江都司军政佥书叶欢,铨注福建行都司军政掌印管事。

④ 《明神宗实录》:万历八年,改潮州参将叶欢于西山。

⑤ 《霞山梅公去思碑》:时警石卫指挥使梅公首膺钦命,会寇势方炽,公内外攘,屡树勋迹。

⑥ 《明穆宗实录》:命浙江军门标下中军署都指挥金事胡震,充温处参将。

本年七月二十二日,之斗统督参将陈学捷、游击吴宣、周乃及备倭孙维翰、哨总应斗等各捕督兵船,追至闽地沙埋,扼贼归路。适福兵船因遇限风,将船损坏,又值红夷入犯,撤师回关。

备倭把总孙维翰,受南路之令,充后劲之雄,履险如夷,靖氛若扫,应题加升。

——《郑氏史料汇编》

相对于以上几人而言,朱九经的记载更为简单,但是其仕途更有明朝中晚期武官的参考特征,他的升迁得益于浙江巡抚温纯的举荐。万历十二年,温纯以大理卿改兵部右侍郎兼右副都御史,巡抚浙江。熟悉军务的温纯对朱九经的评价是箭术绝伦,能够服众扬名海上的中层军官,所以被举荐为浙江都指挥使三位主要武官的人选。相对于明朝中晚期青黄不接的卫所世家,朱九经很符合明朝廷心仪的武官全才样板,嘉靖年征战于温州的前辈夏光等人都是箭术绝伦①,并且他们依靠自身的箭术使地方能够保全,因此相对火器而言箭术仍是当时武官重视的根本武艺。从有限的资料来看,数年后的万历十九年二月,朱九经由河南都指挥使司军政佥书的任上升任为湖广都指挥使司掌印②。有关以上诸多官职的记载,笔者从史料研究上考虑,多是以都指挥佥事、都指挥同知代理都指挥使职务,在万历后期且多作为地方参将的过渡职务,故大部分本官品级仍定为以正三品—正二品为主。

臣(温纯)惟浙为山海奥区,倭夷矿盗窃发不常,所需将材视各省尤急,臣奉命提督军务选将练兵其专职也,兹叨升任例有举劾谨以贤不肖者据实为皇上陈之。金盘备倭把总朱九经,试射而发皆中,鸫抚众而恩深,投醪忠义,驰名水陆著绩;以上三臣可备都司之选者也。

——《温恭毅公集》

---

① 《鈇崖张公祠记》:侯一元(张鈇)仗剑叱走者,以身当之,举矢祝天。又得善射者黄仲,连发中衣红者嗓,贼震惊,溃去,邑城获全。
② 《明神宗实录》万历十九年二月:升河南都司军政佥书朱九经为湖广都司。

以浙江都司掌印李希周充参将分守温处地方。

——《明神宗实录》

五、明朝嘉靖—万历年温州诸把总存疑考据附录

就笔者对史料的研究来看,仍有几位把总究竟是担任温州标营把总抑或金磐备倭把总,史料上仍存在混淆冲突,虽记述不详,仍附录于此。如李春芳、卢锜,卢锜也是把总出身参与泰顺包围战,但与梅魁同时,不清楚是否为金磐把总①,但是由于其职位与温营把总存在混淆,故不确定是否为金磐备倭把总,故此附记。陈把总仅留姓,故也以此记之。

观海卫指挥使王英的记载来自《观海卫志》,原文记载为升任金磐把总,不明时间,也特于此记。续孔教②、冯汝员③当为温区营总,故不予记。周世忠按崇祯年《关圣庙重建碑》记,当为水陆把总,今记④(见表2)。

表 2　明朝嘉靖—万历年诸存疑把总事迹表

姓　名	事　　　迹
卢　锜	嘉靖三十七年四月二十四日,牛参将同兵备副使凌云翼、把总卢锜、武生黄允中、指挥李光佐、千户张榜等兵分三路进剿,杀死三百余人,衣红衣渠魁二人
陈　　?	明嘉靖四十年(1561)四月十六日,倭寇又一次入侵瑞安,劫梅头前岗(今龙湾区海城街道),陈把总领兵一千防守不固,倭寇冲杀士兵无数
李春芳	隆庆六年四月初五,三礁外洋有大倭船二只,倭贼二百余徒,遣参将胡震统督把总李春芳等官兵追剿,犁沉贼船一只火烧一只,生擒真倭七名斩获首级一十一颗,救回妇女四口小厮四人
王　英	承袭观海卫指挥使,任金磐把总《观海卫志》

---

① 《明世宗实录》嘉靖三十八年七月:倭寇自闽流至温州,结巢小获桐山出掠平阳泰顺等县,分巡副使凌云翼檄天赐及把总卢锜等捕之,贼败知县巨益兵于石隘。

② 《平阳县志》崇祯五年十月:海寇袁八老自瑞安飞云犯境,戴典史督率乡勇,同前营把总续孔教官兵往御,生擒七人,贼随烧三都民居而去。

③ 《两浙海防类考》万历十年三月二十一日:船追至灵昆海涂,督调标营把总冯汝员官兵攻剿,擒获生倭二十六名,从贼一十九名,夷妇二口,首级五颗(获)倭船二只,夷器一百五十三件。

④ 把总周世忠,崇祯元年戊辰,海寇犯沿浦,率锐军御之,乃退。

六、总　结

　　从对金磐备倭把总事迹的研究中可以看出,金磐备倭把总均深入参与了嘉靖—万历东南倭乱平定,并深入参与了地方治安与治理的工作。同样,从对诸多事迹的研究中可以看出,嘉靖晚期到万历初年朝廷对于金磐把总一职的逐渐重视,而至万历末期,仅仅半个世纪后,经历过淬炼的营兵制又逐渐走向了卫所制,以致腐败崩溃,但是金磐备倭把总依旧发挥其基本职能,直到明朝结束。对其的研究和整理,希望有助于苍南乃至温州地区海防史的补充,增加人文素材的丰富性。

戚继光与海防文化研究

Research on Qi Jiguang and Coastal Defense Culture

CANGNAN

从戚继光抗倭史迹看其海防精神①

烟台大学马克思主义学院　赵　红

中华民族是最早走向海洋的民族之一,有着开发利用海洋的悠久历史和光辉历程。在认识和经略海洋的过程中,海防日益成为关乎国家安全的重要内容。在御敌卫海的历史长河中,中华民族逐渐积淀了底蕴深厚的海防文化,孕育了内涵丰富的海防精神,如催人奋进、感人至深的爱国情怀,不甘落后、自强不息的求索勇气,兼容并蓄、海纳百川的包容胸怀,不畏艰辛、勇往直前的拼搏精神,命运与共、休戚与共的民族共同体意识等,这是中华民族能够绵延不绝、生生不息的精神基因之一。这一基因在抗倭名将戚继光身上得到了充分彰显。戚继光(1528—1588),字元敬,号南塘,晚年号孟诸,山东登州(今蓬莱)人。他一生戎马倥偬,南平倭患,北戍边陲,功勋卓著。在平倭的军旅生涯中,他的足迹遍及山东、浙江、福建、广东等沿海地区,为保卫明朝海防做出了重大贡献。在抗倭靖海的艰苦岁月里,戚继光誓心报国、励志匡时,用实际言行诠释和升华了中华民族的海防精神。

一、忘身忘家而报国

"总然用尽檐前力,应是无心为利名。""男儿铁石志,总是报君

---

① 山东省社会科学规划研究项目"山东海防历史文化研究"(22CLSJ08)。

心。"①纵观戚继光的一生,爱国主义始终是流淌在他心底的最深厚情感。从任职登州卫指挥佥事到备倭山东,从戍守蓟门到抗击东南沿海倭寇,从镇守蓟州到辞归故里,戚继光始终"系国家之休戚"②,矢志不渝地将"报国志酬民恨雪""志在求为好人品""安民以为志"③"保障生民,捍御内地"④作为人生追求,并孜孜不倦地去践行。

嘉靖二十三年(1544),年仅 17 岁⑤的戚继光袭职登州卫指挥佥事,开始了军旅生涯。两年后,他被任命在登州卫管理屯田事务。任职期间,戚继光"丝毫不染","服官精白,以当众心,当道藉藉称奇"。未满弱冠之年的戚继光,之所以能够一心为公、革除夙弊,与他此时所立之高远志向和青春梦想密不可分。他"日坐书舍,旦暮勤读,忻然忘倦",书籍可以启迪心智,催人奋进。随着阅历的增加,戚继光的使命感也越发强烈。遥望万里海疆,心系肩之重担,他题诗《韬钤深处》,立下了"封侯非我意,但愿海波平"的雄心壮志。⑥

"遥知夷岛浮天际,未敢忘危负岁华!"⑦在此后的抗倭岁月中,戚继光以梦为马,不负韶华,鞠躬尽瘁,奋击海洋。在山东,他"振饬营伍,整刷卫所"⑧,使山东海防得到了巩固和加强,使山东沿海居民免受了倭寇侵扰之害。这一业绩,颇受人们的称道。当时的御史雍焯称赞他:"即举措而见其多才,占议论而知其大用。海防之废弛,料理有方;营伍之凋残,提调靡坠。谋猷允济,人望久孚,用是誉溢朝端,金曰'良将才也'。"⑨后人纪焕迥作诗歌颂:"钤韬虎豹阵鸳鸯,腹有奇兵百万藏。一片石西坚垒在,三神山畔古祠荒。绯袍异代瞻遗像,宝剑当年赐上方。日暮备倭城上望,余威犹靖海波扬。"⑩在浙江,他先后任职都司佥书、宁绍台参将,担负着宁波、绍兴、台州三府的御倭重任。在任期间,他胸怀

---

① 戚继光撰,王熹校释:《止止堂集》,中华书局 2001 年版,第 13,14 页。

② 高扬文、陶琦主编:《戚少保年谱耆编》,中华书局 2003 年版,第 420 页。

③ 戚继光撰,王熹校释:《止止堂集》,中华书局 2001 年版,第 18,244,265 页。

④ 戚继光撰,曹文明、吕颖慧校释:《纪效新书》(十八卷本),中华书局 2001 年版,第 8—9 页。

⑤ 此处为虚岁。

⑥ 高扬文、陶琦主编:《戚少保年谱耆编》,中华书局 2003 年版,第 9 页。

⑦ 高扬文、陶琦主编:《戚少保年谱耆编》,中华书局 2003 年版,第 15 页。

⑧ 高扬文、陶琦主编:《戚少保年谱耆编》,中华书局 2003 年版,第 14 页。

⑨ 高扬文、陶琦主编:《戚少保年谱耆编》,中华书局 2003 年版,第 16 页。

⑩ 郑锡鸿、汪瑞采修,王尔植等纂:《蓬莱县续志》(卷一四),光绪八年(1882)刻本,第 28 页。

报国热血,驰骋海疆,杀敌抗倭,"保海邦万民之命"①。龙山之战,三战三捷;二御温州,败敌于乌牛;三战台州,基本消灭侵犯台州的倭寇。②如此战绩,赢得了众人赞誉。总督胡宗宪赞曰:"台、温之人以为自有倭患以来未有若迩来数捷之痛快人心者。此皆宁绍参将戚继光,宿抱忠猷,深娴将略,冒险以全垂破之城,奋勇而收敌忾之绩,威名懋著,劳效独多,勇冠三军,身经百战,累解桃渚之厄,屡扶海门之危。"③巡抚应天副都御史翁大立荐曰:"御台、温数千之贼,擒剿无遗。功屡建于浙东,名亦闻于海外。"④嘉靖三十九年(1560),他多措并举,整饬台州海防,并于第二年九战九捷,取得了彪炳史册的台州大捷。得知捷报后,总督胡宗宪上疏大赞曰:"台民共倚为长城,东浙实资其保障。"⑤嘉靖四十一年(1562)四月,戚继光督兵在水涨、温岭尽歼倭寇,"浙烽尽息"。喜讯传来,浙江直指袁公淳上疏推荐说:"武弁视以为绝技,沿海倚之为长城。"⑥在福建,他肩负副总兵和总兵之责,涉泥滩之艰险,歼敌于横屿;采奇袭之术,全胜于牛田;以强攻之势,获捷于林墩;联合友军,大战平海卫;巧密部署,解围仙游;水陆夹攻,歼击吴平。自此,东南沿海倭患基本平息。万历十三年(1585),戚继光因旧疾复发,辞归故里。这位久经疆场的军事将领,即使在晚年也时刻不忘为国分忧。他"输资百余缗"⑦,捐款助修了蓬莱水城,在生命中的最后岁月里,再次为家乡、为山东海防贡献了自己的力量。

"任劳任怨以成功,忘身忘家而报国。"⑧正是怀揣"忠惟许国"的崇高追求,戚继光将人生理想融入国家之需,以国事为家事,才能"血战歼倭,勋垂闽浙"⑨,"著功南北,载绩鼎彝"⑩。

---

① 高扬文、陶琦主编:《戚少保年谱耆编》,中华书局2003年版,第187页。
② 范中义:《戚继光大传》,海洋出版社2015年版,第48—59页。
③ 高扬文、陶琦主编:《戚少保年谱耆编》,中华书局2003年版,第31页。
④ 高扬文、陶琦主编:《戚少保年谱耆编》,中华书局2003年版,第32页。
⑤ 高扬文、陶琦主编:《戚少保年谱耆编》,中华书局2003年版,第72页。
⑥ 高扬文、陶琦主编:《戚少保年谱耆编》,中华书局2003年版,第81页。
⑦ 郑锡鸿、汪瑞采修,王尔植等纂:《蓬莱县续志》(卷十二),光绪八年(1882)刻本,第9页。
⑧ 高扬文、陶琦主编:《戚少保年谱耆编》,中华书局2003年版,第401页。
⑨ 《明神宗实录》,(台北)"中研院"历史语言研究所校印本,1962年,第4796页。
⑩ 高扬文、陶琦主编:《戚少保年谱耆编》,中华书局2003年版,第420页。

二、勇于创新以匡扶

"明其出于法而不泥于法,合时措之宜也。"①戚继光一生驰骋疆场,"先后南北水陆大小百余战,未尝遭一劫"②。如此赫赫战功的取得,与其勇于开拓创新密不可分。

在海防军队方面,戚继光组建了武勇之名甲天下的"戚家军",创立了克敌制胜的"鸳鸯阵"。嘉靖三十四年(1555)七月,戚继光调任浙江都司佥书,负责屯局事务。其时,"东南泰阶久平,沿海卫所军政不举,武备尽弛,海禁亦懈。奸商猾民,因而勾引番船,剽掠海中,咸托官豪庇荫,有司莫敢谁何。遂乘间劫破黄岩、崇德、桐乡、乍浦、昌国、临山、慈溪等城十余处。寻引舟南犯淮扬、吴淞诸郡,焚燔庐舍,掳子女财帛数千万,兵士吏民战没逃亡不下数十万,攻陷郡邑,争以檄书"。倭寇如此猖獗,从各处调遣来的抗倭军队却"辄败去,徒扰掠为害耳"③,"倭非大创尽歼,终不能杜其再至"④。训练有素的军队是战争制胜的关键因素。鉴于此,戚继光于嘉靖三十五年(1556)十一月向上司提出了练兵的建议,但并未被采纳。第二年二月,戚继光又从实际出发,呈上《练兵议》,提出了训练浙兵的建议,"诚得浙士三千,亲行训练,比及三年,足堪御敌,可省客兵岁费数倍矣"⑤。然而,这一建议依然未被身边的同僚们认可。尽管如此,戚继光并未放弃,而是力排群议,上达给浙直总督胡宗宪。胡宗宪起初不同意,但最终还是基于免责的考虑把兵备佥事曹天佑"所部兵三千付之"⑥。经过两年的训练,这支军队虽"军容咸整,然终怯于短刃相接,虽其居习使然,亦缘兵皆市井之徒,性殊狡猾"⑦。因此,戚继光希望招募新兵进行训练。他听说义乌人"其气敌忾,其习慓而自

---

① 戚继光撰,曹文明、吕颖慧校释:《纪效新书》(十八卷本),中华书局 2003 年版,自叙,第 2 页。

② 高扬文、陶琦主编:《戚少保年谱耆编》,中华书局 2003 年版,第 418 页。

③ 戚继光撰,张德信校释:《戚少保奏议》,中华书局 2001 年版,第 65 页。

④ 高扬文、陶琦主编:《戚少保年谱耆编》,中华书局 2003 年版,第 18 页。

⑤ 戚继光撰,张德信校释:《戚少保奏议》,中华书局 2001 年版,第 66 页。

⑥ 高扬文、陶琦主编:《戚少保年谱耆编》,中华书局 2003 年版,第 19 页。

⑦ 高扬文、陶琦主编:《戚少保年谱耆编》,中华书局 2003 年版,第 30 页。

轻,其俗力本无他,宜可鼓舞"①,便于嘉靖三十八年(1559)八月上《练乌伤兵议》,请求招募义乌兵进行训练。这一建议得到了胡宗宪的支持。九月,戚继光罢去所练旧兵,前往义乌招募新兵。经过一番努力,招募4000余人。为了让这支军队成为劲旅,戚继光对士兵进行了严格而又全面的训练。这套训练方法创新颇多,最具代表的是"鸳鸯阵"的创立。戚继光认为"江南菹泽,多走险,不利并驱","乃用长短兵夹振而进,队立一人为长,偏则伍之,两侧行之,犄角互张,攻距击刺互用,名鸳鸯阵"②。其具体阵形为:"阵十二人,首一人居前为队长,次二人夹盾,次二人夹枝兵,次四人夹长矛,次二人夹短兵,末一人为火兵居后,专事樵苏。偏则伍之,两则什之,始为五行,分为'两仪',变而为'三才'。其节短,其分数明,其步伐合地宜,其器互相为用,且犄角互张,攻距击刺互应。"③这一阵法巧出心思、卓有成效,凡"依此法,无不胜矣"④,实为创新之典范。

在海防工事方面,戚继光修建了空心敌台。在戚继光看来,"风汛迫临,海警叵测,捍御之方,惟在战守"⑤,因此他非常注重海防防御工事的修建。空心敌台的筑建就是范例。嘉靖三十八年(1559)三月,倭贼鸠众,流劫温州、台州等处,"沿海州郡无不被毒"⑥,戚继光奉命带兵救援台州。当时,倭寇在台州主要有三个据点:栅浦、桃渚、海游,其中桃渚形势最危急,已被围困一个多月,危在旦夕。戚继光亲自督兵向桃渚进军,以解燃眉之急。在戚家军的进攻之下,倭贼大败逃遁,居民尽还桃渚。战斗结束后,戚继光发现桃渚所城墙破败倒塌,"东西一角为薮泽,蔽塞不通",便动员城内百姓和士兵在此二处建筑空心敌台两座,使"城上有台,台上有楼,高下深广,相地宜以曲全,悬了城外,纤悉莫隐"⑦,大大加强了桃渚所城的防御能力。这是戚继光从实际出发对海防工事进行改造的一大创举,丰富了古代的军事理论和实践宝库。后

---

① 戚继光撰,张德信校释:《戚少保奏议》,中华书局2001年版,第67页。
② 查继佐:《罪惟录》,中国野史集成编委会、四川大学图书馆:《中国野史集成》,巴蜀书社1993年版,第15册,第2407页。
③ 高扬文、陶琦主编:《戚少保年谱耆编》,中华书局2003年版,第34页。
④ 高扬文、陶琦主编:《戚少保年谱耆编》,中华书局2003年版,第35页。
⑤ 戚继光撰,曹文明、吕颖慧校释:《纪效新书》(十八卷本),中华书局2001年版,第300页。
⑥ 高扬文、陶琦主编:《戚少保年谱耆编》,中华书局2003年版,第23页。
⑦ 何宠:《桃渚新建敌台碑记》。

来镇守蓟门时,戚继光在此基础上建筑了北方长城的空心敌台,有效保障了边防的安全。正如《明史·戚继光传》所载:"戚继光在镇十六年,边务修饬,蓟门晏然。继之者,踵其成法,数十年得无事。"①

在海防兵器方面,戚继光创制了狼筅、锐钯等。兵器的精良与否关系到战争的胜负。戚继光深谙其中的道理,认为"有精兵而无精器以助之,是谓徒强"②,故他非常注意兵器的改善,主张"旧可用者更新之,不堪者改设之,原未有者创造之"③。基于这一理念,戚继光创制了御倭的狼筅、锐钯等武器。狼筅"长一丈五尺,重七斤,有竹铁二种,附枝必九层、十层、十一层尤妙"。其防御作用十分凸显,"枝稍繁盛,遮避一身有余,眼前可恃,足以壮胆,庶人敢站立"。当然,这一武器也有明显的缺点,即"形体重滞,转移艰难",能御而不能杀。鉴于此,戚继光主张将之与其他性能的武器进行科学配合,与"诸色利器相资"④,以扬长避短,有效抗敌。锐钯,"上用利刃,横以弯股,刃用两锋,中有一脊","长七尺六寸,重五斤。柄杪合钯口。根粗一寸,至杪渐渐细"。该兵器在短兵种类作战中颇有优势,"可击可御,兼矛、盾两用"。作战时,"每执此器之兵二名,共给火箭三十枝,贼远则架箭燃而发之,近则弃箭而用本器,万全万胜之计也"⑤。

在海防侦察方面,戚继光提出了相寇情二十法。知己知彼,百战百胜。海上抗倭时,要想出奇制胜,必须熟悉掌握敌情。为此,戚继光从实践中总结出一套较为全面且内容新颖的相敌之法,具体为:"小舟数往来者,谋议也。迟而审顾者,疑我也。欲进而复退者,探我也。既退而卒进者,袭我也。鼓噪而矢石不下者,兵器少也。却而顾者,欲复来也。先急而复缓者,整备也。促鼓而不战者,惧我也。泊而扬帆者,欲出不意也。既退而不速者,谋也。火夜明而呼噪者,恐我袭彼也。掷缆而即起者,欲择其利也。火数明而无声者,备器也。夜泊而趋于涯涘者,乡导欲往也。促缆而不呼者,急欲逃也。促缆及流悬灯于途者,夜逸而溃也。久而不动者,偶人也。鼓而无韵者,伪向也。近岸连村而不

---

① 张廷玉:《明史》,中华书局 1974 年版,第 18 册,第 5616 页。
② 戚继光撰,邱心田校释:《练兵实纪》,中华书局 2001 年版,第 236 页。
③ 陈子龙辑:《明经世文编》,中华书局 1962 年版,第 5 册,第 3757 页。
④ 戚继光撰,范中义校释:《纪效新书》(十四卷本),中华书局 2001 年版,第 91 页。
⑤ 戚继光撰,范中义校释:《纪效新书》(十四卷本),中华书局 2001 年版,第 86 页。

登劫者,怯也。不久困请和投降者,诈也。"①这一创举,无疑成为戚继光取得抗倭战绩的重要法宝之一。

"苟日新,日日新,又日新。"戚继光无论是治兵还是作战,从不拘泥于古法、因循守旧,而是知行合一、开拓创新,"因地形措阵,因敌情异用,因兵情转化"②,这种军事品质是戚继光能够"百战雄心,万全胜算"③,使敌人闻风丧胆的内在能量,诚如兵部所言:"会古人之成法而通其变,将略迥迈于一时;尽中国之长技而用其尤,威武远闻于诸虏。"④张居正也曾说:"戚之声名,虽著于南土,然观其才智,似亦非泥于一局而不知变者。"⑤

三、身先士卒经百战

"一年三百六十日,多是横戈马上行。"⑥戚继光戎马40余年,保疆域而障国家,始终保有"身先士卒,援枹忘身"⑦的精神品质。

戚继光作战一马当先,"每阵先众首登"⑧,高家楼一战就是典范。嘉靖三十五年(1556)八月,岛夷入寇龙山所。戚继光"一闻贼至,即驰军于高家楼待之"。当时,倭寇分三路冲入龙山所,明军各部虽数倍于敌,却溃散而逃。危急时刻,戚继光"据高石射贼,三发矢中三酋",逃散的各兵见状深受鼓舞,重新集合起来抗敌,"贼乃退"。经此一战,明军诸部"咸服其勇略"。⑨海门一战,同样体现了戚继光奋勇当先、为国忘身的古将之风。嘉靖三十八年(1559)五月,岛夷三千分袭海门。戚继光吩咐守军严加守城。半夜,数百贼敌偷偷地袭击所城,直到有30人登上了城墙时,守军才发觉。危急时刻,戚继光"驰匹马挥双剑而出"。

① 戚继光撰,曹文明、吕颖慧校释:《纪效新书》(十八卷本),中华书局2001年版,第348页。
② 戚继光撰,范中义校释:《纪效新书》(十四卷本),中华书局2001年版,第186页。
③ 高扬文、陶琦主编:《戚少保年谱耆编》,中华书局2003年版,第368页。
④ 高扬文、陶琦主编:《戚少保年谱耆编》,中华书局2003年版,第368页。
⑤ 张居正:《张太岳集》,上海古籍出版社1984年版,第252页。
⑥ 戚继光撰,王熹校释:《止止堂集》,中华书局2001年版,第22页。
⑦ 高扬文、陶琦主编:《戚少保年谱耆编》,中华书局2003年版,第19页。
⑧ 高扬文、陶琦主编:《戚少保年谱耆编》,中华书局2003年版,第422页。
⑨ 高扬文、陶琦主编:《戚少保年谱耆编》,中华书局2003年版,第17页。

这时,"风雨晦冥,咫尺不辨"。跟从戚继光一同策马出战的士兵大声疾呼:"主帅亲自冲锋!"①其他士兵备受激励,纷纷登城作战,斩杀六贼,其余的贼敌不能抵挡,纷纷坠下城墙,逃回老巢。在随后的新河、南湾之战中,戚继光身先士卒、严督诸兵奋勇作战,最终取得了胜利。对此,兵部赞曰:"戚参将之功捷独多,计其斩获八百有奇。论其劳绩,亦近日所仅有者。"②除此之外,其他各战,无论大小,戚继光总是"号令严肃,以身先之"③。例如,嘉靖四十二年(1563)五月,"二百余倭住海坛,戚(继光)冒暑险往扫荡无遗"④;在漳州抗倭时,"贼自仙游流入漳浦,汤坑众数千人,预设伏于蔡陂。继光至,猝然蜂起,兵为小却。继光立斩退缩者数人,身自督战,贼大溃,斩首三百余级"⑤。这一铁血精神,使他在东南沿海获得了卓著战绩,并赢得了沿海军民的爱戴,诚如中丞塗泽民所言:"才猷超迈,忠勇性成,功勋茂著,八闽爱戴,如出一口。"⑥

尤为可贵的是,戚继光对于"身先士卒"的理解和践行不仅只停留在作战时的奋勇当先方面,而是在各个方面。他说:"为将之道,所谓身先士卒者,非独临阵身先,件件苦处,要当身先。"⑦有人说:"主将者,万人之敌也。而一技一艺,似不必习。"但戚继光并不认同,他说:"主将固以司旗鼓调度为职,然不身履前行,则贼垒之势不可得,众人之气不肯坚,前行之士得以欺哄避难,而逆诳莫可辩,斯赏罚不能明,不可行也。"⑧实践证明,戚继光不仅是这样说的,也是这样做的。嘉靖三十九年(1560)三月,戚继光任分守台、金、严等处地方参将。上任之初,他就投身于海防事务之中,"躬案海上形势,缮亭邮,谨烽堠,稽尺籍,除戎器,具舟师,置间谍,严号令,广询谋,与士卒草蔬野处,布恩信以作其

①　高扬文、陶琦主编:《戚少保年谱耆编》,中华书局 2003 年版,第 26—27 页。

②　高扬文、陶琦主编:《戚少保年谱耆编》,中华书局 2003 年版,第 32 页。

③　上海书店出版社编:《乾隆福清县志》,见《中国地方志集成·福建府县志辑》(第 20 册),上海书店出版社 2000 年版,第 510—511 页。

④　上海书店出版社编:《乾隆福清县志》,见《中国地方志集成·福建府县志辑》(第 20 册),上海书店出版社 2000 年版,第 511 页。

⑤　上海书店出版社编:《光绪漳州府志》,见《中国地方志集成·福建府县志辑》(第 29 册),上海书店出版社 2000 年版,第 1134 页。

⑥　高扬文、陶琦主编:《戚少保年谱耆编》,中华书局 2003 年版,第 187 页。

⑦　戚继光撰、曹文明、吕颖慧校释:《纪效新书》(十八卷本),中华书局 2001 年版,第 16 页。

⑧　戚继光撰、曹文明、吕颖慧校释:《纪效新书》(十八卷本),中华书局 2001 年版,第 15—16 页。

气"。在他的努力下,宁、台"水陆具有备,濒海可恃以无恐也"①。在作战的过程中,他发现当地士兵战斗力弱,遂力排众议,"殚瘁心力,大振久废海防军伍"②,训练出一支威震天下的"戚家军"。对于这些卓著的功绩,应天巡抚翁大立赞曰:"技能独擅长,勇敢先登。练临、观二卫之兵,训齐不扰;御台、温数千之贼,擒剿无遗。功屡建于浙东,名亦闻于海外。"③

"驱驰还我辈,不惜鬓毛苍。"④戚继光一生恪守"臣以武弁,职在身先士卒"⑤的信条,"委身许国,多算筹边"⑥,竭力报国,战绩赫赫,实为"国家不二之忠臣,边疆万里之长城也"⑦。

四、协力同心靖海疆

"上下一体,血气周流。文武一心,臂指相连。兵咸感奋,出必成功,良有以也。"⑧作为一名铁血军人,戚继光深谙"合众人之心为一心,合众人之力为一体"⑨的大战之道。因此,在抗倭生涯的磨砺中,他始终与诸将一心,与士卒同力,大创尽歼平海波。

"文武协和,方能济事。"⑩戚继光十分重视与文武诸将勠力同心,出奇制胜。嘉靖三十八年(1559)春,倭寇大举进犯温州和台州,"上下五六百里间烽烟连亘"⑪。在艰苦御敌的过程中,戚继光与浙江海道副使谭纶和其他将领密切合作,同心协力,奋勇血战,最终取得了桃渚、海门、新河、南湾之战的胜利。当时,倭寇"三分其众以袭温、台,然攻桃渚

---

① 高扬文、陶琦主编:《戚少保年谱耆编》,中华书局 2003 年版,第 39 页。
② 戚继光撰,曹文明、吕颖慧校释:《纪效新书》(十八卷本),中华书局 2001 年版,第 8 页。
③ 高扬文、陶琦主编:《戚少保年谱耆编》,中华书局 2003 年版,第 32 页。
④ 戚继光撰,王熹校释:《止止堂集》,中华书局 2001 年版,第 16 页。
⑤ 戚继光撰,张德信校释:《戚少保奏议》,中华书局 2001 年版,第 5 页。
⑥ 高扬文、陶琦主编:《戚少保年谱耆编》,中华书局 2003 年版,第 401 页。
⑦ 高扬文、陶琦主编:《戚少保年谱耆编》,中华书局 2003 年版,第 369 页。
⑧ 戚继光撰,张德信校释:《戚少保奏议》,中华书局 2001 年版,第 15 页。
⑨ 戚继光撰,邱心田校释:《练兵实纪》,中华书局 2001 年版,第 273 页。
⑩ 戚继光撰,张德信校释:《戚少保奏议》,中华书局 2001 年版,第 22 页。
⑪ 戚继光撰,张德信校释:《戚少保奏议》,中华书局 2001 年版,第 25 页。

者势最急,而流栅浦、贾子者亦重,在温州者次之"①。面对来势汹汹的敌情,戚继光与诸将共同商议作战计划和兵力部署,其中谭纶、徐平胡等率诸客兵屯海门,戚继光则率兵前往桃渚。正是有了这种同心并力的作战,戚继光才能率部众竭力奋战于桃渚,并数战连捷。桃渚之战后,溃败的倭寇逃至菖埠,被击败后又逃至栅浦。五月初九日,暂据在栅浦的倭寇先是夜袭松门卫西门,而后准备逃至金清港夺路出海。认真分析了敌情后,戚继光又与谭纶诸将所率部兵通力合作、精心部署,以奇袭之术大创金清港倭寇。关于这次战争的经过,《筹海图编》载道:"夜漏下四鼓,果有贼数百袭西门,章延廪、陈其可督兵大战,斩数贼,贼乃退,潜为遁计。纶与继光尾贼后,计贼必出金清闸,凿二舟塞之。贼果至,起塞。时纶驻新河所城,偃旗示弱。诈为新河老人,遗书于贼,约馈千缗,勿令攻城。贼信之,乃不起塞。明日,继光军出壁牛桥诱贼,贼果悉众往。纶尽锐兵出南门,复遣人搜贼伏,悉走之。贼依舟以拒,官兵攻之,沉其二舟,贼大败。"②其他诸多抗倭之战和事宜也都展现了戚继光和诸将同心协力的精神品质。例如,义乌兵的招募与训练、水陆九捷的台州大捷离不开戚继光与监军赵大河、兵备金事唐尧臣的密切合作。对此,戚继光在隆庆元年(1567)的上疏中曾说:"是年③秋,罢臣旧兵,使往义乌会同今升金事、被论回籍知县赵大河召募选练。大河在任,忠诚义气,正而不迁;廉洁厚重,仁而有勇。民心风偃,义土云集。即呈蒙军门准将大河监军,协臣教练,以故臣得展尽底蕴,法立令行,力齐心一,皆大河联属指示之功也。教练二年,臣升台、金、严参将,驻扎台州,与今回籍原任台、金、严兵备金事唐尧臣共事,仍以大河监军。四十年,倭寇大至,该尧臣调度,机如转環,策无留晷,分投剿贼,亲自当锋。"④

戚继光曾说:"军士万人一心,一个百斤力,万个百万力,如何撼得动?"⑤因此,无论是在日常的训练中还是在行军作战中,他都十分重视与士兵同甘共苦、勠力抗敌。嘉靖四十一年(1562)四月,倭寇入侵温

① 高扬文、陶琦主编:《戚少保年谱耆编》,中华书局 2003 年版,第 25 页。

② 郑若曾撰,李致忠点校:《筹海图编》,中华书局 2007 年版,第 344 页。

③ 嘉靖三十八年(1559)。

④ 戚继光撰,张德信校释:《戚少保奏议》,中华书局 2001 年版,第 26 页。

⑤ 戚继光撰,邱心田校释:《练兵实纪》,中华书局 2001 年版,第 64 页。

州。当时,大雨连绵,戚继光率部冒雨发兵抗敌。二十六日,倭寇至温岭,与戚继光部相遇。戚继光"乃扬旗出师,一鼓而合,奇正并起",贼寇见"腹臂受敌,势不能支"①,望风奔溃。二十八日,雨急溪涨,戚继光与士兵们涉水追敌。此时水皆没颈,但士兵们并未退缩,而是直逼敌寇进入海涂,并奋力血战,杀敌二十三人,余皆逃亡海上。戚继光急命指挥胡震伏截海中,击沉倭寇船五艘,斩杀七人,俘虏四人。这场战争,水陆七战七捷,大创倭寇。究其原因,与戚继光和士兵们的同舟共济、协力奋战密不可分。诚如兵备唐尧臣所说:"本参稔知贼情,深明地利,因其从入之途,遂知向往之处。发兵期会其地,既战而咫尺不移;料敌豫定其时,相遇则毫发无爽。且触风雨,蹈泥泞,与士同苦而忘身尽瘁,真有古名将之风焉。"②是年八月,戚继光率部大战倭寇于横屿。横屿四面临海,离岸十里,潮来成海,潮退为泥,"陆兵苦跋涉,且犯半路之戒;舟师搁浅沙,不能逼巢"③。倭寇遂自恃天险,时常作恶,甚为猖獗。戚继光决心拔除这颗毒钉。八日辰时,军队"阵列鸳鸯,负草填泥,匍匐而横进"④,戚继光则亲自擂鼓,以壮军威。戚家军休息了几次后就到达了对岸,然后投入战争之中。激战中,士兵们众志成城,奋力血战,大获全胜。凯旋后,戚继光在中秋之夜教全军将士唱《凯歌》一首,以激励士气。歌词为:"万众一心兮太山可撼,惟忠与义兮气冲斗牛。主将亲我兮胜如父母,干犯军法兮身不自由。号令明兮赏罚信,赴水火兮敢迟留。上报天子兮下救黔首,杀尽倭奴兮觅个封侯。"⑤这首军歌的首句便是"万众一心",足见戚继光对这一精神力量的重视。

"大家共作一个眼,共作一个耳,共作一个心,有何贼不可杀,何功不可立!"⑥正是有了这种团结一致、同舟共济的精神品质,戚继光及其戚家军才能"料夷情不出其范围,身经百战而不困;运机筹俱操乎独断,勇冠三军而有余"⑦。

---

① 高扬文、陶琦主编:《戚少保年谱耆编》,中华书局 2003 年版,第 79 页。
② 高扬文、陶琦主编:《戚少保年谱耆编》,中华书局 2003 年版,第 80 页。
③ 高扬文、陶琦主编:《戚少保年谱耆编》,中华书局 2003 年版,第 85 页。
④ 高扬文、陶琦主编:《戚少保年谱耆编》,中华书局 2003 年版,第 85 页。
⑤ 戚继光撰,王熹校释:《止止堂集》,中华书局 2001 年版,第 19 页。
⑥ 戚继光撰,曹文明、吕颖慧校释:《纪效新书》(十八卷本),中华书局 2001 年版,第 62 页。
⑦ 高扬文、陶琦主编:《戚少保年谱耆编》,中华书局 2003 年版,第 15 页。

五、结　语

　　"一片丹忠风浪里,心怀击楫感忘忧?"[①]"繁霜尽是心头血,洒向千峰秋叶丹。"[②]戚继光在抗倭生涯中,"常存许国之忠而艰险不避,每怀裹革之志而摧陷先登。号令肃明,收功海上"[③]。他尽忠报国的爱国热情,他师古而不泥古的创新精神,他躬先表率的勇毅本色,他爱护士卒、与之同甘苦的崇高品质,彰显了中华民族的海防精神,是中华民族共有精神家园中的绮丽瑰宝,激励了一代又一代的中华儿女为向海图强、保家卫国做出应有的贡献。从万历年间援朝抗倭战争时吴惟忠、戚金等将领的奋勇杀敌,到鸦片战争时山东巡抚托浑布希望"海不扬波"而多措筹海战,无不受到这一精神伟力的感召。21世纪是海洋的世纪,进军海洋已成为世界大潮。为顺应这一潮流,我们应秉承这种以爱国主义为核心的海防精神,乘风破浪、直济沧海,驶向海洋强国梦和中华民族伟大复兴中国梦的光辉彼岸。

---

① 　高扬文、陶琦主编:《戚少保年谱耆编》,中华书局2003年版,第411页。
② 　戚继光撰,王熹校释:《止止堂集》,中华书局2001年版,第20页。
③ 　高扬文、陶琦主编:《戚少保年谱耆编》,中华书局2003年版,第78页。

戚继光与浙江海防水军

中国明史学会戚继光分会
烟台科技学院戚继光历史文化研究中心　　袁晓春

　　明朝后期我国东南沿海海防形势骤紧,来自日本的海盗倭寇集团在东南沿海频繁侵扰,其危害日重,明朝廷从全国各地抽调精锐部队开始抗倭战争。泛海而来的倭寇海盗集团流动性极强,在浙江等东南沿海时而陆地抢掠,时而乘船窜扰。针对海陆流窜的倭寇侵袭,戚继光率军水陆并进,在陆地编练义乌兵,取得台州大捷等决定性胜利。在海上组建水军,建造水军战船44艘,并兴建福船等优于倭船的大型战船,战船上装备佛朗机炮、发贡炮、鸟铳等先进火器,另外创造研发配备火药桶、喷筒、火砖、火妖等战船用燃烧性火器。16世纪,世界军事史正经历冷兵器向火器发展的跨越性时期,倭寇是由手持长型倭刀、火铳等冷兵器与火器的海盗军事集团,其火铳制作精良、威力较强,使明军难以适应,并屡屡战败。抗倭战争中,戚继光发明了狼筅,使用长枪、镗钯等大型冷兵器以对付倭寇长刀,采用佛朗机炮、从倭寇处缴获的鸟铳等先进火器,逐渐取得战场上武器装备的优势。

　　在反侵略抗倭战争中磨炼成长起来的戚继光、俞大猷等一批著名抗倭将领,历经海防战争,根据经验总结出十八卷本《纪效新书》、十四卷本《纪效新书》。郑若曾《筹海图编》、茅元仪《武备志》等海防军事著作,也凝聚着明代反侵略战争中戚继光等将领宝贵的军事经验总结和军事知识积累。对于戚继光在浙江抗倭战争中兴办水军、巩固海防,在海洋上歼灭倭寇等外来侵略势力的贡献,学界研究不多,尚未体现明朝后期戚继光等英雄在海防建设、水军兴建等各方面所取得的战争经验与历史贡献,故试作探析。

一、浙江海防形势骤紧与戚继光赴浙

明朝嘉靖年间,中国东南沿海卫所军备废弛,日本倭寇袭扰浙江沿海各地且日益猖獗,倭寇从海上劫掠,逐渐侵入内地,先后攻破浙江黄岩、崇德、桐乡、乍浦、昌国、临山、慈溪等地十余处,浙江沿海各地百姓逃亡不下数十万人。① 浙江倭患逐渐蔓延,《明世宗实录》卷三百八十四"嘉靖三十一年四月"记载:"漳、泉海贼勾引倭奴万余人,驾舟千余艘,自浙江舟山、象山等处登岸,流劫台、温、宁、绍间,攻陷城塞,杀掳居民无数。"此外,明朝学者归有光记载:"(嘉靖三十三年,倭寇昆山县城),孤城被围,凡四十五日,临城攻击大小三十余战……被杀男女五百余人,被烧房屋二万余间,被发棺冢计四十余口……其各乡村落凡三百五十全里境内,房屋十去八九,男妇十失五六。"②

面对日趋严重的浙江沿海倭患,明朝廷开始在全国征调军队,"南调湖广土兵、广东瑶兵、广西狼兵、四川苗兵、福建赖兵、崇明沙兵、少林僧兵;北调山东枪手、河南毛民、田州瓦民、北边骑兵、北平射手"③。全国各地的精兵强将逐渐会集到浙江沿海的抗倭前线。在山东时任署备倭都指挥佥事戚继光,就在此时处理过一起倭寇入侵事件:"嘉靖三十四年,倭船至,自胶河抵威海栲栳岛,洋舟为风所阻,泊岸依山嘴,官军不能前。数日,持刀出,为官军获之,解备倭都司。寻解济南者七人。"④ 在各地倭患层出不穷的情况下,山东负责备倭的将领戚继光竟然抓获7名倭寇,缴获1艘倭船,当即引起了明朝兵部的注意,兵部立即下令调

---

① 高扬文、陶琦主编:《戚少保年谱耆编》,中华书局 2003 年版,第 40 页,载:"《征兵考实》:时东南沿海卫所军政不举,武备尽弛,海禁亦懈,奸商滑民因而勾引番船剽掠海中,遂乘间节破黄岩、崇德、桐乡、乍浦、昌国、临山、慈溪等城十余处,寻引舟南犯淮杨、吴淞诸郡。焚爇庐舍,掳子女财帛数千万,兵士吏民战死逃亡不下数十万,所被攻陷郡邑以檄书上闻。"

② 归有光:《震州先生全集》卷八"昆山县倭寇始末书"。

③ 高扬文、陶琦主编:《戚少保年谱耆编》,中华书局 2003 年版,第 41 页。

④ 泰昌版《登州府志》卷十"人事志·兵纪"。

任戚继光为浙江都司佥书。戚继光从山东蓬莱启程赶赴浙江抗倭前线，开始了训练义乌兵、扬名浙江抗倭的军事生涯。

二、戚继光对浙江水军的建设

明朝初期，浙江沿海海防比较严密，沿海设卫所驻守，海上有战船巡洋。嘉靖年间，浙江沿海卫所，缺额在半数以上，士兵久不习战，战船剩余不多。当倭患兴起时，浙江沿海海防处于有海无防的状态，已经不能抵御倭寇的袭扰。戚继光到浙江后，经历慈溪龙山所之战，五千多人的明军，竟被八百多人的倭寇打得接连溃逃。戚继光感觉到浙江的军队久不习战，必须加强军事训练。他先后多次向浙直总督胡宗宪请示，要求重新训练军队，终于获得批准。最初训练曹天佑部三千人，军力有所提高，但军纪涣散，不堪大用。嘉靖三十八年（1559），宁绍台参将戚继光赴义乌募兵，创练"鸳鸯阵"，终于训练成军纪严明的义乌兵。嘉靖三十九年（1560），戚继光将练兵的军事理论汇集成册，刊印《纪效新书》十八卷本。书中第十八卷为"治水兵篇"，戚继光训练水军的军事理论在抗倭战争中成型，成为浙江水军训练作战的水军操典。

戚继光在浙江兴建水军，经历了先练兵后造战船循序渐进的过程。嘉靖三十九年（1560）三月，戚继光转任台金严参将，负责台州（临海）、金华、严州（建德）三府的军事防御工作，戚继光在台、金、严参将任上兴建浙江水军船队。嘉靖四十年（1561）春，戚继光督造一批适应浙江海域作战的木质战船，分别为福船、艟舟乔船、海苍船三种战船及开浪、网船两种小型战船，总计有不同类型的44艘战舰在台州建成，分别拨给松门、海门两关，大大加强了浙江沿海的水军力量。

戚家军水军编制有其特点。需要说明的是，明朝早中期水军大约分为三种类型。一是卫所水军，属于建制水军，水军官兵为世袭制，战斗力并不强。二是郑和下西洋二万七千多人船队中的水军，属于临时组建水军，专门用于郑和下西洋，组建时一般成建制地从沿海各卫所中抽调，均为战斗力强的卫所官兵。郑和下西洋结束后或归原建制，或留南京转为京城守备部队。三是戚继光等创建的水军，以募兵制组建而成。戚继光招募农民和矿工等,从中挑选勇敢诚实之人,进行严格军事训练,练就了勇敢善战的戚家军水军。戚家军水军募兵制与以上两种情况不同,从士兵的挑选到官兵思想与军事技术的训练等,均体现出戚家军水军严明守约、勇敢善战的募兵特色。

戚家军水军船队编制为营哨制。船队下设前营、后营、左营、右营,指挥中枢为中营。一般情况营有战船 10 艘。营下设哨,分别为左哨、右哨,哨有 5 艘战船。① 戚继光兴建的水军船队备有战船 44 艘,他留下 4 艘战船自己使用,由指挥沈禄率领,将其他 40 艘编为 2 个分舰队,分别为松门关舰队,有战船 20 艘,其中福船 8 艘、艟舟乔船 8 艘、海沧船 4 艘,由指挥胡震率领;海门关舰队,有战船 20 艘,其中福船 8 艘、艟舟乔船 8 艘、海沧船 4 艘,由指挥任锦率领。

戚家军水军是一支由多种船型组成的海上船队,既有出入深海大洋的主力战船福船,也有适用于近岸浅海的开浪船、网船。戚家军水军主力船型福船,是在福建沿海生产的优秀海船船型,宋元时期多用于海外远洋贸易,明朝时已有千年的造船史。它属于一种尖底海船,其首尾高翘,船体宽大,大型福船长度在 33—50 米,吃水 3.6 米以上。戚继光选用的作为戚家军水军主力战船的福船,属于当时东亚海域最优秀的海船船型,在海上有着良好的抗浪性和适航性。茅元仪《武备志》记载:"戚继光云,福船高大如城,非人力可驱,全仗风势。倭船自来矮小,如我之小苍船。故福船乘风下压,如车碾螳螂,斗船力而不斗人力,是以每每取胜。设使贼船亦如我福船大,则吾未见必济之策也。"② 戚继光在浙江海域与倭寇海战中发现,在海上水军作战要依靠大型战船的综合威力,戚家军水军建造的福船等大型战船,船型高大且船体坚固,对战日本倭寇的小型战船,有如车辆碾压螳螂的优势。要建设强大的明朝

① 高扬文、陶琦主编:《戚少保年谱耆编》,中华书局 2003 年版,第 42—43 页,载:"是月二十八日,家严创授新制所造战船四十四只各已工竣。于是祀告海神,大赍士卒,分布松、海二门为两关,每关福船八艘、艟舟乔四艘、海苍四艘。松门关则以指挥胡震总理该哨信地。在南则右营哨官叶京等部领兵船十艘,哨抵金、盘、蒲岐所大小门海洋为界;在北则后所千户张霁等部领兵船十艘,哨抵新河所深门、大陈海洋为界。海门关则以指挥任锦总理该哨信地。在南则前营指挥季堂等部领兵船十艘,哨抵新河深门、大陈海洋为界;在北则指挥李询等部领兵船十艘,哨抵桃渚所白带门伎人、沙蛟为界。中营兵船四艘,以指挥沈禄、哨官蒋廷菖部领,严守港口,每日随潮哨至东西基宝门为界。"

② 茅元仪:《武备志》一百六十六卷。

水军,就必须建造性能优良的大型战船,因为在海战中"斗船力而不斗人力",可谓浙江抗倭战争海战中的经验之谈。戚继光不仅在戚家军水军中严格推广采用福船,还将这一建造大型战船的经验,向明军其他部队介绍,使其习用,在明军中产生了积极影响。茅元仪在《武备志》这一古代军事百科全书中就采用戚继光的水军军事理论,在明朝水军发展中确实起到了积极作用。

戚家军对水军作战方式有明确要求,如在海上与倭寇交战:"贼船约在二百步之内,举号炮一声,喇叭吹天鹅声,先举狼机、鸟铳,俱不用铅子,火箭另做小起火代用,分班打射。再近三十步以内,举号炮一声,喇叭吹天鹅声,鸣锣击鼓。放喷筒,射镖枪兼毒弩,与铳矢齐发。喷筒只放一个;镖枪取干柴、木棍、荆枝极贱者代之,量用十余枝;弓张空势;铳无铳子。再近船边,船上用火桶、喷筒、火箭及掷滑湿之物;上斗、上船尾者,用犁头镖掷贼舟。镖用细竹木,以纸绵缠其顶代之,庶免伤人。火桶用空木桶,以一细长绳悬之,系于船女墙掷下,战毕又可取回,不为飘流。火箭如前,用起火。小镖用小细竹,纸裹头代掷之……妆塘舡亦用大船两只,作摇橹迟状,小船桨橹甚利,用四五船作围击状;以一只逼我大船边,两船做力战状。力战则斗、尾掷镖;我有神飞炮,洞碎其舟。常操不用六合铳,另为浮板载之,别用脚船或八桨以绳牵引,必近贼舟,对身燃发。板碎铳沉,不复顾矣,所舍不过六条椽木、五道铁箍而已。此炮与神飞炮操习时不可轻用,俟操毕另行取来,各试一位,如临阵同。"①从以上戚家军水军军规中可以看出,一是明确规定了火器与冷兵器的发射顺序。因火器与冷兵器发射距离不同,不能乱用。要求距敌船200步之内,施放佛郎机炮、鸟铳等先进火器。待敌船到达30步之内,先后施放喷筒、发射镖枪与毒弩,要求与火铳一起射出。与敌人船接近靠舷,要求直接投掷火药桶,燃放喷筒、火箭等。二是战船配备的神飞炮,要求瞄准敌船精准发射,摧毁敌船的船材,击沉敌船。三是海战中各战船之间的指挥通信系统主要是小喇叭和号炮,各战船根据小喇叭和号炮声音的不同,施放火器或弓箭等不同类型的武器。由此可见,400多年前的明朝军队即用小喇叭指挥作战,以此延传到当代抗日

---

① 戚继光:《纪效新书》(十四卷本),中华书局2001年版,第291页。

战争等数百年间。在抗美援朝战争中,美国联军听到中国志愿军进攻的喇叭声,都心惊胆战并多有记录,可见中国军队指挥作战的小喇叭已蜚声海外。

三、戚继光水军军事理论著作

戚继光训练建设水军的军事理论著作有十八卷本《纪效新书》之"治水兵篇"和十四卷本《纪效新书》之"舟师篇"两部著作。戚继光33岁时在浙江训练士兵,将治军心得撰写出版为十八卷本《纪效新书》。时隔 24 年后,57 岁的戚继光又在广东军中拖着病体,强忍炎热气候整理刊印了十四卷本《纪效新书》。两本书书名相同,但内容与体例编排迥然不同,实际上是两本不同的军事著作。

《纪效新书》十八卷本,其中有关水军理论的为第十八卷"治水兵篇",详细记载了战船官兵人员的组成、战船旗帜的颜色尺寸、战船训练作战对阵图、各种战船武器配备、进港停泊昼夜联络、战船出发号令、夜间行船方式、临敌作战军法号令、福船海沧船等大型战船作战方式,以及浙江东部沿海的潮流讯息,燃烧性火器喷筒、火砖、火妖的制作与作战方式。"治水兵篇"详细具体地讲述了水兵训练、海上作战和阵图,以及战船火器火药的制造和使用,配有形象逼真的战船布阵、火器等插图。"治水兵篇"语言通俗,多使用口语,官兵易学易记。

另外,戚继光晚年调到广东镇粤时,又刊印《纪效新书》十四卷本。《纪效新书》十四卷本中有关海军军事理论的为第十二卷"舟师篇",主要内容为:有关水军军令的舟师号令、发船号令、行泊号令、夜行号令、水战号令、水兵陆操号令;有关水军制度的束伍解、旗色解、责成解、编兵解、授器总解、授器解、船碇;有关船用火器的火器总解、神飞炮解、佛郎机解、六合铳解、飞枪、飞刀、飞剑三飞解、百子铳制;有关战船燃烧性火器的喷筒解、火筒解;有关船用冷兵器的犁头镖解、小镖解、弓矢解;有关船用武器的钩镰解、撩钩解。另外还记载了以上内容的制作方法与训练方式。还有关于天气潮汐的潮汐歌、太阳歌、寅时歌、潮信歌、风涛歌。十四卷本《纪效新书》水军军事理论更加规范化、系统化,它补充了新的水军训练作战内容,值得引起人们的重视。

十八卷本《纪效新书》与十四卷本《纪效新书》有关水军训练与作战的军事理论,长期以来未受到应有的重视,它是 400 多年前明朝后期在遭受倭寇外来侵略战争中,戚继光对水军建设的系统性总结,是中国古代水军的理论成果,在世界海军军事理论史中占有独特地位。

四、戚家军水军武器装备

戚家军水军不仅装备大型主力战船——福船等,还将先进的火器装备到战船上,使其水军战船、武器均优于倭寇船只。戚家军水军武器配备主要有冷兵器狼筅、长枪、镗钯、刀、弓箭、藤牌等,同时还装备了先进的火器佛朗机炮、发贡炮、神飞炮、鸟铳、百子铳、六合铳等,以及船用燃烧性火器火桶、喷筒等。

戚家军水军战船,官兵们将陆地上常用的冷兵器武器狼筅、长枪、镗钯、弓箭、刀、藤牌用于战船上,其中狼筅、长枪、镗钯是针对倭寇的长刀而配制的长型武器,狼筅是在砍制的 5 米的长竹竿上,保留 9 至 11 层的枝杈,主干和枝杈上分别安装铁箭头,每个铁箭头涂上砒霜,狼筅是专门抑制倭刀的独创性武器,在抗倭战争中起到了极大的制敌效果。[1] 镗钯由猎户打猎用的铁叉演化而来,以往少有军队使用。[2] 长枪是明军中长型武器,这些武器以长对长,遏制了倭寇长刀的武器优势。

戚家军水军战船上装备了当时最先进的火器佛朗机炮、鸟铳等。佛朗机炮是由葡萄牙人带过来的先进火炮,当年大量装备到戚家军水军战船上。佛朗机炮的特点是炮管较长,具有射程较远的特点。它最大的优点是在炮管后部开口,用于安装子铳(炮弹),发射完一颗子铳,可立即更换另一颗子铳,具有更换子铳(炮弹)快、发射效率高的优势(图 1)。[3]

---

[1]　戚继光:《纪效新书》(十四卷本),中华书局出版社 2001 年版,第 91—92 页。

[2]　戚继光:《纪效新书》(十四卷本),中华书局出版社 2001 年版,第 86 页。

[3]　戚继光:《纪效新书》(十四卷本),中华书局出版社 2001 年版,第 276—278 页。

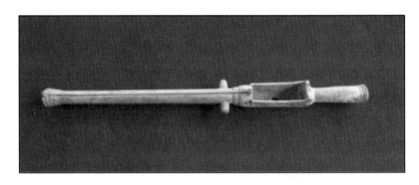

图 1 台州市椒江出水戚家军 1560 年制佛朗机炮(林汝志摄)

鸟铳,又名"鸟嘴铳",是倭寇从日本带来的先进武器。戚家军在台州之战中缴获了许多倭寇鸟铳,随即装备到部队,后戚家军中又进行了大量的仿制,鸟铳成为军中常用武器。日本倭寇的鸟铳由葡萄牙人带到日本种子岛,由日本人仿制成功,命名为"种子岛铳"。鸟铳安装了准星、缺口等瞄准器具,具有射击精准的特点。当时明军火铳并未安装瞄准器具。戚家军缴获倭寇种子岛铳后进行了仿制,因其准星形似鸟嘴,遂命名"鸟铳"或"鸟嘴铳"。[①]

戚家军水军燃烧性火器有火桶、喷筒、火砖、火妖等。火桶是将木桶里装上火药,火药上铺上细沙。当战船距敌船 100 步时,将木炭烧红盛放到盆中,等到距敌船二三十步时,将炭火用碗盛上平放在火药桶内,盖上桶盖,等两船接近时将药桶投掷到敌船上,炭火引燃火药燃烧敌船。[②] 其他类似的火砖、火妖等燃烧性火器,是木帆船时代戚家军水军克敌制胜的先进武器。

16 世纪,东亚各国军队武器面临由冷兵器向火器发展的过渡时期,戚继光率领的戚家军与水军,紧随武器变革的步伐,在陆地上选择了狼筅等长型武器,以抵消倭寇长刀的优势,发现倭寇鸟铳的优点,缴获后立即装备并大量仿制,使双方的火器鸟铳处于对等状态。在重火器上着力发展佛郎机炮、发贡炮、虎蹲炮等各种火炮,使军中火炮优于倭寇,让戚家军水军在火器配备上一直走在东亚军事发展的前列,从而能在抗倭战争中不断取得胜利。

---

① 戚继光:《纪效新书》(十四卷本),中华书局出版社 2001 年版,第 51—52 页。

② 戚继光:《纪效新书》(十八卷本),中华书局出版社 2001 年版,第 356 页。

五、戚家军水军浙江战绩

戚家军水军配合戚家军的陆地作战,主动出击寻找海上作战战机,对海上流窜的倭寇、贩卖百姓抢劫财物的倭船等进行打击,取得许多海战胜利,可惜现今鲜有人知。

嘉靖三十八年(1559)五月十八日,戚继光率戚家军与其他明军刘存德、曹天佑、牛天赐等部,合力围剿宁海倭寇。十九日倭寇闻声胆怯,驾船出逃至宁海海口。戚家军水军奋勇追击,戚继光命令把总任锦所部水军,加速追赶到猫头洋,击沉 6 艘倭船,斩获倭寇 26 名,俘获倭寇 2 名,缴获武器财物等 500 余件,同时解救男女百姓 60 余人。二十日,戚继光再次命令把总邱泓率所部战船继续追击倭船,在青门洋追上倭寇,海战中击沉 5 艘倭寇战船,烧毁 4 艘,斩杀倭寇 24 人,活捉 7 人,缴获武器财物 290 多件。此战最大收获是解救男女百姓 5000 余人。[1]

嘉靖四十年(1561)四月二十七日,倭寇 7 艘战船流窜深门海域一带,戚家军水军闻讯追击至浪乌海域,击沉倭寇战船 1 艘,斩杀 9 名倭寇,其他倭寇战船被打散逃遁。[2]五月十一日,倭寇乘坐战船 10 余艘进犯浙江省玉环县干江镇,戚继光派胡震率水军在漩门湾海域与倭寇交战,犁沉 5 艘倭船,烧毁 5 艘倭船。倭寇见势不妙于当夜拖残船逃跑,胡震所部乘胜追击,又犁沉倭寇战船 4 艘,倭寇淹死者甚多。此次海战斩杀倭寇 21 人,活捉 2 人,缴获武器财物 170 余件,解救百姓 50 余人。五月十四日,残余倭寇逃到沙镬洋,胡震部追击倭寇,又犁沉 4 艘倭寇战船。

五月二十日,在宁海抢劫的 300 余名倭寇,因听说其他倭寇全被歼灭而抱头大哭,当夜倭寇驾驶倭船 10 余艘潜逃出海。二十一日,戚家军水军胡震率战船追到洋岐下洋海域,海战中犁沉 2 艘倭船,烧死淹死了众多倭寇,斩杀倭寇 5 人。但是戚家军水军牺牲百户焦经等 3 人。

---

① 高扬文、陶琦主编:《戚少保年谱耆编》,中华书局出版社 2003 年版,第 29—30 页。

② 高扬文、陶琦主编:《戚少保年谱耆编》,中华书局出版社 2003 年版,第 60 页,载:"二十七日又倭舟七艘流泊深门海洋,该汛官兵追击之及浪乌海洋,犁沉一舟,计擒斩九夷,残孽各负命而遁。"

其余倭寇拼命逃至鹿星海,胡震再次率领水军追歼,击沉 1 艘倭船,活捉 2 名倭寇,斩杀 3 名倭寇,残余倭寇逃至满山洋。二十四日,胡震水军追击到满山洋,再次击沉 1 艘倭船,俘虏了 4 名倭寇的头领。二十六日,胡震水军又追击到悬山海域,活捉 2 名倭寇。经此海战倭寇首领法正才、辛三郎等走投无路,到戚家军处全部投降,倭寇中的首领全被剿灭,来犯的倭寇全部被歼,倭船无一生还。五月,戚家军水军 5 次海战均获大捷,水战及陆战活捉斩杀倭寇 717 人,击沉倭船 10 余艘,海战中烧死淹死倭寇 3000 余人,缴获倭船 21 艘,缴获倭寇倭刀、火铳、铠甲等武器 3200 多件,解救百姓 3000 余人。经此一战,台州境内倭寇灭绝。[①]

嘉靖四十一年(1562)四月四日,温州太平盘马倭寇 3 艘烧船登陆,十一日松门关领兵指挥胡震从邸山率水军出海,在下洋海域犁沉 1 艘倭船,斩杀倭寇 12 人。海门关领兵指挥潘鲸在临山上洋海域,犁沉 1 艘倭船,斩杀 1 名倭寇。[②]

四月二十七日,倭寇在石桥抢夺大船 10 余艘,扬帆入海,戚继光急令松门关指挥胡震入海截击。二十九日于大麓下洋,追赶上倭寇,发炮击沉 3 艘倭船,又追击到坎门礁海域,斩杀倭寇 7 名,活捉倭寇 4 名,大半倭寇都被淹死。至此,水陆七战七捷,斩杀倭寇 170 多人,缴获武器装备 600 余件。[③]

戚家军经过陆战与海战,平定了浙江倭患。浙江各地士绅百姓持续不断地为戚继光修建戚公祠,祠堂悬挂戚继光画像,每年定时祭祀。

---

① 高扬文、陶琦主编:《戚少保年谱耆编》,中华书局 2003 年版,第 65—66 页,载:"二十一日庚辰为胡震督舟师追及洋岐下洋,犁舟二艘,焚溺甚众,斩首五级,我兵阵亡百户焦经等三人。是月亲督战兵,陆战七捷,殄灭群寇舟中,余擘则又调水军,水战五捷。共水陆擒斩倭贼七百一十有七,犁沉贼舟十有余,夺获器舟二十有一,卤获刀铳旗枪弓矢衣甲三千二百有奇,释俘掳男妇三千余众,焚溺倭贼三千余徒,台境悉安。"

② 高扬文、陶琦主编:《戚少保年谱耆编》,中华书局 2003 年版,第 78—79 页,载:"是月四日丁巳,太平盘马涂守者报,月朏、日晡,勃倭三艘焚舟登岸,列队南侵。由藤岭径走乐清,十一日甲子,松门关领兵指挥胡震于邸山下洋,犁沉船一艘,斩首一十二级。海门关领兵指挥潘鲸于临山上洋,犁沉倭舟一艘,斩首一级。"

③ 高扬文、陶琦主编:《戚少保年谱耆编》,中华书局 2003 年版,第 80 页,载:"余擘急拖小艚船入海,风涛汹涌,舟小不得行,比已飘覆数艘。忽迅风飘大舟十余艘,径泊山下,贼遂据登扬帆而去。于是急令松门指挥胡震伏截海中,于二十九日壬午追击于大麓下洋,举铳击沉三艘。复进至坎门礁,又破二艘,斩首七级,生擒四俘,大半悉为漂溺,余党乘风遁归。是役也,水陆七战七捷,通计擒斩一百七十有奇,夺获器仗六百余数,溺死大半,其开遁残贼不满数十。"

浙江官员、文人纷纷撰写诗文,竖立起高大的表功碑,彰表戚继光扫平倭寇的卓绝功绩。在浙江,戚家军著名的台州九战九捷的平倭事迹,早已家喻户晓。但戚家军水军与倭寇海战,击毁、缴获倭船70余艘的历史功绩,也应当同样载入史册。

六、戚家军水军海运援军入闽

嘉靖四十一年(1562),浙江刚平定沿海倭患,福建倭警告急,福清城被倭寇攻陷,宁德、永宁、福安等诸城同时报警。福建巡抚游震得急忙向朝廷禀告,请求浙江派军支援以解福建之围。明朝廷下令浙江派精锐部队前去支援,以戚继光为主将,率领戚家军6000人;浙江都司指挥使戴冲霄为副将,率兵1600人;副使王春泽为监军,共7600人的援军派往福建平倭。时值七月盛夏,天气炎热,浙江去往福建山岭绵延道路崎岖,浙江援军出行遇到酷暑与路险的极大困难。主将戚继光精心制订戚家军水军海船运输援军的方案,有序地安排7600人乘坐戚家军水军战船,于七月二十一日傍晚,从温州港全军乘船出航,船队经过五天五夜的海上航行,在二十五日下午抵达平阳县,全军在平阳休整一天。二十六日下午,浙江援军从山间小路进入福建。浙江援军进军福建的道路上,由于天气炎热等气候原因,患病者众多,在前边行军的戴冲霄部大幅减员。戚继光碰到了戴部患病士兵季诏、许传被哨长摘去了腰牌,被遗弃在路边。戚继光立即安排当地居民将患病士兵接家休养。此次从平原县至福建宁德的开拔路上,浙江援军因天气炎热患病者达1000余人,加上留下照顾患病士兵的人员,援军减员近2000人。由此可以看出,因盛夏酷暑,浙江援军携带武器装备、给养等行军极为困难。如果没有戚家军水军船只的前期转运,浙江援军只走陆路很难及时完成援闽任务。戚继光率领的浙江援军抵达宁德后,与福建明军会合,及时抓捕倭寇间谍,组织明军实施了横屿登岛作战,取得斩杀倭寇977名的横屿大捷。此次入闽,如此大规模的7600人的援军,乘坐海船跨海运输,历经五天五夜的海上夜间航行,戚家军水军未发生任何海上事故,可见平时严格训练而形成的强悍战斗力,横屿之战戚家军水军应记下头功。

七、创建水军礼仪——站坡（分区列队）

戚继光在浙江抗倭筹建水军时,既重视水军战船的建造,又注重对水军官兵人员的培训,明确规定了水军官兵的战船列阵与礼仪形式,这就是现代海军俗称的"站坡"。"站坡",又称"分区列队",现在已成为国际上各国海军约定俗成的礼仪形式。"站坡"是官兵按要求在战船左、右舷列队的隆重礼仪,一般是在阅兵、节日、迎送官员等其他场合出现。"站坡"时官兵按规定着装,沿着船首到船尾左右两舷或单舷,官兵成单行保持间隔,面朝船外列队。戚继光在十八卷本《纪效新书》之"治水兵篇"中明确规定了"站坡",这是世界海军史上最早明文规定分区列队(站坡)的海军礼仪之一,是明朝浙江戚家军水军军事训练和作战的规范。

戚继光在十八卷本《纪效新书》"治水兵篇"中是怎样规定浙江戚家军水军主力战船福船、海沧船、艟舟乔船等战船官兵"站坡"要求的呢?

(1)福船"站坡"(分区列队)形式。

船首,并排站立 5 名鸟铳兵。

左舷,排站顺序依次是火铳手、佛朗机兵、士兵、弩手、弓箭手、士兵、藤牌兵、佛朗机手、士兵、弩手、藤牌兵、弩手、士兵、藤牌兵、火铳手。

右舷排站顺序同左舷。

船尾,并排站立 3 名鸟铳士兵(图 2)。

平时立船阅视图

图 2 《纪效新书·治水兵篇》(十八卷本)福船官兵分区列队式

(2) 海沧船"站坡"(分区列队)形式。

船首,并排站立 3 名鸟铳兵。

左舷,排站顺序是士兵、士兵、弩手、士兵、士兵、佛朗机兵、士兵、士兵、弓箭手、士兵、士兵、火铳手。

右舷站立顺序同左舷。

船尾,并排站立 3 名鸟铳兵(图 3)。

平时立船阅视图

图 3 《纪效新书·治水兵篇》(十八卷本)海沧船官兵分区列队式

(3) 艟舟乔船"站坡"(分区列队)形式。

船首,并排站立 2 名鸟铳兵。

左舷,排站顺序是火铳兵、士兵、士兵、弩手、士兵、士兵、佛朗机兵、士兵、士兵、弓箭手、士兵、士兵、火铳手。

右舷站立顺序同左舷。

船尾,并排站立 2 名鸟铳兵(图 4)。

平时立船阅视图

图 4 《纪效新书·治水兵篇》(十八卷本)艟舟乔船官兵分区列队式

戚继光在《兵夫列船式》中具体规定:"水军官兵平时在战船上四面均排队站立。每面的队伍官兵必须手持武器,长短相间。每队官兵站立方向为面朝船外。如果遇上与敌人作战,全体官兵要朝着敌人那一面合力动手,其他没有敌人的三个方向,每一面必须留下两人进行防守。"①可见,明朝戚家军水军"站坡",不仅是平常迎宾的礼仪形式,还是海上训练作战的队列方式。必须指出的是,戚家军水军"站坡",既是中国古代水军优秀的礼仪传统,也是世界海军传承至今的礼仪形式。戚继光十八卷本《纪效新书》之"治水兵篇"中所载的"兵夫列船式"是世界海军最早记载"站坡"的文字与图像文献。

八、结　语

明朝初期的中国水军,曾是世界一流的水军部队。郑和率领外交使团及官兵 27800 多人,乘坐 200 多艘海船,从太平洋西岸出发,穿越印度洋,多次抵达非洲大陆东海岸。此时的明朝水军是世界上最强大的水军舰队,水军军力强盛、武器装备先进精良,从而确保了郑和率领的明朝使团跨洋远航,友好访问太平洋、印度洋沿岸 36 个国家,成为世界航海史上友好往来的壮举。然而,随着明清朝廷海禁政策的实施,水军战船的建造规模日渐缩小,水军军力与综合国力逐渐衰弱,从而导致近代以来,中国海防危机不断出现,西方列强肆意入侵,中国被迫割地赔款,进而沦为半殖民地半封建社会,因水军力量的衰弱导致国家海防的衰败,历史教训尤为深刻。可是在明朝后期的抗倭战争中,戚继光率领戚家军水军,先后荡平了浙江、福建、广东沿海的倭寇,彻底清除了危害东南沿海 200 多年的倭患。戚继光在反侵略抗倭战争中注重水陆并进,加强水军建设,在陆地和海上同时打败入侵倭寇的历史经验,值得人们进一步研究和弘扬。

---

①　戚祚国汇纂:《戚少保年谱耆编》,中华书局 2003 年版,第 44 页。

戚继光援闽抗倭海防微观

蓬莱戚继光研究会　卢　岩

一、福建海防背景

嘉靖四十年(1561)经历台州大捷后,浙江倭患解除。七月,江西兵叛寇乱,请求援助,戚继光听从调遣率兵前往平乱。十一月,江西战乱被平息,班师回浙。嘉靖四十一年(1562)四月,"岛夷寇温州。连捷于水涨、温岭等处,浙烽尽息"①。

但此时的福建,却处在倭寇的蹂躏之下,"比年岛夷犯闽,闽残甚矣。自乙卯至戊午,首陷福清,己未陷福安、福宁,辛酉陷宁德,壬戌陷永宁等城。贼遂垒屯二巢,一据宁德横屿,结巢海中;一据福清峰头,连营数澳。张湾奸民反为贼间。兼之山寇陆梁,叛兵乘乱,北自福宁,南及漳、泉,沿海千里,尽为贼窟"②。福建地方军队虽然历年驻扎守卫,但卫所空虚、军备废弛,缺乏战斗力,甚至都不敢对倭寇发动进攻,致使其愈加肆无忌惮,福建岌岌可危。当时的福建巡抚游震得无奈,只好向朝廷上书,请求派遣浙兵进入福建支援。

嘉靖四十一年(1562)七月,明世宗批示浙直总督胡宗宪命令戚继光领兵6000人,督府中军都司戴冲霄率兵1600人,副使王春泽为监

---

①　高扬文、陶琦主编:《戚少保年谱耆编》,中华书局2003年版,第78页。
②　高扬文、陶琦主编:《戚少保年谱耆编》,中华书局2003年版,第81页。

军,开赴福建支援抗倭。

二、首次入闽抗倭

嘉靖四十一年(1562)七月二十一日晚,戚继光率部从温州乘船出发,七月二十五日由海道抵达浙江平阳,然后转为陆路前进,进入福建。至十一月初一,戚继光率部从福州出发返浙。自此开启为期 3 个月的对倭战争,依次在横屿、牛田、林墩三地取得绝对性胜利,沉重打击了倭寇的嚣张气焰,拯救福建百姓于水火。

(一)巧攻横屿

在行军途中,戚继光一边奔赴一边分析福建倭情,当时福建的倭寇主要盘踞在横屿和福清两个地方。根据宁德危急的情况,戚继光决定先制定战略迅速歼灭盘踞横屿岛的倭寇,再乘胜追击倭寇,解放福清等地。而横屿岛在今天宁德市东北 20 里的三都澳中,属于一个四面环水的小岛,其东、北、南三面距离陆地较远,只有西面较近,距离陆地约 10里。尽管如此,涨潮时岛西面也是一片汪洋,落潮时更是淤泥一片,难以通行。倭寇长期盘踞在横屿岛上结巢筑屋,四周安装木栅作为基地,时常四出劫掠,为害地方已有 3 年多时间,因此导致"宁德一路,上下三百余里,三年渺绝人踪"[①]。宁德县城已是废墟一片,附近老百姓深受倭寇残害和奴役,更有数千人不得不依附倭寇为虎作伥,给明军对倭作战造成极大困扰。

戚继光抗倭只为对倭寇进行大创尽歼,并不以斩首为要;只为解救更多无辜百姓,减少军士不必要伤亡,并不以战功为务。因此,在发动进攻之前,戚继光当仁不让制定作战方略,并负责统一指挥部署。他调兵遣将,做好充分准备的同时,采取"削枝弱干"的策略,先招降胁从,尽全力争取当地民众,令戚家军广贴告示,宣布胁从之人只要悔改,既往不咎,最大限度地挽救百姓,这是戚继光爱国主义精神的微观体现。

---

① 高扬文、陶琦主编:《戚少保年谱耆编》,中华书局 2003 年版,第 84 页。

为确保战斗胜利,戚继光进一步了解横屿岛地理环境、潮汐规律,以此研究具体战法。最终决定趁退潮时机,陆兵以"负草填泥"的办法渡过泥滩,克服不利地理条件以消灭敌人。戚继光问询当地百姓得知有"初八二十三,到处见海滩"的说法,退潮露出海面的浅滩足以让戚家军登上横屿,便决定抓住这个机会发动攻击。八月初八凌晨,戚继光一声令下,戚家军兵分两路向横屿进发。上午八点钟,戚家军到达海边,此时正是满潮之际,面对茫茫大海,戚继光召集将领做战前动员,将士们群情激奋,表示绝不怯懦。戚继光亲自擂响战鼓,戚家军"于是数组鸳鸯,负草填泥,匍匐而横进,揭于淖者几逾尺,乃百步一憩。止齐,复鼓,数息而至彼岸","我兵明知背水,皆奋力血战",等到"倭贼俘馘殆尽,收兵还岸,正申初刻"。[1] 戚家军迅速扫清战场,返回陆地,时间刚好到了下午三点,潮水刚刚开始上涨。战斗从开始到结束不过7个小时,比戚继光预料的还要快。这场战役生擒倭寇29人,斩杀348人,烧死、淹死600多人,救回被倭寇掳掠的民众800多人。自此,宁德"于是恢复诸县治,道路通行,闽北宁谧"。

(二)奇袭牛田

横屿之战胜利后,为鼓舞士气、团结军心,戚继光创作《凯歌》,这是中国古代军事史上的第一首军歌——"万众一心兮太山可撼,惟忠与义兮气冲斗牛。主将亲我兮胜如父母,干犯军法兮身不自由。号令明兮赏罚信,赴水火兮敢迟留。上报天子兮下救黔首,杀尽倭奴兮觅个封侯",浓浓的爱国主义精神体现无遗。在此感召下,在福建军民的热切恳求下,戚家军没有返回浙江,而是继续向福清进发。当时,福清的倭寇有数万人之多,他们得知戚家军向福清开进,急忙转移营地到牛田(今福清东南龙田)一带,以逸待劳迎战,"所屯之巢有杞店、上薛、牛田、西林、木岭、葛塘、新塘、闻读等处,形如奕布,势若长蛇,络绎三十余里,且歧路纷纭,随处得以抄袭,以故合巢于此,以为蜇窟"[2]。百姓深受其害,终日不得安宁。

嘉靖四十一年(1562)八月二十九日,戚家军与其他部明军在福清

---

① 高扬文、陶琦主编:《戚少保年谱耆编》,中华书局2003年版,第85页。
② 高扬文、陶琦主编:《戚少保年谱耆编》,中华书局2003年版,第88页。

集结。戚继光不顾疲劳,亲自勘察敌情,为下一步对倭寇作战筹谋。经过缜密分析,戚继光安排驻地守军分别负责配合主力部队钳制、阻击倭寇,戚家军则依旧负责主攻,兵分两翼包抄倭寇。

得知戚继光的部队进城,海口百姓夹道欢迎,请求戚家军立即剿灭倭寇。戚继光为防止百姓中混有奸细,便以"我兵远来,须养锐待时而动,朝暮可计也"①。称部队远道而来,必须进行休息以养精蓄锐,等待时机再发动进攻。正如戚继光所料,敌方探子将消息传回,倭寇信以为真,果然放松了戒备。但"是夜二鼓,衔枚驰杞店七里塅"②。戚继光率领戚家军轻装衔枚,对倭寇发起夜袭,如入无人之境,短时间内便将倭寇全部歼灭,返回锦屏山驻地时天色将明。翌日,得知倭寇要偷袭锦屏,戚继光做出精密部署,设伏锦屏,将前来偷袭的倭寇打得落花流水,之后乘胜追击,直捣牛田。"我兵且战且前,乘胜直捣牛田大巢。""正兵王如龙当先,吴、胡张两翼佐之,运斤成风,连破牛田、上薛、闻读等巢。会仓下之兵亦至,复犄角夹攻,鼓噪并进,追至新塘等处。贼披靡四散,我兵分投追剿。比阵中竖有白旗为信,凡胁从投戈伏旗下者免死,任其散去,于是全活者数千人。倭贼焚毁无算,生擒十俘,斩首六百八十有八级,以百四十级分戴公;夺获器仗三百六十有九;释俘携男妇九百五十有四,听其自归。"③此仗打得酣畅淋漓,再次创造了战争史上的一个奇迹,集奇袭战、伏击战、乘胜追击战于一体,大获全胜的同时,戚家军无一阵亡。经此连役,倭寇受到沉重打击,福清境内重现安宁。

(三)血战林墩

少部分逃窜的倭寇盘踞到林墩(今莆田东黄石镇林墩),此处"四面阻河,通接海港,列栅自守。贼将胁从尽散为侦逻,在巢尚有四千余众,尽系黠倭"④。林墩东有兴化湾,唯水师可近;北有木兰溪,唯宁海桥与外相通;南仅有黄石一条大道;西北通向兴化府城唯一条小路,须跨过若干沟渠。倭寇聚集至林墩后,为防明军袭击,他们拆除了所有通向外

---

① 高扬文、陶琦主编:《戚少保年谱耆编》,中华书局 2003 年版,第 89 页。
② 高扬文、陶琦主编:《戚少保年谱耆编》,中华书局 2003 年版,第 89 页。
③ 高扬文、陶琦主编:《戚少保年谱耆编》,中华书局 2003 年版,第 90 页。
④ 高扬文、陶琦主编:《戚少保年谱耆编》,中华书局 2003 年版,第 91 页。

界的大小桥梁,妄图凭借易守难攻的地理优势以逸待劳。

嘉靖四十一年(1562)九月十二日,戚家军自福清急行军 70 多里,在距林墩 30 里处下营。戚继光考虑到此时倭寇已是惊弓之鸟,随时可能四散逃窜,便派兵一路 1600 人,令其九月十四日拂晓前秘密进到宁海桥,以防倭寇北突,再次窜入内地,待闻战鼓响起时,立即沿大路向林墩进攻,配合主力夹击倭寇。而戚继光则在九月十三日晨亲率部队主力约 4000 人进驻兴化府城,明面上做着要堂堂正正战一场的打算,为迷惑倭寇,戚继光本人绝口不谈出征,从容宴请、拜访当地知名人士。待到半夜时分,戚继光传令队伍悄悄于东市集合,向林墩进发,预备打倭寇一个措手不及。

然而此时变故突生,戚家军原计划从黄石大道进军,未料所用当地向导竟然早就投靠倭寇,故意兜圈子把戚家军引至西洪的小路。从西洪到林墩河渠纵横,桥已被倭寇全部拆除,到处是壕沟埋伏。限于地形复杂,戚家军只能单列前行,速度与战斗力被极大削弱。等到戚家军到达据点外围,倭寇据桥而守唯一的小桥。大部队兵力根本无法施展,戚继光唯有改变原作战计划,由突袭变为强攻,"时前哨官周能已战没,首队三十四人、次队金福等兵亦丧其半,血战逾时,三却三进,乃勠力涉水而登"①。幸而部署在北路宁海桥堵截倭寇的 1600 人部队,听到战鼓声响起便迅速投入战斗。他们突袭到倭寇背后,奋勇冲杀,为正面强攻的戚家军将士赢得了战机。在戚家军两路夹攻之下,倭寇再也防守不住。经过激烈血战,戚家军虽然损失惨重,但最终夺取小桥,大部队得以通过。戚继光立于当路斩退兵于阵前,并高喊为战死的将士复仇,戚家军众将士士气高涨、奋勇拼杀,倭寇或落水或被斩,溃逃倭寇沿着大道向南逃去。戚家军紧追不舍,在一处瓦窑将其围住,全力火攻、冲杀,彻底歼灭殆尽。经此一夜血战,戚家军胜利剿灭林墩倭巢,斩敌 2023 人,俘虏 13 人,解救被掳去百姓 2114 人,夺回永宁卫所印 5 颗。戚家军阵亡哨官周能等 69 人。

当戚继光率部收兵回城,"小民挟老携幼快睹威颜者道路充塞。既入,市渐米而炊,扫榻以款士卒,如大宾贵客"。当地官员与乡绅也纷纷

---

① 高扬文、陶琦主编:《戚少保年谱耆编》,中华书局 2003 年版,第 92、93 页。

表达感激之情,戚继光却道:"制府奉明诏,仆受阃外命,乃今有尺寸功。上者朝廷,次者制府,次者诸大夫之烈,仆也何有?"拒不接受宴请与谢仪,"次日,即于大寺验伤兵,分别等第,并阵亡请恤者;即同二道往林墩祭阵亡兵士。家严爇香痛哭,建醮行香,素服不受贺。适有士夫以轴文见赠者,辞去;金鼓盒酒,素袍再拜而受之"。"又次日,散伤亡赈恤,有亲属者面付,无者收候,间有重伤不能自领者,亲临床簦付之。"①对于戚继光而言,打胜仗并不是目的,他在意的是百姓的安危、将士的生死、国家领土的完整。这是他最朴素的爱国主义精神的体现。

三、再次入闽抗倭

戚继光率戚家军为主力,协同戴冲霄部与福建当地官兵,历经数战、历时 3 个月,剿除为患福清、宁德多年的倭寇,沉重打击其嚣张气焰。每场战役,都是戚家军为主力,经此数役,将士疲战,宁德危机已解,按照军令也到了班师回浙之际。但时逢新寇又至,面对汪道昆(时任福建按察司副使)的挽留,戚继光陈明利害,并给出承诺:"役匝月四捷,转战千里,部中士马不逾六千,伤困与水土病疫居半,盖筋力竭矣。今倭舟纷至数十艘,生贼且盈万,皆未试之锋也。驱疲兵以当新寇,无异驱群羊以搏猛虎。予查定军情,锐气已夺。设得生兵数千,可一鼓而灭,机会莫此便者。惜兵力不振,当强弩之末,亦甚耻其不克终也。予入浙七年,教练乌伤,庶几有勇知方。为今之计,惟回浙请兵,来春再举,公但坚壁清野以待之。"②十一月,戚继光一返回浙江便开始募兵,但当时胡宗宪被下狱,赵炳然任浙江巡抚,不肯让浙兵入闽,经过汪道昆、戚继光、赵大河等人争取斡旋,最终在十二月,朝廷任命戚继光为副总兵,分守温州、处州、福宁、福州、兴化。而彼时,兴化府城在苦守一个月余后被倭寇用计诈开城门,倭寇疯狂杀戮令人发指,"杀孝廉数十、甲第十有七人、庠士三百五十有六,妇女义不辱而骂贼以死者不胜纪,民赀

---

① 高扬文、陶琦主编:《戚少保年谱耆编》,中华书局 2003 年版,第 94 页。
② 高扬文、陶琦主编:《戚少保年谱耆编》,中华书局 2003 年版,第 98、99 页。

库藏搜括无遗，四野一空，八闽俱震。是岁朔夜，城门锁泣，流血如注"①。

（一）平海卫大捷

戚继光、汪道昆、游震得、俞大猷、谭纶（新上任福建巡抚）、刘显等人均忧心如焚，终于在嘉靖四十二年(1563)三月初二，戚继光与汪道昆率领新选募的义乌兵奔赴福建。鉴于福建倭患十万火急，戚继光只能一边行军一边练兵。三月十七日进入福建域内，四月十三日抵达福清，与俞大猷、刘显部会师，明军兵力达 3 万众。倭寇得知戚继光入闽，四月十六日便欲携带财物回日本，但被当地水军拦截，便据险结巢，扼守平海卫。

四月十九日，戚继光率军抵达平海卫外围，亲自微服勘察地形、敌情，并拜访刘显、俞大猷，商讨作战方略。四月二十日，谭纶、汪道昆召集三方讨论进剿方略，部署作战。戚继光自愿率领戚家军为中军，刘、俞为两翼，另有其他将士佐战。二十一日凌晨三时许，"兵分三路，衔枚而进。及五党山侧岭，月犹明，坐待月落，乃乘昧爽直薄贼所。随有贼二千，前锋百余，悉乘马并力冲突，我兵环山飞炬，拥队熛铅，马惊贼溃，步倭短刃相接，鏖战逾时"。大败倭寇，所向披靡，追逃倭至许家大巢，四面合围血战，将其大创尽歼。"乃因风纵火，须臾巢穴尽扫，积尸充溜，难以数计。""时日方已暮，克收全捷，计擒斩共二千四百五十一级，夺获夷器三千九百六十一件、印信一十五颗，尽还兴、平之俘，释男妇三千余人。"②从发起战斗到结束战斗，仅四五个小时而已，便彻底收复平海卫，此次身为主力的戚家军阵亡十六人。

此次战役是一场速战速决的歼灭战，在抗倭战争史上具有重要影响，在福建百姓的心中更是解倒悬救水火的正义之战。戚继光、俞大猷、谭纶的战斗友情进一步升级。戚继光在战斗中发挥了不可替代的作用，戚家军的英勇善战更是取得胜利的有力保障。待到戚继光率领戚家军班师回福清，路过林墩战场，但见屋舍复建整齐，田园桑麻依旧。得知戚家军到，百姓扶老携幼捧着茶果拥于马前，感谢戚继光和戚家军

---

① 高扬文、陶琦主编：《戚少保年谱耆编》，中华书局 2003 年版，第 101 页。
② 高扬文、陶琦主编：《戚少保年谱耆编》，中华书局 2003 年版，第 110 页。

的救命之恩。他们一边拜谢一边歌咏："生我兮父母,长我兮疆土。生我不辰兮,疆土多故;奠我再生兮,维戚元辅。于皇元辅兮,允文允武;繄我今日兮,汉仪复睹。"①《左传·庄公三十三年》又曰:"民为国之本,本固则国宁。"正是缘于对国家的忠诚与热爱,戚继光在东南沿海抗倭战场上,无论是浙江剿倭,还是援闽抗倭,他始终以保生民安宁为主旨,以此来捍卫国之根本。

(二)解围仙游

平海卫大捷之后,戚继光率部歼灭多处散倭、残倭,将春季入侵福建的倭寇歼灭大部,福建暂时恢复宁静。但兴化府城沦陷时倭寇劫掠所获的巨额财富,吸引了更多丧心病狂的倭寇,他们纠合 27000 余众,先遣 15000 余人欲要劫掠仙游,余下待翌年春天再犯。嘉靖四十二年(1563)十月下旬开始,便有倭寇在福建各处沿海陆续登陆。经过各处明军打击、阻击后,均向南窜,欲集合进犯仙游。此时的戚家军分两班轮戍福建,戚继光将留下的 6400 人分成 8 营,每营 800 人,分散至福建北、中、南三路设防。面对汹涌来犯的倭寇,戚继光一方面授予仙游守城将领守城方略,并派 200 人预先赶到仙游城内协助防守;另一方面率部队从福州向仙游行军。到达后,戚继光考虑兵力仅有倭寇一半,没有贸然进攻,而是先采取守势,确保仙游不被攻破,巧施计策拖住倭寇,为兵力集结赢得时间。戚继光"先调胡守仁、把总蒋伯清等兵,至近城铁山,据险为垒,与贼相持,以牵其势;又选各营愿出死力勇士五百名,窃近贼巢,不时相机牵剿,以分其势;又亲统中军亲兵,喊炮鼓噪,倏忽往来,以惑乱贼之耳目,仍恐流突惠安。先发鸟铳一哨,带运火器,入城协守;又行署守备耿宗元,拨义总陈应朝兵一枝,同监军汪公赴省,防福宁之寇北犯省城,屯北岭,保固根本。又调都司郭成嘉等兵,由建宁里路逐剿宁德之寇,以杜深入。又恐余贼由连江过渡,因开授方略,行署把总傅应嘉,拨发中哨兵船,设计诱敌。见留兵三支,协同标兵屯兴化,守郡城,以防迎截陆续流寇"②。之后,为了故布疑阵,让倭寇以为大部队马上来到,仙游城内也有不少兵力驻扎,同时也为了分散消解倭寇的兵

---

① 高扬文、陶琦主编:《戚少保年谱耆编》,中华书局 2003 年版,第 111 页。

② 高扬文、陶琦主编:《戚少保年谱耆编》,中华书局 2003 年版,第 124 页。

力,秉持能杀一双绝不放过一个的原则,巧妙实施了多次小规模偷袭、计赚、设伏、直攻等扰敌战,让倭寇如坠雾里,又苦不堪言,损失连连却无计可施。

倭寇 10000 余众,围困仙游城已经 1 个月。直至十二月初六,倭寇见援兵未至,便开始大肆进攻仙游城。城内军民英勇抵抗,戚继光也令部队发铳呐喊,倭寇以为明军主力到,遂停止攻城。但轮戍浙兵回调受阻,戚继光无奈之下调整作战方案,采取灵活机动的对敌策略,分散敌人注意力,逐一消耗其兵力。各部兵力统一协调,"仙城受困五十日,尚得保全不溃,皆疑兵死士牵制之力居多也"。二十三日,班兵既到,戚继光重新部署兵力,宣布解围仙游、大创尽歼倭寇的作战方针,"先发义总孙廷贤、哨官王伯宁、张迈、王汉等窃由山僻入巢侦路,限二十五日己巳照票各来导引大兵进剿。乃分布守备王如龙将左军,统领杨世潮、丁茂、朱九龙等部,以武生金文通督之;署守备胡守仁将右军,统领方其、朱珏、陈应朝、娄国华等部,以中军王讲督之。两军共取南巢。把总陈濠将右奇,率陈禄、陈文澄、童子明、张元勋等专剿东巢,以武生晏述督之;游击李超将左奇,率杨文、陈其可、蒋伯清等部专剿西路,以中军徐棠督之;坐营把总金科将中军大营正兵,率叶大正、陈良琮等专备策应,以武生蒋如松督之;中军吴京押火器随军接济,而复以标兵指挥吕崇周、副总金文秀领标兵一枝,同都司郭成苗兵四百张疑铁山,缀旒北巢之贼。又以署把总傅应嘉统本部兵取道西岭,以拊西贼之背"①。在此缜密安排下可谓算无遗策,各部各司其职,服从指挥调度如臂使指,成功解围仙游,"乃收兵入城,次发兵割取首级。除焚毁外,取倭首四百九十八级,生擒通事一名,夺获器仗六百二十二件,释救俘系男妇三千余人。比时冲锋者王如龙等,阵亡者义总童子明等官生、兵士二十四人"。

---

① 高扬文、陶琦主编:《戚少保年谱耆编》,中华书局 2003 年版,第 127、128 页。

四、总　结

　　仙游解围后,戚继光率军追剿逃倭,于嘉靖四十三年(1564)二月,
于同安县的王仓坪、漳浦县的蔡丕岭两度击破残倭,共计斩首 337 余
人,夺甲仗器械等近千件,解救被掳百姓 3000 余人,仅余少量残倭逃往
广东。自此后,倭寇始知侵犯中国不再无往不利,于是再也不敢对福建
起觊觎之心。戚继光为平息福建的倭患立下了不朽功勋,更是彻底扭
转了明朝中后期海防的颓废劣势,将来犯倭寇大创尽歼,保黎民百姓以
安宁,捍卫国家主权,夯筑起海防钢铁长城。

戚继光援闽作战过苍南地界之考证

苍南县政协文化文史和学习委员会　林子周

明代戚继光是智勇双全的名将,在中国抗倭历史上,其地位无可替代。戚继光和他主要亲率的军队有没有到过苍南地界?曾有过不少的争议。笔者最近查阅《戚少保年谱》后有了新发现:公元 1562 年农历七月下旬,戚继光亲率 6000 兵,由温州乘海船从平阳登陆,经过灵溪水头公馆(现南水头石佛古寺原址)入闽作战。在《戚少保年谱》中,还详细地记载了戚继光把去福建途中遇到的 2 名伤病士兵,派人送到南水头公馆由许廷器照料等的事迹。

一、戚继光领诏援闽的背景

明嘉靖中后期,倭寇在不断侵犯浙江沿海的同时,也在骚扰掠袭福建沿海各地,尤其当倭寇在浙江受到戚家军的痛击后,便日益向南发展,从而导致福建形势危急,其沿海千里尽为贼窟,兵将怯懦。福建巡抚游震得上疏朝廷:

> 闽自福清陷后,宁德、永宁、福安诸邑同难者毋宁岁,岂尽执役诸臣无一忠谋哉?坐兵食之不足也。往倭据七团、八团三四载,以浙之富强,尚借锸于闽,况闽壤褊小,合八郡财赋不足当浙一郡乎,固不敢求多于浙,敢乞偿闽旧赋,且令能将提

勃兵来援,庶剿贼有期。不然,虽有司马穰苴莫能图也。①

疏上,下言官议。议者曰:

> 日本毒闽且十年,劫众聚徒且十余万,闽财力竭矣,讵能求旦夕之效也?浙督府胡宗宪所部多精兵,当亟发,不然闽且不保。②

明朝廷遂准福建巡抚游震得之请,浙江督府胡宗宪(后升为兵部尚书兼都察院史,从一品)命戚继光率本部正兵 6000 人,另以督府中军都司戴冲霄率部 1600 人协助,于嘉靖四十一年(1562)七月下旬,往援福建。

福建闽东横屿,是一个位于宁德县城东北 20 余里的海中小岛,隔 10 里浅滩与陆地相望,却是倭寇经营多年的老巢。这片浅滩,潮来成海,潮退泥洼。用陆兵攻打难以涉渡,用水师进攻则船易搁浅。倭寇凭借此地利,在岛上经营多年,筑城建垒,时常驾小船出外抢掠、为非作歹。

倭寇认为,在浙江的戚家军只擅陆上作战,就是戚继光亲自来了也难以"渡海过港",而渡海过港之术正是倭寇的强项。戚继光充分利用倭寇的这种心态,先从温州乘船到平阳登陆后,亲率大军秘密地由平阳经过鳌江镇钱仓,再经过水头公馆(今苍南县灵溪镇南水头片区附近),从山间古道进入闽东。

二、戚继光过南水头的重要证据

《戚少保年谱》卷三提到,戚继光领命后,于公元 1562 年农历七月二十一日晚上,自温州乘船后从平阳登陆。

---

① 戚祚国等编撰:《戚少保年谱·卷三》。
② 戚祚国等编撰:《戚少保年谱·卷三》。

二十一日癸卯,日暮自温州开帆,二十五日丁未抵平阳。肩舆并行李可缓者俱留于县。二十六日戊申,自平阳从间道(偏僻的小路)入闽,比时途中惟与叶布衣论正静、讲良知,未尝言兵。……二十八日庚戌,自水头会监军王公定方略,兵行至大元铺,沿石径而坐蓐食,治其哨队长若而人以传炊误令也。延约十里至公馆,则闽境矣。及至水北铺(现福鼎城关东北边),于铺内见有病军,询之则曰:"中军戴营兵也。因病哨长摘腰牌以去,冀冒工食,遂弃于途,主家逐于铺舍。共有二人,一浦江人名季诏,一义乌人名许传。其存赀则一尚一钱,一仅五分。家严惋惜不已,乃各给银一两,命一隶给票,亦赏银一钱使尽心扶拽。时有一居民愿共持者,亦励以赏,嘱送水头官带耆民许廷器家,转付平阳县官视之。"

这段文字详细记录了戚家军从平阳登陆后,把一些不太要紧的辎重物资都先留在平阳县。七月二十六日,自平阳从小路入闽。七月二十六日,在水头公馆会见王姓监军,一起商定方案与策略。最后从"大元铺"入福建境内。过了半岭铺,再到水北铺(在今福鼎市桐山万古亭南面的水北村附近,据半岭文化站的易先生说:"万古亭今天还有一段完好的明清古道。"),发现了铺舍中有2名伤病士兵(浙江督府戴冲霄为协助戚家军,提前出发,这两人正是他的兵)。戚继光却绝对不担心他们是奸细,因为他所带之兵大部分为义乌人,一问就知道他们的底细。这两个伤病士兵,一个是浦江人名季诏,一个是义乌人名许传。此时他们身体十分虚弱,而且身边已经没有多少钱,吃饭、治病都成了大问题。

《戚少保年谱》文献中记有:"家严惋惜不已,乃各给银一两……"这里的"家严",是戚继光儿子对父亲的书面称呼,因为《戚少保年谱》是戚继光长子戚祚国在他60岁时,根据军队的行军记录整理编撰的。文献具有绝对的权威性。

据福建白荣鼎先生《分水关古防御墙依山而建》一文考证:自水北铺到分水关方向,还要经过半岭铺。也就是说,福建的水北铺离浙江的水头公馆,至少有6个铺舍,每铺约10里,共有60多里的山路。

发现有伤病士兵，戚继光不放心，还亲自交代把他们护送回浙江管辖的水头公馆许廷器家疗养。可见水头公馆地点的重要性，也证明戚继光对浙江许廷器为人的信任。

三、许廷器与水头公馆

水头许廷器是什么人？灵溪镇南水头北山村，有个明代的许松岗进士墓，是县级文物保护单位。为许松岗进士墓立碑的，正是他的四世孙许廷器。

《松岗许君墓表》碑文中有如下记载：

> 昆阳距城西去七十里地，曰西陈。著姓惟许氏。按其家乘，自祖居松山，复迁西陈，而山环水绕，盖古著卜之吉。祖树德，宗族蕃衍潜辉，代有闻人。……所继志者，厥孙曰廷宝、廷器，世袭书香，克守箕裘……嘉靖十五年（1536）丙申仲冬望后之吉，四世孙廷器立石。

许氏在西陈之地属于望族，许廷器更是一位出身世代书香的地方名人，不但家庭富裕，还十分热爱公益事业。

《苍南县志》中，有明代项乔的《新建平阳水头公馆碑记》，其中写道：

> 平阳县治南行八十里许，地名水头，当闽浙之冲，水陆皆通焉。陆则由前仓迤逦而来，水则沿大江，潮至则舣舟焉，闽浙两藩官使之有事者必由之地。南行至而大源铺、而福宁州，以通我闽藩。……水头旧有铺曰象口。岁久倾圮，官使无憩息之所，皆舍于乡民许廷器，兹有年矣。……适蜀之灵湫高公以进士宰是邑，……要廷器领其事。鸠工简（庀）材，始于丁未季冬，讫戊申孟春。前后二厅，左右翼以两廊，门皂、书房、炊室，一概就绪。东西隒偏，乃贾民田以足之。临通衢，处缭以

垣，颜其楣曰公馆。周约五十丈许。厥地燥刚，厥堂面阳，厥
材孔良，宏敞壮观。落成之日，廷器戴贤侯之造福也，无以颂
美于不朽，乃走数百里，请予为记。[①]

项乔写的《新建平阳水头公馆碑记》，落款为"嘉靖癸丑年孟夏望
日"，即 1553 年农历四月十五日。而戚继光带兵经过的时间是 1562 年
农历七月下旬，相距只有 8 年多时间。在过去，乡村的建设速度不快，
可以说 8 年时间里，路段、桥梁没有多大的变化。

建设水头公馆，许廷器出力出资，还要出日常维护费用。幸运的是
许廷器是大财主。《许氏宗谱》[②]记载，他出生于 1504 年，卒于 1588 年。
水头公馆肯定辉煌过一段时间，后来可能是他的后世子孙支持力度不
足，或是明朝末年的财政补助没有到位，又或是改朝换代官方没有重
视，水头公馆变成了"公馆堂"。

民国《平阳县志》载：

> 石佛堂一名公馆寺，在水头"本水头公馆旧址"。旋废为
> 寺，清乾隆间改为吾南书院，后复为寺光绪间重建。[③]

上文说到石佛堂，原名公馆堂，后来改成了石佛古寺。现代可见的
这个石佛古寺，是座很大的仿古建筑物，就在公路边，交通非常方便。

四、戚继光所过今苍南地界古道

项乔的《新建平阳水头公馆碑记》中，说到水头"水陆皆通"，"陆则
由前仓迤逦而来"。戚继光的大军，当年就是走陆路，从前仓（钱仓）过
来，再经过萧家渡桥，后入今苍南境内。接近南水头，有两座桥可以走，
一座是南水头的相公亭石桥（近年被毁，始建年代无考），另一座是始建

---

① 萧耘春主编：《苍南县志》，浙江人民出版社 1997 年版，第 847 页。
② 《高阳郡许氏宗谱》，2009 年修，第 3 页。
③ 符璋、刘绍宽主编：民国《平阳县志》，1928 年印本，第 1860 页。

于北宋绍圣三年(1096)的石桥。

过了水头公馆,有两条路可以走。

一条是过状元内,上凤岭,入碗窑,过今日的丁步头附近,至大源铺,入分水关。

从事多年文史研究的雷必贵先生在《桥墩的明清古道与驿铺》一文中写道:

> ……从象口铺到分水关需走山里的古道。自水头公馆(象口铺)向北,经(状元内)苦竹下、金山、四门碓入象源内至石狮宫,再往南岙赤岭脚,上山岭经田头岗、摸龙巷、龙尾井到凤岭。自凤岭经李家山可至焦滩碗窑到大源铺,也可从凤岭下大玉沙至碗窑焦滩到"大源铺",还可以自凤岭上龙船田、过玉苍暗井下腾垟至碗窑焦滩到大源铺。然后再从大源铺往小垟、陈罗洋、蔡垟至分水关。[①]

《戚少保年谱》中有"兵行至大元铺"。《新建平阳水头公馆碑记》中是"大源铺","大元铺"无疑就是上文雷先生所指的"大源铺"。隆庆《平阳县志》[②]也有"泗洲铺""大源铺""分水铺""俱在三十七都(则今桥墩镇平水溪以西)"等记录。

另一条是过了水头公馆后,直接向桥墩方向走,从桥墩平水溪的八角桥上经过。

水利专家林立谨先生认为,是否经过"大源铺"还值得商榷。因为明弘治《温州府志》(成书于明弘治十六年,即 1503 年)就记载了"松山八角桥在三十七都"[③]。为什么戚继光要走这条又远又小的路?而平阳人郑思恭在 1637 年的《游玉苍山记》一文中,同样看到了这座八角桥。如果戚继光当年过这座桥的话,其位置与现在仿古新桥的位置基本一致。

当然桥墩松山八角桥在过去不止一次被洪水冲毁,其真实的历史

---

① 雷必贵:《桥墩的明清古道与驿铺》,《今日苍南》2018 年 8 月 29 日。

② 朱东光原修、万民华补遗:隆庆《平阳县志》,第 71 页。

③ 王瓒、蔡芳编纂:弘治《温州府志》,上海社会科学院出版社 2006 年版,第 90 页。

还要进一步加以研究。

在宋代,桥墩设有泗洲驿(桥墩水库附近有泗洲寺)。宋时,潮水可以涨到桥墩的泗洲驿,而在三四百年之后的明代中后期,潮水只能涨到南水头。《戚少保年谱》中还提到"自水头会监军王公定方略",一个"会"字则说明,王监军是提前到水头公馆的。他可能先带人坐船到公馆,再等候陆路而来的戚继光大军。

在明代,水头公馆影响力是很大的,主人许廷器声名远播。许廷器的名字不但出现在多种版本的《平阳县志》《苍南县志》中,还赫然出现在戚继光长子戚祚国编撰的《戚少保年谱》中,证实了戚继光带兵入闽途中经过南水头的一段无法抹去的历史记忆。

当年戚继光入闽四战四捷,仅以极少数的伤亡代价,消灭了数千顽寇,除了因戚继光有卓越的军事指挥才能外,还要百姓的大力支持。

综上所述,《戚少保年谱》显示:公元 1562 年农历七月下旬,戚继光亲率 6000 兵,经过南水头援闽作战,是不争的事实;《平阳县志》记载了许廷器修建的水头公馆(今天已改建为石佛古寺),史料清楚。后来,村民又在城墙不远的分水关附近,发现乾隆年间的"大源铺"旗杆石,这更是一个重要的物证。这些人文历史与景观,为苍南的历史文化、海防文化、旅游文化,增加了丰富的内涵。

相关图片附后：

（1）

（2）

（3）

图1 《戚少保年谱》中有"许廷器"名字　　图2 《许氏家谱》中有许廷器的谱系

图 3 墓碑上有"许廷器"等字

图 4 《许氏家谱》中许廷器的画像

"大源铺"旗杆石

在桥墩分水关古道上的杨府庙附近,发现了两块长 1.4 米和 1.2 米,中间平均宽度约为 0.26 米的旗杆石,侧面分别刻有"平邑三十七都大源铺杨袁二府神坛 乾隆三十六年四月日众福户仝立"等字,当中的"大源铺"三字,与《戚继光年谱》中的"大元铺"相印证,证实了公元 1562 年农历七月下旬戚继光带 6000 兵援闽作战,经过此地为真实历史。

图 5 杨府庙附近
发现的旗杆石

图 6   现在的石佛古寺,最早取名"公馆堂"

图 7   浙闽分水关与古道

戚继光与明代山东海防建设

烟台科技学院　　王晓明

戚继光(1528—1588)，山东登州(今蓬莱)人，1953—1955年总督山东备倭。16世纪中叶，日本藩侯割据、战乱四起、经费不足，明朝政治腐败、海防松弛、海禁失误。在此情况下，日本武士、浪人、商人勾结中国奸商、沿海贫民纷纷在中国沿海开启了海盗式的抢掠和走私，给当时沿海地区带来了巨大的困扰与灾难。"据统计，从洪武元年到崇祯十六年的275年中，共发生大小战争579次。"①在这些战争中，海防战争居多，戚继光在沿海地区抗倭工作中对中国海防建设做出了突出的贡献。而戚继光对海防的建设是从山东备倭开始的。嘉靖年间，出现了"连舰数百，蔽海而至，浙东西、江南北，滨海数千里同时告警"②的严重局面，朝廷为解决此事，升调戚继光至山东备倭。据记载："嘉靖三十二年(1553)六月，戚继光升任署都指挥佥事、山东总督备倭，管理登州、文登、即墨三营二十四卫所，负责山东沿海备倭事宜。"③

戚继光的防地辽阔，西至黄河河口一带，南至今山东、江苏交界，囊括了今天山东半岛长长的海岸线，同时包括海岸线附近大大小小的岛屿、暗礁和浅滩，对整个防线的防御关乎整个山东腹地的安危。戚继光在此任上任重道远。

---

① 《中国军事史》编写组：《中国军事史》附卷《历史战争年表》，解放军出版社1985年版，转自《戚继光大传》。
② 张廷玉：《明史》卷三二二"日本传"。
③ 《山东省志·诸子名家志》编纂委员会编：《戚继光志》，山东人民出版社1999年版，第19页。

戚继光到任山东后,严肃军纪、整饬风俗、强化训练、兴建防倭设施,一改纪律松弛、号令不严、战守无备之治态,"戚继光在山东任上,重点负责沿海卫所官兵的军事训练军屯及沿海防倭设施的兴建工作"①,对山东海防建设做出了重要贡献。

关于戚继光在山东备倭,整顿卫所,加强明朝山东海防建设的事迹,在《戚继光志》和《戚少保年谱耆编》中都有记载。1984 年,辽宁档案馆整理出 12 份戚继光在山东备倭期间的批文。这些资料为我们了解戚继光在山东备倭以及海防建设方面情况提供了重要的史料。这些资料包括戚继光对军队的整饬、对卫所领导机构的整顿以及对民事刑事案件的处理。从这些史料中可以看到,青年戚继光在山东备倭的两年,通过严肃军纪、整饬风俗、强化训练、器设创新等手段,稳固了山东海防局势。

一、严肃军容军纪

嘉靖三十二年六月,戚继光整饬卫所,开始着手军纪改革。戚继光在严肃军纪方面,主要囊括以下几个方面的内容。

整顿卫所官员纪律。一方面,体现在查处玩忽职守的官员,戚继光整顿军纪,对玩忽职守的官员严加处置,并制定了相应的规章制度加以规范。当时登州卫厅事吏刘希奉玩忽职守,戚继光将其拘禁,同时申明"旷役律限,被拘正身到官,差任解司究治"②,体现了戚继光整顿吏治的决心和执行力。另一方面,体现在严惩挪用银两的官员。戚继光到任后,发现卫所里存在官员私挪银两的状况,且不在少数,严重影响了卫所的日常开支及可持续发展,于是对此进行整治,在进行俸禄扣除抵消挪用银两的基础上,对涉事官员进行严肃的军法处置。在辽宁档案馆中有《登州卫右所千户张守祖为官银被借受累事呈文》《登州卫指挥使司报还欠张守祖官银事申文》《阮宽控告刘世昌等盗支俸粮事呈状》《登

---

① 《山东省志·诸子名家志》编纂委员会编:《戚继光志》,山东人民出版社 1999 年版,第22 页。

② 1984 年,辽宁档案馆整理出 12 份戚继光在山东备倭期间的批文。

州卫指挥使司为阮宽控告奸豪盗支俸粮事申文》等史料,反映了戚继光的具体处置办法。其中有记载,"在戚继光的督促下,登州卫十天之内将千户李武臣等十人历年所挪用的银两大部追回",收效甚好,保证了卫所的正常开支及发展。

整顿卫所领导渎职之风。戚继光到任后,对各卫所进行熟悉和考察,撤换不称职的卫所领导,迅速肃清了卫所机构,并在此基础上提拔了一批有才干的青年才俊,充实卫所领导层,改变各卫所涣散的局面。在领导机构的调整中,戚继光一方面裁撤了贪污腐败的官员,并对资金做出了相应的追回;另一方面充分考虑各卫所人员的现状,选贤任能,在选拔的过程中真正做到了不以年龄和资历为根本。在辽宁档案馆中有两份史料,体现了他对卫所领导的整顿,分别是《登州卫指挥使司请更换不堪领班官员事申文》和《登州卫请委新官掌中千户所印信事申文》,这两份史料详细地记载了戚继光对当时卫所领导的整顿情况,且在史料中反映了戚继光的具体措施。其中《登州卫请委新官掌中千户所印信事申文》中,提到戚继光先后提名栾煦等人赴京操备领班事宜,并告诫他们注意时间不得延误,在今后的表现中要做好军中表率,从戚继光的叮嘱中能看出他对卫所事务的重视,事无巨细。同时史料也体现了戚继光虽要求严厉但并非不近人情,据记载,当时他接到登州卫关于官员马纲"近因患左背寒湿等病,不能任事"的辞职文书时,立马加以批准,并亲自前往登州卫军中进行考察,选贤任能,最终选择了虽然年轻但有威望的蒋经卫千户,这也体现了戚继光赏识人才、重用人才的特点。

肃清军纪,恩威并施,收服人心。戚继光少年英雄,虽盛名在外,但终因为年少,很多人不愿意服从他,这给戚继光的日常工作带来了诸多不便。为了改变这种现状,戚继光采取各种手段,恩威并施、加以震慑。例如,在当时戚继光面临一个特别棘手的状况:有个官员,论辈分为戚继光的舅舅,依仗自己的辈分,公然不听从戚继光的命令。这就使得戚继光面临一场非常严峻的考验:作为将领,戚继光自然有权力对其进行相应的处置;但是,从当时纲常伦理方面来讲,受传统尊卑观点的影响,晚辈处罚长辈还是会受到争议的。这是当时摆在戚继光面前的一个非常艰巨的任务,但戚继光深谙"兵众而不知律,必为寇所乘"①的道理,明白不能因为难以处理就放弃,戚继光为此夜寐思之,最终本着"文武之政,多恩与威"的原则,想到了一个公私两全的办法:"乃章罚以瘅不义,暮即脱冠罪己,尽家人之礼,佝偻而请之。"②简言之,一方面以长官的身份,当众给了舅舅严厉的处分;另一方面,又以外甥的身份赔礼请罪。"舅膝行而前曰:'知君执法,今而后吾不敢逆而命也。'"③这种大公无私的作风赢得了舅舅和部将的一致拥护,收服了人心,同时也震慑了一些不法部将,肃清了军纪,各卫所的风气逐渐改变。

二、整饬社会风俗

戚继光到任后,开始整饬风俗,清明各卫所地区的社会风气。其具体措施如下。

查办聚赌之风气。戚继光刚到山东备倭之时,就发现多卫所都存在官兵勾结当地的不法之徒设立赌场聚赌、聚众生事的情况,这不仅影响了各卫所官兵的正常训练,而且扰乱了社会秩序,严重影响了当时卫所和社会风气。戚继光对此严加查办,指出"如有豪强有势之家,该卫难以拿处者,即便速呈有司拿缉"④,他不仅说到而且做到,惩办了众多聚赌的官员,一系列铁血手段,迅速清正了当时赌博滋事的现象,刹住了聚赌的风气,敦促卫所进入风清气正、良性发展的状态。

抓捕社会恶霸,威慑不法分子。戚继光定期出海巡逻,视察各个营卫,及时处理各种隐患。嘉靖三十三年三月,戚继光寻访海上至即墨营。当地有个恶霸,骄横跋扈,欺压百姓、恶行累累,《戚少保年谱耆编》记载"肆螫闾里,跋扈有年"⑤,百姓多次状告无果。戚继光来到即墨后,

---

① 戚继光撰,王熹校释:《止止堂集》,中华书局 2001 年版,《愚愚稿》。
② 高扬文、陶琦主编:《戚少保年谱耆编》,中华书局 2003 年版,第 14 页。
③ 高扬文、陶琦主编:《戚少保年谱耆编》,中华书局 2003 年版,第 14 页。
④ 《山东省志·诸子名家志》编纂委员会编:《戚继光志》,山东人民出版社 1999 年版,第20 页。
⑤ 高扬文、陶琦主编:《戚少保年谱耆编》,中华书局 2003 年版,第 14 页。

"有以恶状闻者"①。戚继光察觉到这是一个非常不安定的因素,一旦其与倭寇勾结,横行乡里与海上,必将造成巨大的祸患,后果不堪设想,"乃授法二颖潜捕之,获于野,海上肃然"②。当时戚继光的声名已经远扬,此人了解戚继光的铁血手段,听闻戚继光的抓捕令后,非常害怕,逃窜躲藏到远离村庄的荒野之中,戚继光也没有因此放弃抓捕,找了两名精明干练的手下,并传授给他们具体抓捕的方法和技巧,最终将其捕获,消除了海上的一大隐患,在一定程度上震慑了当时社会的恶劣势力,肃清了当时的不良社会风气。

以身作则,保持"忠孝廉洁"。戚继光生于武学世家,自小受父亲戚景通及家族忠孝廉洁思想的影响,在倭寇尚未入侵的情况下也严加操练将士。在戚继光看来,作为一个合格的将领就应该认真负责,对将士负责,护佑一方百姓。在描述如何才能算大将的时候,他曾经说过:"必须是个做事任劳任怨、公私分明、纪律严明、保持个人操守的人。"这也是戚继光自我要求的标准。此外,戚继光时刻居安思危,在应对倭寇时主张不打无准备之战,其高尚的节操及行为影响着当时众多的将领,与其共同努力实现"但愿海波平"的夙愿。

三、强化军事训练

戚继光到任后,根据各卫所实情执行强化军事训练。

戚继光刚到任之时,各卫所问题颇多:人数严重不足,且多为老弱病残之人,战守无备、纪律松散,这种现状严重影响了当时卫所的战斗力。戚继光深知以这样的兵力迎敌必将遭遇惨败。所以为了改变这种局面,戚继光开始治理军队,强化军事训练,采取了一系列举措。

这些举措以增加兵源为基础。戚继光所辖三营二十五卫所,按照编制定额算当有 63000 人(包括屯军),但由于屯田破坏、军士逃亡,实际兵额不如定额的一半。除去入卫京师的兵力,实际用于备倭的兵力

---

① 高扬文、陶琦主编:《戚少保年谱耆编》,中华书局 2003 年版,第 14 页。
② 高扬文、陶琦主编:《戚少保年谱耆编》,中华书局 2003 年版,第 14 页。

只有 5000 人左右。① 这严重影响了各卫所的战斗力。为了解决这个问题，戚继光从以下两个方面着手。

一方面，增加官兵的数量。为补充卫所的兵员，解决人数不足的问题，戚继光注重以民兵代替客兵，提出"以鲁人守鲁土，让民兵吃官粮"②的政策，发动青壮年力量，屯田与守土并重。他注重农事和训练相结合，农忙时期搞农业生产，非农忙时期注重军事训练，建立了一支随时可以迎敌，且作战有术的抗倭队伍，不仅减轻了沿海卫所职业士兵的压力，而且民兵的加入，解决了卫所士兵人数不足的弊病。

另一方面，注重提高兵源的质量。这主要是增强士兵的战斗力，戚继光在排兵布阵、结合实际方面苦下功夫。戚继光在整个抗倭过程中，注重军事训练，秉持海陆并重的原则。练兵注重"真艺、真营、真阵"。③为了解决纪律松散、战备不合的问题，戚继光在练兵中极为注重以实际情况为主，具体问题具体分析。戚继光在《纪效新书》中写道："兵事须求实际。"④戚继光练兵不仅注重训练，在训练的过程中还注重结合实际，在了解敌情、我情的情况下，借助山川地势加以训练，并注重武器的搭配、战略战术的配合。在了解敌情方面，了解倭寇的作战策略、出没地段；在军事训练的同时，注重与当地的屯田情况相结合，同时在海防设施建设方面与山东地区的地形相结合。反对虚套是戚继光军事取胜的重要原因。

总之，一切从实际出发的军事训练，再配合戚继光一系列防御工事，迅速提升了各卫所的战斗实力。

四、兴建防倭设施

戚继光在山东任上两年时间，足迹遍及山东沿海，遍访三营二十五卫所，每到一卫所均要检查防倭设施，发现损坏及时维修，并对各卫所

---

① 据《筹海图编》卷七"山东兵防官考"推算。
② 高扬文、陶琦主编：《戚少保年谱耆编》，中华书局 2003 年版，第 22 页。
③ 范中义：《戚继光大传》，海洋出版社 2015 年版，第 341 页。
④ 戚继光：《纪效新书》，中华书局，第 344 页。

的防倭设施根据各地实情进行扩建。

他鼓励研发并使用新式武器。"彼有精器,而无精兵以用之,是谓徒费。有精兵而无精器以助之,是谓徒强。"①戚继光秉持此原则,在强化训练的同时,以加强作战实力为目的,敦促武器研发,并亲身试验,"嘉靖三十年五月撤防。抚院巡行海上,阅武东牟场。有新制巨铳,无人敢发"②。戚继光三发之,而神色不动,极大地鼓舞了士气,作为抗倭统帅,其胆识和对火器的熟练程度无不让人钦佩。

而这种胆识以及对火器的了解源于其父戚景通的熏陶。据《戚少保年谱耆编》记载,戚继光 8 岁那年,父亲戚景通拜神机营副将。神机营是当时北京禁卫军中的重要火器部队,戚继光在父亲的影响下对火器逐渐熟识。戚继光 13 岁那一年,戚父曾以木器储硝楼中,告诫戚继光不要上去,结果戚继光举火为戏,不小心点燃,将之付之一炬,现场惨烈,火光冲天。戚景通听到后大惊失色,急忙冲进去救儿子,看见堆放在角落里的火药已经炸光,土墙都被炸掉三寸厚。万幸的是,戚继光提前跑开,保住了性命。戚景通哭道:"孺子得天佟矣!"③戚景通虽然爱儿子,但没有因为危险,就不允许戚继光接触火器。换句话说,戚景通对儿子虽然严厉,却没有扼杀戚继光的好奇心和求知欲。正因为戚继光从小就接触火药,以及受父亲的熏陶,所以成年后在火药研究和使用方面也出类拔萃。戚继光的《纪效新书》中还载有精确的火药配方:硝石、硫黄、木炭的比例是 50:7:9。制造工序为先将原料分别研成粉末;接着用天平称重,按比例混合;再将混合好的粉末放进木臼里,加清水捣成糊;最后将糊糊摊开暴晒,用木杵擀匀擀细。自检程序:戚家军里有大批严加训练的火枪手,每次上阵之前,戚继光都会让他们对随身携带的火药进行自检,每人取出一小撮火药,放在掌心,直接点燃,如果能在瞬间燃尽,并且不把手灼伤,才算合格。以上配制火药和检测火药的方式,都是戚继光自己琢磨研究出来的,是他勇于实践的成果。而在山东备倭期间,戚继光也非常注重火器的创新研发。

---

① 戚继光:《练兵实纪》卷二"储练通论"(下)"原火器"。

② 高扬文、陶琦主编:《戚少保年谱耆编》,中华书局 2003 年版,第 13 页。

③ 刘圭鑫、凌丽华:《戚继光年谱》,山东大学出版社 1999 年版,第 5 页。

五、结　语

　　"在海防上,明代遇到了以往各代所没有遇到的来自海上的威胁,这主要是倭寇和嘉靖后的西方殖民主义者。"①来自海上的倭寇以不同于中国的武器、战术,给明代的海防建设带来了一系列前所未有的冲击。为此明政府做出了各种努力,建海军、修城池、立卫所,行水路并防之举。总的来说,戚继光在山东及东南沿海备倭,其以严明的军纪、戚家特色的御敌战略和战术为中国海防的建设开辟了一条新道路,提供了一种新范例。其不仅对我国的海防建设、作战技术提供了指导,而且对军队建设和战争指导也有一定创造性的发展。戚继光将用兵权谋和士兵训练并重,为今天的军队和海防建设提供了广泛的借鉴。

　　经过戚继光的治理,山东沿海地区的倭患减少,与东南沿海海防形成鲜明的对比。据《明实录》和《登州府志》记载,虽然山东也有小股倭寇作乱,但是由于海防森严,并未造成重大的影响,如嘉靖三十四年五月,曾有两股倭寇势力试图登陆山东沿海,一股在安东卫(山东日照境内),但很快就被击退了;另一股在鳌山卫(青岛即墨)的栲栳岛,倭寇"随风泊数日,持刀出",但很快被官军捕获。

　　戚继光对当下山东海防建设的借鉴主要可以总结为以下几个方面。

　　对现代海防人才建设的借鉴。当今青年一代要将个人前途与国家建设相统一,戚继光少年英才,作为一位备倭抗倭的杰出将领,将自己的前途与明王朝的抗倭事业联系在一起,在戚继光《止止堂集·过文登营》中就有记载,"遥知百国微茫外,未敢忘危负岁华"。这种将自身命运与国家命运相结合的气魄,是我们当代青年应该学习的。

　　海陆并重、攻防守并重思维的借鉴。在现代海防建设中,要注重海陆势力并存发展,加强多兵种协同作战的能力;强化备战,加强新式武器装备与新式人才的培养建设,争取始终走在世界战备武装的前列,学

----

　　①　范中义:《戚继光大传》,海洋出版社2015年版,第7页。

习戚继光的海防精神,不打无准备之战。

戚继光"实事求是"战略战术的借鉴。戚继光在战斗中注重具体问题具体分析,现代海防建设在训练的过程中要注重结合实际,注重分析敌情、我情,注重关注国际局势;注重借助山川地势加以训练,并注重武器的搭配、战略战术的配合,这也是当今海防思维中要关注的一点。

总的来说,戚继光的海防思想不仅对明代抗倭工作做出了重要贡献,对今天海防建设也具有重要的意义。党的十八大明确提出,要"坚决维护国家海洋权益,建设海洋强国",海防意识的加强已成全民共识,我国的安全威胁主要来自海上,而戚继光的海防思想对今天的海防教育也具有重要的案例指导意义。

明代台州沿海陆上海防设施

台州市戚继光研究会　林汝志　林　隆

　　台州地处浙江中部沿海,依山面海。地势由西向东倾斜,西北山脉连绵,千米峰峦叠起,东濒浩瀚大海。台州历史悠久,新石器时代就有下汤人类活动。秦始皇时设立回浦乡,西汉始元二年(前85)设立回浦县,三国吴太平二年(257)置临海郡,唐武德四年(621)称海州,次年改称台州,以境内有天台山而得名,台州之名自此开始。古代台州防务,有文字载者始于汉武帝元封五年(前106),南部都尉治所设椒北古镇章安。"冶,回浦,南部都尉治。"(《汉书·地理志》)"至武帝平百粤,内增七校,外有楼船,皆岁时讲四,以修武备。而郡置尉,佐守典武职甲卒,景帝中二年更名都尉。时吾台未置郡而东部都尉已治回浦,则台固有守兵也。"①"汉阳嘉元年(132),海贼曾旌攻东部都尉,诏缘海县各屯兵戍。海之有戍,概自汉始也。"②明洪武元年(1368),改台州路为台州府,辖临海、黄岩、太平、仙居、天台、宁海6县。"明革元旧制,自京师达于郡县,皆立卫所,外统之都司,内统于五军都督府,大率以五千六百人为卫,千二百人为千户所,百十有二人为百户所。所设总旗二、小旗十,大小联比以成军。""而台设卫三,曰台州卫,曰海门卫,曰松门卫。每卫各辖左右中前后五千户所,又有水军千户所,隶于台州卫。新河、桃渚、健跳三千户所隶于海门卫,隘顽、楚门二千户所隶于松门卫。"台州的卫所由浙江都指挥使司直接指挥。台州卫是内地卫,海门卫和松门卫是备

---

　　①　喻长霖等编纂:《台州府志(点校本)》,上海古籍出版社2015年版,第2655页。
　　②　喻长霖等编纂:《台州府志(点校本)》,上海古籍出版社,2015年版,第2693页。

倭卫,专门为防备沿海倭寇而设立的。松海两卫之上有把总,台州、金华、严州三府一道设台金严参将,戚继光为首任参将。"寻复更立定浙东守巡官信地,以台、金、严为一道,文臣以分巡宁波佥事改为台州分巡,管三府兵备,武臣则以参将守之。巡道驻郡城,参将驻海门卫,可谓边腹相维,水陆兼制矣。"①"松海把总统水兵十枝,驻扎海门卫,隶分守台金严参将。""新河、桃渚、健跳三千户所隶于海门卫。隘顽、楚门二千户所隶于松门卫。盖吾台地滨东海,实于倭邻,故设卫所特密,所以备倭而御暴也。"②

一、明代台州沿海卫所城

台州卫指挥使司,明初即设立,在府治西 22.5 步。有指挥使 2 员,指挥同知 7 员,指挥佥事 16 员,镇抚司镇抚 2 员,其属经历司经历 1 员,知事 1 员。操军无考,运军 2891 名,屯军 2079 名。辖左、右、中、前、后 5 千户所及水军千户所。水军千户所在卫治东 40 步。正千户 3 员,副千户 2 员。临海东湖为水军之练兵湖。台州卫为拱台州府之卫,而非为御倭所建。

明洪武二十年(1387)二月筑海门卫,信国公汤和建。海门卫指挥使司在郡城东九十里,城高二丈五尺,周回五里三十步,洪武二十年二月置。指挥使 4 员,指挥同知 2 员,指挥佥事八员,镇抚司镇抚 1 员,经历司经历 1 员,知事 1 员。操军无考,屯军 883 名。辖左、右、中、前、后 5 千户所,附辖健跳、新河、桃渚 3 千户所。左、右、中 3 千户所俱在卫治东,后千户所在卫治南。海门卫城驻松海备倭把总。《海门镇志稿》记载:"海门卫城,在县(临海)东南九十里三十八都。明洪武二十年,信国公汤和建(撤黄岩县城石料为之)。城高二丈五尺,周回五里三十步,长一千三百一十丈,垛口八百三十个,三面依山,一面阻海。北面去城一里平川陆地。"海门为台州全属门户。城周围三里,设五城门,东曰"晏

① 喻长霖等编纂:《台州府志(点校本)》,上海古籍出版社,2015 年版,第 2657 页。
② 喻长霖等编纂:《台州府志(点校本)》,上海古籍出版社,2015 年版,第 2656 页。

清",西曰"宁远",南曰"德风",北曰"临江",小北曰"靖波"。① 因椒江的
出海口南岸为牛头颈,北岸为小圆山,两山隔江相峙,形成海之门态势,
故称海门。今海门卫建筑仅存东城门,即晏清门,有海晏河清之意。晏
清是谓安宁静谧,北魏杨衒之《洛阳伽蓝记·法云寺》载:"当时四海晏
清,八荒率职。"唐范摅《云溪友议》卷五载:"天下晏清,篇词纵逸。"德
风门之名出自《论语·颜渊》:"君子之德风,小人之德草。草上之风,必
偃。"邢昺疏:"在上君子,为政之德若风;在下小人,从化之德如草。"后
因称君子为政之德为德风。唐宋璟《奉和圣制送张说巡边》诗云:"德风
边草偃,胜气朔云平。"宁远门之谓出自《文子·上行》:"非宁静无以致
远。"2008 年 11 月,椒江区政府将海门卫城垣仅存的晏清门列为区重点
文物保护单位。戚继光调离台州之后,百姓在卫城之城隍庙建戚公祠,
世代奉香。1987 年城隍庙改建成戚继光纪念馆,2020 年评为第八批全
国重点文物保护单位。现海门已发展成为台州主城区。另据《黄岩县
志》记载,"长浦巡检司"位于黄岩县东南四十里,"明洪武二十年(1387)
立海门卫,移设界首巡检司于长浦"。说明这个地方在海门卫建立之前
应该是界首巡检司。

海门卫前千户所在海门卫城北,隔椒江而设。今直接更名为前所,
为前所街道驻地。城高二丈三尺,周回三里六十九步,垛口三百二十
个,洪武二十八年(1395)建,有旗军一百九十六名。与海门卫成掎角之
势,隔江相守。今残存凤凰山上北段的遗址。在所城东南角画眉山山
顶锅肚脐遗存烽火台一座,保存较为完好,2012 年被列为椒江区文物保
护单位。

健跳千户所隶海门卫,在卫城(海门)东北一百十里,城高二丈三
尺,周回三里二十步,洪武二十年(1387)九月筑。《台州府志》载:"明洪
武二十年,信国公汤和奏请在健跳设千户,尚膺筑城,形马蹄,城高二丈
三尺,周回三里二十七步。城门四,两门有记载,西'登明',北曰'崇
武',明正统年间指挥王谦重建,弘治八年(1495)副使文贵檄千户徐信
复建。""健跳所孤悬于重山外,恃舟楫为命,守港之师不可暂撤是也。"
健跳千户所正千户一员,副千户二员,操军一千名。健跳千户所今在原

---

① 项士元纂:《海门镇志稿》,椒江市地方志办公室编印 1993 年版,第 2 页。

址发展成为健跳镇,为三门县一滨海重镇。戚继光调离台州之后在所城建戚公祠,并勒石一方为《南塘戚令公去思碑》。健跳所城遗址 2011年被列为浙江省重点文物保护单位。

新河千户所隶海门卫,在卫城(海门)南五十里,明洪武十九年(1386)置,城高二丈三尺,周回五里六十八步。正千户 5 员,副千户 2员,镇抚 1 员,军政考格掌印千户 1 员,签书千户 1 员,管操千户 1 员,巡捕千户 1 员,贴守指挥 1 员,百户 10 员,旗军 863 名。新河千户所在今浙江温岭市东北 30 里新河镇。新河原有金(锦鸡山)鼓(花园山、鼓篓山、瓜篓山)旗(旗山,又名龙山、五龙山)牛(伏牛山)四山。新河本是水名(又名迁江,遇江),当年建城浚河,引南监之水入西门出东门,所以此城也称新河。清《嘉庆太平县志·叙水》载:"新河,亦名迁江。距南鉴里许,初为陶家村。明初建城,始浚河。"明嘉靖四十年(1561)四月,倭寇袭新河所,戚继光率军破之,至此倭寇再不敢骚扰。次年太平知事徐钺作《南塘戚公奏捷纪实》,后立碑于戚公祠。现在祠位于披云山东南角,该祠 1991 年被列为浙江省文物重点保护单位。祠前现已新建广场,并立戚继光石像于街道中间。新河所城遗址为温岭市县级文物保护单位。

桃渚所城隶海门卫。明洪武二十年信国公汤和建于上盘镇新城村。初为土城,后砌为石城,百姓称为"下旧城"。明永乐二十二年(1424)迁徙于今上盘镇中城村,百姓称为"中旧城"。正统八年(1443)户部侍郎焦宏监察御史高峻内迁至今址,即现在的临海市桃渚镇芙蓉村,位于卫城(海门卫城)东北五十里,城高二丈五尺,周回三里五十步,有东、南、西三座城门,外筑有瓮城。设正千户 3 员,副千户 4 员,操军1000 名。1993 年 4 月,在桃渚镇老城内设桃渚抗倭陈列馆,面积 900多平方米。嘉靖三十八年(1559),桃渚所被围七天一夜,戚继光奉命前往抗倭,并取得胜利。因城墙毁坏严重,战后戚继光在此新建空心敌台2 座。椒江栅浦进士何宠作《新建敌台碑记》并勒石记载。所城 2011 年6 月被列为全国重点文物保护单位。

松门卫指挥使司在台州府城东一百八十里,在县(今温岭市)东五十里。在宋为松门寨,元为巡检司,洪武十九年(1386)十二月置千户所,洪武二十年(1387)六月升为卫。建城高二丈四尺,周回九里三十步。南靖海,西保宁,北德胜,东侧无门。指挥使 4 员,指挥同知 3 员,指挥佥事 7 员,镇抚司镇抚 1 员,经历司经历 1 员,知事 1 员。旗军 2025 名,操军无考,屯军 683 名。辖左、右、中、前、后 5 千户所,俱在卫治内,左所副千户 5 员,右所正千户 2 员,副千户 3 员,中所正千户 1 员,副千户 4 员,前所副千户 2 员,后所副千户 2 员,百户 50 员。附辖隘顽、楚门 2 千户所。《明史》载,松门卫在县东五十里,本为千户所,洪武十九年十二月信国公汤和置,二十年六月升为卫。城高二丈四尺,周围九里三十步,内设五所。松门卫城的规模格局,根据嘉庆《太平县志》的记载,为"城一座,碎石砌成,计九里三步,周城一千二百八十六丈三尺,高一丈八尺,阔二丈二尺。内平城八百四十九丈,山城四百三十七丈,月城四座,垛口共一千二百八十九个,南、西吊桥三座,四门门楼四座,瞭望台一座"。明代乡贤谢文肃铎《重修卫城记》:"吾浙地滨大海,实邻倭夷。备倭官军,自临山以至盘石,凡若干卫所,而吾台之所谓松门卫者在焉。松门在宋为寨,国初,信国公汤和始城为卫。城环九里,内设五所,而隘顽、楚门二守御千户所亦属焉,岁久渐坏。成化中张总督勇实增修之,未几复坏。弘治改元,今按察副使文公天爵循海至,顾而叹曰:'边城若是,何以清海道?何以壮国威?况将领卒伍无所于处,又何以号令奔走而服役其间哉!'乃议选把总指挥葛奎权署卫事,而因以修治之役属之。工既讫功,来请予记。予谓之曰:'今圣天子在上,海宇晏宁,边烽消息,若是功者诚亦在所得已。然天下事宁备而无所用,不可欲用而无其备,此朝廷所以建立是卫之深意与。是卫今日之所以不可以不修者,盖如此。'故为之记。"卫城现仅存南城门及瓮城,2002 年被评为温岭市县级文物保护单位。

隘顽千户所隶松门卫,在松门卫城南六十里,在县(今温岭市)南三十里。城高二丈四尺,周围五里三十步,洪武二十年(1387)二月置。正千户 2 员,副千户 5 员,镇抚 1 员,百户 10 员,计总小旗军 567 名。正千户 5 员,副千户 4 员,镇抚 1 员,百户 10 员。军政考格掌印千户 1 员,签书千户 1 员,掌操千户 1 员,巡捕千户 1 员,贴守指挥 1 员。2010 年,在城南镇下街村(城南镇第二小学附近),由村里立了一块明代古城遗址碑,以示当年御倭筑城于此。无独有偶,有一家海鲜排档做一个广告——"抗倭古城的味道"。

　　楚门千户所始属磐石卫,松门所升格卫城后隶之。在松门卫城南一百二十里,在县(今温岭市)西南六十里,洪武二十年(1387)信国公汤和建。西依横山(西青山),东、南、北三面土城,呈方形,城高二丈四尺,厚二丈,周回七里十步。四边护城河环绕,设世袭正千户5员,副千户4员,镇抚1员,百户10员。军政考格掌印千户1员,签书千户1员,管操千户1员,巡捕千户1员,贴守指挥1员,计总小旗军799名。西青山的前世叫老岸横山,出挑于乐清湾洋面上。它与南方的丫髻山对峙,峡门两岸,楚树芊绵,江云芜漫。相传元至正年间,百姓将两山相连,人烟逐渐稠密,楚门的地名由此而来。这里东接鸡山、披山岛,南有漩门湾,是玉环岛的门津,向西出海是茅埏岛,北与灵门港接。而灵门港,在其上级的松门卫南,与松门港接境,且松门港海中小山最多。若倭寇由南来,楚门千户所先于御敌,避免倭寇直抵松门卫城下。现楚门所城几乎无存,原先的关帝庙也已拆除,仅在楚门城隍庙里塑立汤和像,视为楚门城隍庙的城隍老爷。楚门镇为玉环市的一个重镇。

二、明代的巡检司城

　　洪武二十六年(1393),"凡天下要冲去处,设立巡检司,专一盘诘往来奸细,及贩卖私盐犯人、逃军、逃囚、无引、面生可疑之人,须要常加提督"。巡检司设巡检1员,从九品;吏1员,隶于州县。巡检司弓兵有定额,一般为80—100人。巡检司是驻扎在县级以下基层,维持治安的重要机构。有人说,从职能上看,明代的巡检司相当于现在的公安派出所。巡逻吏卒夜持巡牌,四处检查城门关守情况以及夜里行人等,盘诘往来奸细、贩卖私盐犯人、逃军、逃囚,以及无文引、面目可疑之人;同时还规定凡是离开居住地百里范围的,就得由巡检司查验证明,运粮马快商贾等船只,经过渡口的,也要由巡检司查验证明。巡检司亦无独立的系统,属地方州县领导,故亦有将其归入地方行政的。巡检司制度亦与卫所制度相关联,是对卫所制度的重要补充。军事力量对维护国家安全、社会治安的重要性自不待言,可是,正规军队的数量毕竟有限,卫所不可能遍布广大乡村。巡检司制度弥补了卫所制度之不及,成为国家发挥暴力作用的重要补充,更何况巡检司置撤灵活,巡检司弓兵又无须国家财政供养。

据《台州府志》记载,诸县巡检司有弓兵,洪武二十六年(1393)定,凡天下要冲去处设立巡检司佥点弓兵应役。[①] 台州府各地巡检司情况如下。

宁海越溪巡检司,在县东二十五里,位于越溪乡越溪村东边的山岗上,为明洪武三年(1370)巡检刘焕章奉汤和令开设,洪武二十年(1387)汤和筑城,建文元年(1399)裁革,永乐元年(1403)复设,正统十三年(1448)藩、臬合奏,县丞刘昌筑城。南宋年间,会稽县罗氏迁至宁海南乡居住,村前有一溪流,流入白峤港,因他们来自越郡,为不忘祖址,故名越溪。越溪巡检司旧址在越溪乡政府后海头山顶,有城墙。址东南西北皆石弹古道,城东南古有镇东庙,今立有戚家军平倭首战揭幕处纪念碑。

宁海铁场巡检司,在县(宁海)北六十里,旧址在西店镇团堧村后山顶。团堧村,位于西店镇中部,东临象山港北临奉化。堧意思是指河海边的狭小土地。团堧,旧称堧里,村人多姓戴,600多年前,元代至正年间(1341—1368),适值元末乱世,始祖戴能,自温岭南塘漂迁至此。戴能见此地枕山面海,是可以停止漂泊、家人团聚之地,因此将堧里更名为团堧。旧址的山下有大宁寺。

宁海长亭巡检司,在县(宁海)东一百里,位于宁海县长街镇长街村旁城里山山腰处,在长街镇北。据《宁海县志》记载,长亭巡检司城于明洪武三年(1370)建造,乃当时重要的海防军事驻地。现原有建筑已损毁,原址上建有一座寺庙,名"龙泉禅寺";城墙遗址依稀可见,现城门是后来新造。长亭巡检司在明清两朝一直是宁海东部的重要军事驻地,在打击倭寇、保护当地百姓的生命财产方面起到了重要作用,见证了宁海人民的抗倭历史,具有较高的历史价值。长亭巡检司城墙东南两方已经恢复,旧址建有寺院。2000年4月,该遗址被公布为第一批宁海县县级文物保护点。

以上3座巡检司今属宁波市宁海县。

---

① 喻长霖等编纂:《台州府志(点校本)》,上海古籍出版社2015年版,第2667页。

宁海曼岙巡检司,在县(宁海)西六十里,现属三门县城东北十公里的沙柳镇船帮里村。凡弓兵 100 名,囚兵 50 名。原城垣已毁,现在村里十分重视,在山上复建城墙,并置戚继光抗倭的历史文化。

宁海窦岙巡检司,在县(宁海)东南八十里。光绪《宁海县志》记载:"窦岙巡检司城,在南八十里,明洪武三年汤和奏设。"现属三门县,在三门县城东面八公里,位于健跳镇小莆村东北二公里,北濒大海,南连群山,地处水陆交通咽喉,俯视三门湾,为三门门户,地理位置十分重要。依山势而筑城,城围 500 多米,四门,城高三丈,宽 6—8 米,以蛇盘石垒砌而成,异常坚固。宁海窦岙巡检司现为浙江省文物保护单位。因该地所在的地方一段时间后改为蒲西,因此又称蒲西巡检司遗址。

桃峙巡检司,位于三门县城东南三十二公里的浦坝港镇桃峙村炮台山,由原蛟湖巡检司移驻。民国《临海县志·叙山》记载:"蛟湖山,在县(现临海市)东一百一十五里,旁有桃峙故城,即旧志蛟湖巡检司城。"蛟湖巡检司在县(现临海市)东一百又二里,后蛟湖巡检司迁治海口陶屿(即陶峙)。各额设弓兵 100 名,添设囚兵 50 名。该城几乎无存,只留村名桃峙。

临海连盘巡检司,在县(现临海市)东南一百三里,信国公汤和建,位于上盘镇城山村。明洪武二十年(1387)建,有东、西二门,置瓮城,土城残基宽 6.3 米,周长约 470 米。连盘巡检司后迁治海口长沙,逼近海口,亦曰连盘港口,部分城墙修建在南面城隍山上,今存残垣。与前千户所(即前所城)相为形援。

黄岩长浦巡检司,在县(现黄岩区)东四十里,额设弓兵 100 名,囚兵 50 名,位于今路桥区路南街道司城村。本为界首巡检司,明洪武十七年(1384)议海门建卫,始于移界首巡检司于此,筑城地守。据《黄岩县志》记载,"长浦巡检司"位于黄岩县东南四十里,"明洪武二十年(1387)立海门卫,移设界首巡检司于长浦",清宣统二年(1910)奉令裁撤。1975 年长浦司城在农业学大寨平整土地中湮灭。本来将巡检司作为"司城村"的村名以保留,现已并入长浦村。仅留一座城隍庙复建在巡检司原址上。

太平盘马巡检司,在第六都盘马山,旧隶黄岩县,现属温岭,位于温岭市箬横镇镇东村。嘉靖《太平县志》关于盘马巡检司的记载是:"在第六都盘马山,旧隶黄岩县,洪武二十年广洋卫指挥方鸣谦奏建。墙垣周围一百五十丈,高一丈八尺,厅屋三间,吏舍一间,弓兵房三间,城门一座。旧额弓兵一百名,今裁减止存八十名。"司城村现仅作为自然村村名保留下来。原址有一座桥,名叫司城桥。在巡检司的边上有周姓人家,其宗谱称为司根周,多少对巡检司有一点流连。

太平沙角巡检司,在第三都海角,旧隶黄岩县,沙角的巡检司初始在岐头山下,洪武二十年(1387)建。而后由于战情需要才迁今址,此地去岐头一里许,即温岭市石桥头镇东南沙角村。嘉靖《太平县志》载:"沙角巡检司在第三都海角,旧隶黄岩县,在岐头山下,后徙今址,去岐头一里许。洪武二十年,台州卫指挥霍远偕百户徐成建。墙垣周围一百四十丈,高一丈六尺,公廨、弓兵数俱与盘马巡检同。"而今沙角巡检司存村名,并建"巡视塔楼"等为主体的沙角巡检司主题公园。

小鹿巡检司,在县(温岭市)治西玉环乡,元时置。小鹿巡检司在玉环三十六都小鹿岛,因在小鹿海中悬山,故名。洪武三年(1370)移置三十二都横山(今楚门镇西青山)边;洪武二十年(1387),其地属楚门千户所,再移至三十三都枫林下场,即今沙门镇泗(司)边村,属隘顽所,有弓兵 80 名。明永乐《乐清县志》载:"小鹿巡检司,在本县玉环乡三十三都枫林下场。元,在玉环乡三十都小鹿;国朝洪武元年,设置,仍其旧;(洪武)三年,移置三十二都横山边;(洪武)二十年,为防御事,巡检岳麓奉明文,移创今址。正厅三间、鼓楼一间、巡检舍三间、吏舍三间、弓兵房上十间,城垣周围一百四十丈,城门一座上有楼。"嘉靖《太平县志》记载:"宋元时,小鹿巡检司驻地在玉环乡三十都小鹿,明洪武三年移到横山后,即现楚门镇西青山麓。洪武二十年,迁至枫林下场,即今沙门镇泗边村蛇山山麓,隶属隘顽所。"现司城位于玉环市沙门镇泗边村,遗迹可见,东面依蛇山而建,南、西、北面均为土石夯实而堆。司城内北侧建城隍庙,城隍为岳麓。司城外西北侧有一地名叫营田,为当年明军士兵自给之军田。2016 年 8 月,其被定为玉环县(今玉环市)文物保护单位,2017 年 1 月被定为浙江省文物保护单位。

三山巡检司,旧名温岭巡检司,苔山巡检司,原建在县治西瑞应乡。洪武十七年(1384),温岭巡检司移址于乐清市瑞应乡十六都苔山,即今凡塘乡苔山村。洪武二十七年(1394),温岭巡检司移置于司苔山,司苔山自古为战略要地,山南即楚门港,自清港口直渡至所城西岸不过七里。寨署在此兼备苔山西南的乌洋港道。方圆七百丈,正殿面阔 5 间,进深 4 间,为硬山顶穿斗式木构架。衙门东北有一口常年不干的水井。衙门南侧有教场,教场北侧五百步开外有码道头,码道在退潮时可达小苔山。永乐十六年(1418)后再移至玉环三十二都三山,故称三山巡检司,有弓兵 80 名。苔山巡检司留有遗址,在今清港镇三山村,2004 年 1 月被公布为玉环县文物保护单位,2011 年 1 月被公布为浙江省文物保护单位。在三山里山顶的三山巡检司,未做标志。

蒲岐巡检司,位于海山乡茅埏岛南山顶北控乐清湾北侧水岸,明洪武二十八年(1395)为防御倭寇入侵将司城迁于此。与三山巡检司在乐清湾北岸遥相响应,形成军事上的犄角之势,牢牢地控握乐清湾楚门港。现在山上仍然可见一小段旧城墙,建立旧司城标志牌,并复建部分城墙和空心敌台。

三、烽　堠

烽堠是古时用来燃放烟火报警、传递军情的一种建筑物,又称烽火台、烟墩、烽燧、墩堠等。如遇敌情,昼燃烟,夜举火。"烽"是指用易燃的柴草,并加硫黄、硝石助燃,置于笼筐中,系在长长的烽杆上,夜间点燃举起,以火光传递军情敌情。燧,既指燃放烽烟的墩台,亦指用于白昼传递信息的手段。烽堠,本地有一个俗名称作"锅肚脐",意思是烽堠像一个反置的锅,边上的斜坡比较干净,不长一草一木。这个容易理解,如果边上草木茂盛,一旦有敌情,夜间放火,把周边的草木燃烧起来,就搞不清是敌情还是森林火灾了。所以烽堠的管理士兵平时要把边上清理干净,免得烽火引起山林火灾。海门卫辖台二:曰东中,曰中镇。烽堠一,曰外水。对照现在,在椒江海门街道东山公园有一座烽火台,被民间称为"烂泥碉堡",1987 年建东山公园时,在周边砌岩石加以保护。在海门街道枫山主峰南侧山峰有一个"锅肚脐",形似烽火台,站在顶上可以与椒江北岸前所画眉山烽火台隔空相望。在椒江洪家街道有一个村叫烟墩坝,位于界牌东南侧。界牌是古时黄岩与临海的县界点,此处以水为界,应有较大河流,为入海口,是倭寇进出的通道,故在此设烽火台。相邻的沙王(指以前的大沙王概念,含现在洪家街道的仓前王村、横河陈村和白云街道的沙王村)原有倭坟,抗战后建戚公亭,立戚公继光抗倭纪念碑,凉亭石柱上书写对联:"小坐听松涛万斛,闲谈看倭冢千堆。"椒江北岸前所村东南角山画眉山顶锅肚脐遗存烽火台一座,保存较为完好,2012年被列为椒江区文物保护单位。在椒江章安街道梓林村王家岭山上也有一座烽火台,保存相对完好。在温岭市新河镇的披云山顶,也有烽火台旧址,留有夹旗石等,为温岭市文物保护单位。现在原址北侧复建一座烽火台。

台州各地烽堠大多建成于明代,均设在沿海山头一带,有方形、圆形、六角形等,皆用石块砌筑,台、烽堠共67座。每墩台竖有旗杆,白天升旗,夜间悬灯,还配有信炮、火把、铜锣、响器、劈柴用刀、火石等。每烽有燧长一至数人,燧卒中必须经常有一人轮流守望,其余从事别的防务活动,如积薪、炊事等杂务。台旁须堆积准备燃烟用的柴草。根据敌人多寡和军情缓急不同,可用放炮和燃燧、举烽的不同次数来表示。由于烽火台大都位于山顶,未能全面实地考察。

四、明初卫所的建造

中国古代几无海防,主要是由于大海的阻隔,没有强大的异族进攻,仅有的水寨,主要是针对本国的反朝廷势力而设。后来由于倭寇的骚扰,明朝廷不得已加强了沿海的防御,通过实践斗争,逐渐建立起比较完善的海防体系,它是一种外部力量压迫的结果。明代开国之初,从京师达于郡县,建立一套崭新的军队系统,即卫所制度,有力保证了国家的稳定。但是由于整个世界生产力的发展,大型船逐步增多,远航船队达于世界各地,如哥伦布远航美洲发现新大陆,麦哲伦环航全球,永乐年间郑和七下西洋,等等。有国外船只的来往,在客观上就必然要求对外轮进行管理。对不服管理的也就必然生产了真正意义上的海防。到了洪武十七年(1384),沿海的倭寇活动加剧,朱元璋决定派信国公汤和到两浙巡视海防。如何建设海防体系,朱元璋采纳了熟悉海事的方国珍侄子方鸣谦的御海计策,建沿海卫所。《明史》卷一百二十六"汤和传"记载:"既而倭寇上海,帝患之,顾谓和曰:'卿虽老,强为朕一行。'和请与方鸣谦俱。鸣谦,国珍从子也,习海事,常访以御倭策。鸣谦曰:'倭海上来,则海上御之耳。请量地远近,置卫所,陆聚步兵,水具战舰,则倭不得入,入亦不得傅岸。近海民四丁籍一以为军,戍守之,可无烦客兵也。'帝以为然。和乃度地浙西东,并海设卫所城五十有九。"也就是说,方鸣谦认为,倭寇从海上来,应该在海上进行防御。在沿海量地远近,根据地域的重要性设置卫所。陆上组织旗军,海上准备战舰,那么倭寇就进不了中国沿海,也靠不了岸。至于防守的军队,可在沿海的百姓中设置军户,四籍出一个兵丁,确保兵源的稳定。然后严加防守,基本不必麻烦外地兵。方鸣谦御海计策的核心,就是在沿海设置卫所,将倭寇阻挡于外海,不让他们上岸。到洪武二十年(1387)前后,明朝逐渐建立起比较严密的海防体系。

信国公汤和奉旨造城为大家所熟知。根据记载,汤和(1326—1395),字鼎臣,濠州(今安徽凤阳)人,明朝开国名将,抗倭先驱。汤和自幼与朱元璋为同乡好友,为人谨慎,沉敏多智。元至正十二年(1352)参加郭子兴农民起义军,屡立战功。明洪武十一年(1378),封信国公,参议军国大事。洪武十九年(1386),应朱元璋之请,出巡山东、浙江沿海备倭,筑卫所城,征兵戍守,使倭寇不敢轻犯。洪武二十八年(1395)八月,汤和卒,年七十,追封为东瓯王,谥襄武。上文提到汤和还被封为楚门所城隍以供奉。

这里还出现了台州本土的历史人物方鸣谦。方鸣谦,字德让,台州市路桥区方家岘人,方国珉子,随三伯方国珍归顺朱元璋后避讳改名鸣谦。方国珍(1319—1374),又名方谷珍,台州黄岩(今浙江黄岩)人,元末明初浙东农民起义军领袖。方国珍据浙东庆元(今浙江宁波)、温、台等地。洪武初,方明谦授明威将军、广洋卫亲军指挥金事。民国《台州府志》卷一百二十三"人物传":"明(鸣)谦,国珍从子也。洪武初归款,授太仓卫金事,经略明、台、温三府,起方氏军。"今沿海海门、松门、新河等城,皆和督建而鸣谦所营者。因为建造沿海 59 卫所的功劳,"有宿卫劳,上出内厩五花名马赐之"。廷臣相率咏诗以纪恩,有《和方指挥海上筑城歌》,方孝孺为序,一时光耀祖宗。方鸣谦其人,《明史》里只在汤和的传记里附记了一笔:"鸣谦,国珍从子也,习海事。"乡邦文献记之稍详,如《路桥志略·卷四·叙人》:"方明谦,字德让,国珉子。洪武初授明威将军、广洋卫指挥佥事,有宿卫劳,上出内厩五花名马赐之。廷臣相率咏诗以纪恩,方孝孺为序。尝偕汤和筑城海上防倭,籍浙东民守之。"嘉庆《太平县志》则曰:"方明谦,一作鸣谦,国珍从子,内附后授广洋卫指挥。汤襄武访御倭策,明谦请海上量地远近置卫所,陆聚步兵,水具战舰,使倭不得附岸,近海民四丁籍一,以为军戍,可无烦兵。今沿海松卫等城皆襄武督建,明谦所营度。明祖尝赐五花名马,朝臣皆有诗。"

五、戚继光修建空心敌台

台州的卫所和巡检司是在宋元海防设施的基础上新建、修建起来的,但绝大多数海防设施是在洪武十七年(1384)确定并建造的,随着对倭寇战争实践的不断改进和完善,松门所建成后立马升格为卫,并把原属盘石卫的楚门所划归其管辖,极大地提高了对所辖海域的掌控能力。海门卫前千户所从南岸海门卫内调整到其对岸的椒江北岸,分置两岸,形成掎角之势,扼守椒江,钳制倭寇,有力地保证了上游台州府及整个台州内地的安全。对桃渚所三迁其址,说明了对倭斗争的艰巨性。还有巡检司址的不断调整,有效地提高了交通要道检查的实效。将蒲岐巡检司移海山乡南山顶与将温岭巡检司移到苔山,后改之三山,有力地加强了楚门港的防卫。小鹿巡检司从小鹿迁移到楚门,又因楚门建所,迁移到现在的沙门镇泗边村。

嘉靖三十八年(1559)春,数千倭寇侵犯温、台等地,各地连连告急。四月,戚继光奉命解救桃渚。此时桃渚城已被倭寇围困一个多月,情况万分危急,破城只在旦夕。戚继光赶到后,经过肯埠伏击、章安围剿和菖埠偷袭,倭寇大败奔舟,冒雨开洋逃走。

战斗结束后,因桃渚所城城墙多处倒塌,戚继光根据战斗的实际需要,决定创建东、西敌台2座。空心敌台,改变古代城墙的建造模式,它是利用砖石包砌在城墙两侧,保障墙体坚固耐久,既可置守兵,又便于储藏药械,眺远瞭望,优化了卫所城墙,加强城防力量。戚继光后来调到北方镇守蓟州长城后,将在台州修造空心敌台的经验应用到北方长城中,从而使南北长城互为参照,成为古今范例。

嘉靖四十年(1561),椒江栅浦人进士何宠(字汝锡,当时任刑部郎中)撰写《桃渚新建敌台碑记》,歌颂戚继光抗倭功绩和记述建立敌台的经过。该文收录于桃渚所城内清版柳氏家谱内,并勒石以记,碑存桃渚所城。现将《桃渚新建敌台碑记》抄录如下:

夫德必有纪,昭不忘也。劝以石铭,示不朽也。功存夫石,德感诸人,故亘天地,穷古今,未尝或爽也。桃渚世受倭患,历兹三迁。于今视昔尤炽,大为城社忧。民不获其生有年。当宁廑宵旰之虑,推贤选公,大参府南塘戚公有台、金、严之重任。公将胄也,少负才杰,磊落不羁,必欲赞大策,立大勋,以展试于世。念夫承平日久,边防废弛,人不知兵,公至,补弊救偏,兴革利弊,立体统,树勤职,谨斥堠,练士卒,坠者修、废者举、增城浚濠,靡不周悉。

桃渚前被围七昼夜,城几岌岌。时千户翟铨膺是城守,羽书告急,公统大兵压境,长驱以破巢穴,城赖以全,活者数万。斯视淮泚、渭桥、新塘之捷,不得专美矣。公后以东西一角为薮泽,蔽塞不通。因建敌台二所。城上有台,台上有楼,高下深广,相地宜以曲全,悬瞭城外,纤悉莫隐。以官府空基易价值赏其费,人乐趋事,刻期台完,惠而不费,劳而不怨者乎。佥曰:桃城之立,始自侍郎焦公,而台之建,由于参府戚公,二公之功,其不朽矣乎!碑以记之,将与铜柱之标,岘山之思,剑阁、燕然之勒以自夸耶!公英敏天授,兼资文武,且师行有纪,号令严明,秋毫无犯,封豕不惊,禁淹子女,则仁信智勇严备矣。若夫报功生祠,保安之楼端于公,望敌台兹石,聊切苍生之梦思耳。于公何足轻重。余于京师稔闻公名,以谳狱事南行。父老口备公行实,适以勒石事来征,故乐书之。公山东登州卫万户侯,讳继光,字文明,南塘其别号云。

六、结　语

明代台州的卫所主要是应对倭寇,有海门和松门二备倭卫,海门卫下辖新河、桃渚和健跳三所,松门卫下辖隘顽和楚门两所。台州卫是内地卫,下辖水军所。此外还有半军事性质的巡检司十三处,还有大量的烽火台辅助卫所共同组成抗倭的海长城。台州的卫所和巡检司是在宋元海防设施的基础上新建、修建起来的,但绝大多数海防设施是在洪武十七年(1384)确定并建造的,台州本土名人方鸣谦对东南沿海的卫所建设做出了极大的贡献。随着对倭寇战争实践的需要,卫所不断地改进和完善。戚继光在台州抗倭时,创造性地修筑了两层空心敌台,优化了卫所城墙结构,进一步增强了城防力量。

阳明学与明东南沿海抗倭之战

浙江省社会科学院哲学所　张宏敏

明嘉靖、隆庆、万历年间在台州沿海发生的抗倭斗争中,以胡宗宪、戚继光为代表的抗倭英雄与阳明学有着千丝万缕的联系。参与抗倭军事斗争的英雄大多是王阳明先生的再传或三传弟子,王阳明的军事思想与军功业绩感染并熏陶了这些抗倭志士。

一、胡宗宪与阳明学

胡宗宪的业师是江右王门学者欧阳德,胡宗宪亦曾师从王阳明先生的再传弟子邹守益。少年胡宗宪在读书时,曾发出"艳羡阳明先生理学勋名,前无古,后无今,恨不得生先生之乡,游先生之门,执鞭弭以相从也"的感叹。

王阳明之所以成为卓越的军事家,从《武经七书》中受益良多,并有《武经七书评》,通过"批注"和"按语"的方式提出自己的军事主张。明嘉靖二十六年(1547),胡宗宪中进士后任绍兴府余姚县知县,从王阳明后裔手中获得《武经七书评》,如获至宝,"觉先生之教我者,不啻面命而耳提也",并以"私淑阳明先生"自居。同时,胡宗宪遍访王阳明的旧友门生,遍求阳明遗书。胡宗宪和王阳明生前得意弟子钱德洪、王龙溪等交往甚深。钱德洪见胡宗宪,建议他在公务之余多读先师的《奏疏》《公移》等。

胡宗宪一介书生，能领兵打仗，既得益于王阳明先生的榜样激励，也得益于王阳明的心学思想和军事思想。不光如此，胡宗宪的抗倭还直接受益于阳明心学传人的鼎力相助。胡宗宪任直浙总督（总督浙江、南直隶和福建等处的兵务），王阳明先生的再传弟子徐渭（即徐文长）、唐顺之、何心隐等皆是胡宗宪极为倚重的幕僚，在杭州主持东南沿海抗倭斗争之时，即起用戚继光，任命他前来台州海门卫组织抗倭。

胡宗宪对于阳明心学的传播也颇有功绩。在总督浙江时，他主持修缮杭州天真书院，出资翻刻《阳明先生文录》《传习录》《阳明先生年谱》。

二、戚继光"私淑阳明"

王阳明生于 1472 年，卒于 1529 年；而戚继光生于 1528 年，卒于 1588 年，两人一生没有交集。不过，王阳明作为明代著名的思想家、文学家、哲学家、军事家，集儒、释、道三家智慧之大成，对戚继光有着重大的影响。

戚继光生活（嘉靖、万历年间）在阳明良知心学流传于大江南北的时代。戚继光率戚家军抗击来犯倭寇的浙、闽、粤沿海诸地，是阳明学广泛传播的区域，已形成了浙中王学、粤闽王学。

戚继光军事理论来源主要有两方面：一方面是以《孙子兵法》《吴子》《司马法》《尉缭子》《六韬》等共同构成的《武经七书》；另一方面是以儒家经典"四书五经"为核心的儒学典籍，因而戚继光的武学理论蕴藏着"兵儒合一"的特性。

对于为将者的基本素养，戚继光主张"为将者需先将《孝经》《忠经》《论语》《孟子》《武经七书》白文，次第记诵……然后益之《春秋左传》《资治通鉴》以广其才；授之《大学》《中庸》大义，使知心性之源"。戚继光也欣赏《孟子》"吾善养吾浩然之气"，主张将帅应注重个人修养，善养浩然之正气。

戚继光不但对王阳明先生的军功及其军事理论《武经七书评》有深入研究，而且还开展了创造性运用。王阳明的军事活动主要在江西、广西的山林、内陆地区,属陆地战,而戚继光却能做到活学活用,在东南沿海进行的抗倭斗争(属海战)中取得全歼来犯倭寇的辉煌胜利。戚继光是一位深谙王阳明"用兵制胜之道"的军事理论家、抗倭儒将。

戚继光在《纪效新书》中提出"为将"二十六条:正心术、立志向、明死生、辨利害、做好人、坚操守、宽度量(七条基本原则),尚谦德、惜官箴、勤职业、辨效法、习兵法、习武艺、正名分、爱士卒、教士卒、明恩威、严节制、明保障(十二条基本素质),声色害、货利害、刚愎害、胜人害、逢迎害、委靡害、功名害(需要克服的七种缺陷)。这二十六条与王阳明"致良知"之"教"法以及王阳明的军事理论基本一致。

戚继光的诗文中多次提到"良知",而且有自己的理解和发挥。王阳明作为理学家,极力主张士大夫应"去人欲,存天理"。戚继光则提出"明天理,灭人欲"的观点,并对此做出自己的解读:"天理难复而易蔽,人欲难磨而易起。复理如仰面攻城,纵欲如下坡推毂。"王阳明称"破山中贼易,破心中贼难";戚继光则提出"去外易,去心寇难"。所以,戚继光既是理学家也是阳明学者。

据文献记载,戚继光曾在阳明弟子钱德洪门下细究良知心学,并于戎马倥偬之际向王畿问过学。因此,戚继光的儿子戚祚国在编纂《戚少保年谱耆编》时,称父亲"私淑阳明,大阐良知。胸中澄澈如冰壶秋月,坐镇雅俗有儒者气象"。

三、胡宗宪幕府中的阳明学者

在胡宗宪的抗倭幕僚中,聚集着众多的阳明学者,如浙中王门学者徐文长,南中王门学者唐顺之,泰州学派学者颜钧、何心隐,等等。

徐渭,即徐文长,浙江绍兴人,是阳明门人季本、王畿的学生。明嘉靖三十一年(1552),徐渭考中乡试的初试,并受到浙江提学副使薛应旂的赏识,拔为第一,增补为县学廪膳生。但在复试时,徐渭未中举。明嘉靖三十三年(1554),倭寇进犯浙闽沿海,绍兴府成为烽火之地。平时好阅兵法的徐渭先后参加了柯亭、皋埠、龛山等地的战役,并出谋划策,初步显露出军事才能。此时,徐渭引起了浙江巡抚胡宗宪的注意。经过多次相邀,胡宗宪终于将徐渭招入幕府,充当幕僚。入幕之初,徐渭为胡宗宪创作了《进白鹿表》,受到明世宗朱厚熜的赏识。自此,胡宗宪对他更为倚重。徐渭不满胡宗宪傍依权臣严嵩,但钦佩胡宗宪的抗倭胆略,感念他对自己的信任。经过一番犹豫,徐渭还是进入了总督衙署。此后,徐渭随总督府移驻宁波、杭州、严州(今浙江建德)、崇安等地。他"知兵,好奇计",为胡宗宪谋划,助其擒获倭寇首领徐海、招抚海盗汪直。明嘉靖四十四年(1565),胡宗宪被逮入狱,死于狱中,他原先的幕僚中也有数人受到牵连。胡宗宪被下狱后,徐渭在忧惧发狂之下自杀九次却不死。后因杀继妻,被下狱论死,被囚七年后,得阳明学者张元忭等好友救免。明万历三年(1575),徐渭参加由张元忭主持的《会稽县志》编修工作。

唐顺之是武进(今属江苏常州)人,明嘉靖八年(1529)会试第一,官翰林编修,后调兵部主事。当时倭寇屡犯沿海,唐顺之以兵部郎中督师浙江,曾亲率兵船于崇明破倭寇于海上。后调任右金都御史、凤阳巡抚。明嘉靖三十九年(1560),唐顺之督师抗倭途中不幸染病,于通州(今江苏南通)去世。唐顺之是个多面手,作为明代诗文大家,他以古文与八股文著称于世;在军事上,他主张抗倭,对实战经验进行了总结;在学术上,重新整合王学左、右两派思想,为阳明心学的发展开辟了新阶段。抗倭名将戚继光、俞大猷都曾向他学过枪法箭术,俞大猷曾向唐顺之学过兵法,戚继光著名的鸳鸯阵即是在唐顺之阵法的基础上改良而来的。

颜钧、何心隐都是阳明学泰州学派的学者。明嘉靖三十七年(1558),颜钧以知兵法的"异人"身份,受胡宗宪礼聘,入幕参与抗倭战争。于舟山一战,溺杀千余名倭寇,受朝廷嘉奖。抗倭名将谭纶曾向颜钧讨教过学问,抗倭名将俞大猷曾向颜钧学过兵法。何心隐也在胡宗宪的幕府中担任过幕僚,影响并成就了胡宗宪的抗倭功绩。

《筹海图编·山东沿海山沙图》考

鲁东大学历史文化学院　王海鹏　刘金凤

一、《筹海图编》的绘图理念

明嘉靖三十五年(1556)，胡宗宪总督浙江军务。为防御倭寇，他聘请郑若曾等人收集海防有关资料编辑而成《筹海图编》，这是一部沿海军事图籍，共 13 卷，初刻于嘉靖四十一年(1562)。

《筹海图编》有文有图，"卷之一"全部为地图，除《舆地全图》之外，沿海地区按照由南至北的顺序分为六个部分，即《广东沿海山沙图》《福建沿海山沙图》《浙江沿海山沙图》《直隶沿海山沙图》《山东沿海山沙图》《辽阳沿海山沙图》。其他卷有《沿海郡县图》《日本岛夷入寇之图》等。

"沿海山沙图"共由 72 幅地图组成，幅幅相连，犹如画卷，一字展开。其中广东 11 幅，福建 9 幅，浙江 21 幅，南直隶 8 幅，山东 18 幅，辽东 5 幅。图中绘有岛、山、海、河流、沙滩、海岸线、城镇、烽堠等。实际上"沿海山沙图"是迄今所能见到的最早、内容详备而又完整的沿海地形图和海防军事地形图。

《筹海图编》中的地图大多数并未标注指向标，亦没有经纬网。地图的格局、布局是"大海在上方，陆地在下方"，即作者、绘画者的位置面向大海，从而突出了其"筹海""防海"的核心理念。这样，地图所显示的方位不是现在通用的"上北下南,左西右东",而是须要根据当地大海的实际方位来确认,即图的横向所代表的方向是不确定的,可能是东、南、西、北任何方向。当大海在正南方向时,图的左侧为"东",右侧为"西"。当大海在正北方向时,图的左侧为"西",右侧为"东"。当大海在正东方向时,图的左侧为"北",右侧为"南"。当大海在正西方向时,图的左侧为"南",右侧为"北"。当然,大海在正西方的情况只是非常个别的现象。

明代山东的范围除现在的山东省之外,还包括从山海关到铁岭卫的大片土地,相当于今辽宁省的大部分。《明实录》中有"国初旧制,山东、辽东原系一省"的记载。洪武八年(1375),将定辽都卫改为辽东都司,治所在定辽中卫(今辽宁省辽阳市),辖区相当于今辽宁省大部。洪武十年(1377),辽东的府县都罢黜,只留下卫所。辽东都指挥使司与山东都指挥使司都是军事机构,两者是平行的,且均隶左军都督府。与山东都指挥使司不同的是,辽东都指挥使司有自己的管辖地域和户籍,兼理民政,实行军民合一的统治,俗称实土都司,相当于一种特殊的行政区划。

《山东沿海山沙图》分为"卷五十一"至"卷六十八"共18卷,有36页图片,其内容主要是沿海卫所、县城、巡检司、烽堠(烟墩与堡)、重要的河流山脉以及近海的部分岛屿等。两个页面联结为一个整体,代表某一个区域。两个页码之间其实也包含相互之间的位置关系。总的来看,36页图片的排列有其基本的顺序,那就是从安东卫开始沿蜿蜒曲折的山东海岸线由南至北、由西至东,再由南至北、由东至西,直到隶属北直隶的直沽口和乐亭县。

就有关山东的内容编排来看,《筹海图编》的文字部分与地图部分有所不同,例如在绘制"卷之一""沿海山沙图"时,从"卷五十一"至"卷六十八"为《山东沿海山沙图》,从"卷六十九"至"卷七十三"为《辽阳沿海山沙图》,山东和辽东都指挥使司是单列的。"卷之七"既包括《山东沿海总图》《山东兵防官考》,也包括《辽阳总图》《辽阳兵防官考》等,即山东和辽东都指挥使司是合在一起的。

在介绍南方各省时,除卫所、烟墩、巡检司之外,详细标注了各营的位置,但在介绍山东时,山东的登州营、文登营、即墨营等海防三营并未列入其中。不过,在"卷之七"《山东总图》中,则明确标注了山东海防三营的位置。

在大多数版面的左下角或者右下角,有刻板者的姓名。例如,卷51、卷52、卷54,彭文;卷53,新安黄□□;卷55,应芳(应为何应芳);卷56,不详;卷57,何应芳;卷58,何祥;卷59—卷62,陆汉;卷63—卷66,刘叶;卷67—卷68,郭昌言。

在清代之前,大部分与海防有关的著作在介绍沿海海疆、海防时都是按照"由南向北"的顺序进行的。这主要是因为,明代海防著作大多数是由南部沿海各省的官员组织僚属、将领、当地士人编写而成,他们在编纂图书时多把东南沿海海疆情势放在前面;山东作为沿海省份之一,其沿海海疆、海道、海口等情况也会涉及,但内容比较简单,而且都是放在书的后半部分。还有一个原因,山东在明代时不是受倭寇侵扰最严重的地区,也不是国家海防建设的重点。

到了清代以后,由胡德琳、王尚珏辑录的《山东海疆图记》在论述山东沿海形势时,是按照从北至南的顺序。自清代一直到近代,越来越多的海防文献采用了"由北向南"的顺序。之所以发生这样的变化,一方面是清政府对山东海防重要性有了进一步深入认识,另一方面是受到西方地图绘制格式的影响。

二、《山东沿海山沙图》中卫所与巡检司的位置

明代山东沿海的卫所共计11卫、6守御千户所和9备御所,自南向北沿海岸线的位置依次为安东卫、石臼所、诸城所、夏河所、灵山卫、胶州所、浮山所、鳌山卫、雄崖所、大山所、大嵩卫、海阳所、靖海卫、宁津所、寻山所、成山卫、百尺所、威海卫、金山所、宁海卫、奇山所、福山所、登州卫、王徐寨所、莱州卫、青州左卫。

明代登州、莱州、青州三府境内的巡检司共有31处,其中靠近沿海的巡检司共有21处。沿海巡检司点缀于沿海卫所之间,与卫所相互配合。

青州府境内的巡检司共有13处,靠近沿海的有5处,其中设在南

部沿海的有夹仓镇、信阳镇、南龙湾3处,设在北部沿海的有广陵镇、高家港2处。莱州府境内共设有巡检司8处,分别为鱼儿镇、海沧、柴胡寨、亭口镇、固堤店、古镇、逢猛镇、栲栳岛巡检司。除亭口镇巡检司、固堤店巡检司距海岸有一定距离外,其他均设于沿海要冲,其中古镇、逢猛镇、栲栳岛3处在南部沿海,柴胡寨、海沧、鱼儿镇3处在北部沿海。登州府境内共设有巡检司10处,从南部沿海开始按逆时针方向分别为行村寨、乳山寨、赤山寨、温泉镇、辛汪寨、孙夼镇、高山、杨家店、马亭镇、东良海口巡检司,全部设于沿海险要之地。

由于《筹海图编》作者或者刻板者对北方的海疆、地理不够熟悉,导致《山东沿海山沙图》中有多处错误,有些属于不太准确,有些则属于明显的错误,其中最突出的错误表现在地理方位的错位或者颠倒。

《山东沿海山沙图》全部是按照面朝大海的方位来描述海疆、沿海卫所等,各地大海的方位虽然会有所不同,但图的左与右所代表的方向,特别是两个地点之间的相对关系应该是比较明确的。

安东卫和石臼所属山东都指挥使司管辖,但被安排在"卷五十·直八"《直隶沿海山沙图》中;另外,武清、宝坻、乐亭、昌黎诸县本属北直隶,却安排在"卷六十八·山东十八"《山东沿海山沙图》中。不过,这可能是因为刻板的需要,与行政区划与军事建制都没有关系,所以可以忽略此问题。

《山东沿海山沙图》由2个图版拼合而成一幅地图,描述某一个区域的海疆、海防情况。在"卷五十一"中,高家港巡检司在青州府乐安县,在山东的北部沿海,而不是在山东的南部沿海,即它不应该出现在这里。逢猛巡检司在灵山卫的西北,且距离海岸较远,安排在这里亦不算准确。

在"卷五十二"中,夏河所在灵山卫的西南部,在地图上应该是"灵山卫在左,夏河所在右",但实际上两者的位置是颠倒的。

在"卷五十三"中,古镇巡检司在夏河所的东南,在夏河所和南龙湾巡检司之间,距离胶州所很远。刻板者很有可能把古镇巡检司和逢猛巡检司的位置搞混了。如果将古镇巡检司和逢猛巡检司在图中的位置调换的话,会更接近实际位置。

在"卷五十四"中,浮山所在西,即墨县城在北,鳌山卫在东,在地图中的位置应该为"鳌山卫在左,浮山所在右"。如果将鳌山卫和浮山所在图中的位置调换的话,会更接近实际位置。

在"卷五十五""卷五十六""卷五十七""卷五十八""卷六十一"中,卫所和巡检司的位置基本准确。

在"卷五十九"中,温泉镇巡检司在文登县城以北,在辛汪寨和百尺所中间以南的位置,不应该出现在这里。

在"卷六十"中,百尺所在辛汪寨以东,在地图中的位置应该为"辛汪寨在左,百尺所在右"。

在"卷六十二"中,不应该有乳山寨巡检司。乳山寨巡检司在"卷五十六"中已经出现过一次。

在"卷六十三"中,高山镇巡检司应该在孙夼镇巡检司以西。福山中前千户所所辖烟墩,文字部分是错误的,但在图示中的记录基本是准确的,即鼍后、营后 2 座。

"卷六十四"中的错误很多,最明显的错误就是登州府、登州卫在西,应该在图的左侧,而刘家汪寨、解宋寨、芦洋寨在登州卫以东,应该在图的右侧。刘家汪寨、解宋寨、芦洋寨按由西至东的方向排列,这个是没错的。杨家店巡检司在刘家汪寨的正南偏西位置,并不在解宋寨和芦洋寨之间。再者,王徐烽墩属于莱州卫下辖王徐寨备御千户所管辖,在莱州卫的东北部,不应出现在登州卫的东北部。

"卷六十五",马停寨在王徐寨以东,在地图中两者的位置是颠倒的。而马停镇巡检司应该在黄县县城的西面。此外,王徐烽墩在该页重复出现。

"卷六十六",柴胡巡检司在莱州卫东北,在地图中应标注在莱州卫的右侧。马埠寨备御百户所在莱州卫西,在地图中应标注在莱州卫的左侧。

"卷六十七",高家港巡检司应在广陵巡检司以西,但在这里被遗漏了,而是标注在山东南部沿海。博兴县误作博平县。博平县在山东西部,属东昌府,并不靠海。另外,乐安镇巡检司应该在博兴县以东。

三、《山东沿海山沙图》中的烟墩：
以登州卫所辖烟墩为例

烟墩的名称有很多，如"烽火台""狼烟墩台""烽堠"等，《筹海图编》在文字部分中使用的是"墩堡"，在地图中使用的是"烽堠"，本文采用最通俗最常见的名称，统一称为"烟墩"。

《筹海图编》中烟墩的刻绘分为两种形式，既有阳刻，也有少数为阴刻。《筹海图编》对沿海烟墩的记载，文字记载部分不仅与图中所示部分基本一致，而且与各地方志中的记载基本是一致的。

以登州卫所辖烟墩为例，《筹海图编》记载："登州卫，守墩军余一十八人。墩六：抹直口、教场、林家庄、田横寨、西庄、蓬莱阁。福山所，守墩军余二十五人。墩三：单山、三山、皂河。"不过，《筹海图编》对福山中前千户所所辖烟墩的记载可能是错误的。因为万历《莱州府志》记载："灶河寨备御百户所，属莱州卫，设有百户，辖墩三，曰单山、曰三山、曰本寨，在所北。"[①]

《筹海图编》文字部分与图示也有不完全一致的地方，如在介绍登州卫所辖烟墩时其文字记载十分简单，并没有详细记载刘家汪寨、解宋寨、芦洋寨所辖的烟墩，但图示却比较详细，不仅列出了登州卫、福山中前千户所管辖的烟墩，而且详细列出了福山中前千户所所辖芦洋寨、登州卫直辖的烟墩以及所辖刘家汪寨和解宋寨所管辖的烟墩。

据顺治《登州府志》记载，登州府境内烟墩与堡的数量为 210 处。其中各卫所所辖烟墩 115 处，各地巡检司所辖烟墩 16 处，共计 131 处。以登州卫以及所辖千户所、寨所管辖的烟墩为例，"登州卫六处：蓬莱阁、田横寨、西庄、林家庄、抹直口、教场；刘家汪寨五处：矫家庄、湾子口、淋嘴、西峰山、城儿岭；解宋寨三处：木基、解宋、虚里。芦洋寨六处：郭家庄、磁山、鹞鸣、八角嘴、城阴、白石。福山备御中前千户所二处：鼍

---

① 龙文明修，赵耀、董基纂：万历《莱州府志》，卷五"兵防"，民国二十八年(1939)铅印本。

后、营后"①。

乾隆《续登州府志》记载:"沿海墩二十五座。近城六座:蓬莱阁、田横寨、林家庄、演武场、抹直口、西庄。刘家汪寨五座:矫家庄、湾子口、林嘴、西峰山、城儿山。解宋寨三座:木基、解宋、墟里。芦洋寨六座:郭家庄、磁山、鸡鸣、八角嘴、城阴、白石。"②

光绪《增修登州府志》记载:"旧登州卫墩六,刘家汪寨墩五,解宋寨墩三,杨家店巡检司墩三,高山巡检司墩二,今沿海惟田横寨、湾子口、城儿岭三处……"③

另康熙《蓬莱县志》记载:"沿海墩二十五座。近城六座:蓬莱阁、田横寨、西庄、林家庄、演武场、抹直口。刘家旺寨五座:矫家庄、湾子口、淋嘴、西峰山、城儿岭。解宋寨三座:木基、解宋、墟里。芦洋寨六座:郭家庄、磁山、鸡鸣、八角嘴、城阴、白石。"④

综合以上资料来看,除对福山中前千户所所辖烟墩的记载有所差异外,其他的记载包括数量、名称等基本是一致的,即登州卫墩 6 处,刘家汪寨墩 5 处,解宋寨墩 3 处,芦洋寨墩 6 处,有所差别的只是个别烟墩名称用字的不同。

由乾隆《续登州府志》到光绪《增修登州府志》记载的差异,反映的是烟墩设置的变化。这是因为进入清代以后,狼烟墩台的作用降低,清政府陆续裁撤烟墩,并撤回驻军。到光绪年间,沿海墩堡大为减少,从前沿海烟墩星罗棋布的局面不复存在。

四、结　语

在 460 多年前,《筹海图编》的问世堪称出版界的奇迹。它不仅凝聚了众多编纂者多年的心血,一定程度上满足了当时抗倭战争的实际需要,而且寄托了中国人民抵御倭寇侵扰、奋勇保卫海疆的美好愿望。

---

① 施闰章等修,杨奇烈等纂,任璿续纂修:顺治《登州府志》,卷五"武备·墩制",清康熙三十三年(1694)刻本。

② 永泰纂修:乾隆《续登州府志》,卷四"武备",清乾隆七年(1742)刻本。

③ 方汝翼、贾瑚修:光绪《增修登州府志》,卷十二"军垒",清光绪七年(1881)刻本。

④ 高岗修,蔡永华等纂:康熙《蓬莱县志》,卷一"武备",清康熙十二年(1673)刻本。

《筹海图编》至今依然是研究明代海防史、军事史最重要的文献。

在当时的社会条件、科学技术条件下,文字的记载、地图的刻绘等出现不准确甚至错误的确是无法避免的。本文列出其中的某些错误和不足,并非吹毛求疵,而是希望提醒学者、读者在使用《筹海图编》时要加以注意,以免以讹传讹。

在现如今山东沿海一带,带"卫""所""寨""墩"等字眼的地名很多。对这些地名的由来,不能单纯理解为来源于海防建设,地名与卫所、军寨、烟墩之间的关系很有可能是相互的、双向的,而卫所、军寨、烟墩常常以当地的地名来命名,譬如登州卫,因设于登州故称"登州卫",而早在唐代就有登州之名;再譬如奇山所,因其南部有山名奇山,故称"奇山所"。

在明清各地方志中,军寨、烟墩的名称多以当时当地的名称来称呼;而现在的军寨、烟墩遗址,多以现在的地名来命名。时过境迁,地名早已发生了很多变化,因此现在的烟墩遗址与地方志中所记载的烟墩如何对应,是一个非常复杂的问题。

明代山东海防工程述论

鲁东大学历史文化学院　王海鹏

一、明政府对海防工程的重视

从明朝初年开始,倭寇频频大规模侵扰我国,使沿海地区深受其害。当时由于天下初定、国力有限,而倭寇多为流窜作乱,机动性极强,因此朱元璋基本上采取了"固海岸为上策"的守御方针,实行积极防御的海防战略。他一再告诫子孙及官员:"海外蛮夷之国,有为患于中国者,不可不讨;不为患于中国者,不可辄自兴兵。"况且,"阻山越海,僻在一隅,必不为中国患者,朕决不伐之"①。

明朝政府之所以在沿海大规模进行海防工程的筑建,除了遵循御海洋、固海疆、严城守的方针和积极防御的海防战略之外,还有以下原因。

在元末农民起义过程中,朱元璋征求学士朱升对平定天下战略方针的意见,朱升说:"高筑墙,广积粮,缓称王。"朱元璋采纳了朱升的建议,势力不断扩大,并最终于 1368 年推翻了元朝的统治,建立了明王朝。此后,在抵抗倭寇、保卫海疆的斗争中,明政府十分崇尚"高筑墙"的战略,对构筑城池、修筑工程十分重视。

---

① 《明太祖实录》卷六十八,台北"中央研究院"历史语言研究所 1962 年版,第 1277 页。

　　明政府重视修筑海防工程的另一原因是兵器的改进和发展,特别是火器的大量使用,以及由此带来的战术、战法的变化。

　　宋代时,弩、炮等兵器得到很大的改进,火器开始越来越多地在战争中使用。到了明朝时,火器由于杀伤力、破坏力较大,逐渐成为攻守作战的主要兵器,从而对城池的坚固程度提出了更高的要求。而坚固的城池不仅可以抵御敌人的进攻,还可以保护作战中的人员,减少损毁兵器,减少自身损失,因此营建城高池深、规模宏大的海防工程就成为积极防御战略的重要组成部分。据统计,明政府筑建或重修的府州县以上的重要城池就有 1500 余座,达到了历代以来城池筑建数量的最高峰。

　　此外,明代重视海防工程,与军事上实行的卫所制度有着重要的联系。明代卫所多设立于险要之地,有些甚至立于偏僻人疏之处,卫所军士平日须有驻扎、屯集之所,以求自身安全;遇有战事,或可依托城池和有利地形发动进攻,战斗失利之时又可依托城池据守。再者,卫所制度实行军屯、屯防相结合,无事则屯田、训练,有事则凭之作战,所以卫所屯兵所在被营建为海防工程。

　　为了抵御倭寇侵扰,明政府在各卫所所在地以及各府治、各县治相继筑起坚固的城池。在山东海岸线构筑的海防工程有登州、莱州、青州、威海、大嵩、靖海、成山等 11 座府城、卫城,千户所城 14 座,堡寨 134 座,烽堠墩台 269 座。这些筑城设施,构成了明代海防体系的重要基础,对形成完善的海防体系和有效打击倭寇侵犯起了重大作用。

二、登州府境内的海防工程

(一)府城与卫所城池

　　在登州沿海卫所中,登州卫、宁海卫设立较早,而登州城为登州府治、蓬莱县治和登州卫所在地,宁海城为宁海州治和宁海卫所在地,因此明政府对登州城、宁海城的建设十分重视,多次增修、重修。两城不仅具有相当规模,而且具有较强的防御能力。

据顺治《登州府志》记载,登州府城,"城周九里,高三丈五尺,皆砖石,门四,东曰春生,南曰朝天,西曰迎恩,北曰镇海。门楼连角楼,共七座。窝铺五十六,上下水门各三,小水门一。池阔二丈,深一丈"。"洪武间指挥谢观、戚斌,永乐间指挥王宏相继筑浚。万历间,倭犯朝鲜,增筑敌台二十八座。崇祯间,知府桂恪、戴宪明先后增高三尺五寸。"①

除登州府城外,在北部海滨丹崖山下,明政府在宋代"刀鱼寨"的基础上修筑登州水城1座,"在大城北,相连,原名备倭城。由水闸引海入城中,名小海,为泊船所。洪武九年,立帅府于此。周三里许,高三丈五尺,阔一丈一尺。门一曰振扬楼。铺共二十六座"。"万历丙申,因倭警总兵李承勋甃以砖。东、北、西三面共增敌台三座,南一面仍旧。知府徐应元重修。崇祯十一年,知府陈钟盛、同知来临增修。"②此外,在登州府城以西栾家口亦建有备倭城。

宁海州城,"旧土城。洪武十年,指挥陈德砌以砖石。周九里,高三丈二尺,阔二丈。门四,东曰建武,西曰奉恩,南曰顺正,北曰镇海。楼铺二十八。池阔二丈五尺,深九尺"。"弘治初,副使赵鹤龄令州卫兼修。正德七年,流贼陷莱阳,知州章诤重修。嘉靖二十六年,大水坏城,知州李光先重修。万历二十年,因倭警,知州陈善浚池,水环四面。万历二十二年,知州张以翔增修垛口、城楼、角楼及敌台十二座。万历三十九年,大水,知州王以仁重修。"③

大嵩卫、靖海卫、成山卫、威海卫四卫设立稍晚,均设于洪武三十一年(1398)。由于明政府此时国力日趋强盛,筑城技术进一步成熟,其城池或为石城,或为砖城,坚固程度大大超过前代筑城。

据顺治《登州府志》记载,威海卫城,"砖城。周六里有奇,高一丈七尺,阔一丈。门四,楼铺二十。池阔一丈五尺,深八尺"。大嵩卫城,"砖城。周八里,高一丈九尺,阔一丈五尺,池深二丈,阔八尺。门四,东曰承安,南曰迎恩,西曰宁德,北曰镇清。楼铺二十八座。洪武三十一年指挥邓清筑"。成山卫城,"石城。周六里一百六十八步,高二丈八尺,阔二丈。池深一丈二尺,阔称是。今圮。门四,东曰永宁,西曰迎恩,南

---

① 顺治《登州府志》卷三,清康熙三十三年(1694)刻本,第 1 页。

② 顺治《登州府志》卷三,清康熙三十三年(1694)刻本,第 1 页。

③ 顺治《登州府志》卷三,清康熙三十三年(1694)刻本,第 2 页。

曰镇远,北曰武宁。楼铺三十四,洪武三十一年建。崇祯十二年,文登知县韩士俊教谕台尔瞻、成山卫指挥唐文焞、姬肇年重修"。靖海卫城,"石城。周九百七十丈,高二丈四尺,阔二丈。门四,后以倭患,塞西门。今存三,楼铺二十九。洪武三十一年建。池深一丈,阔二丈五尺"①。

不仅沿海各卫建有规模较大的城池,几乎所有重要的千户所也建筑了城垒。其中,奇山所、宁津所设立于洪武三十一年(1398);大山所、海阳所、百尺所、金山所、寻山所均设立于成化中期。以上所城全部为砖城。奇山守御所城,"周二里,高二丈二尺,阔二丈。门四,楼铺十六。池阔二丈五尺,深一丈"。宁津守御所城,"周三里,高二丈五尺,阔二丈三尺。门四,楼铺十六。池阔二丈,深一丈"。海阳守御所城,"周三里,高二丈,阔一丈二尺。西南二门,楼铺二十九。池深一丈,阔二丈"。②

福山备御中前千户所在福山县治西,设立于洪武十年(1377),属登州卫,其所城修筑情况不详。除福山所外,其他备御所均设立于成化年间,其城池全部为砖城。百尺崖备御所在文登县东南140里,属威海卫,其所城"周三百三十步,高三丈,阔二丈三尺。东西南三门,楼铺十五。池阔二丈,深一丈"。金山备御所在宁海州东北40里,属宁海卫,其所城"周二里,高二丈三尺,阔五尺。东南二门,楼铺二十。池阔二丈二尺,深一丈八尺"。大山备御所在大嵩卫西,属大嵩卫,其所城"周四里,高一丈五尺,阔一丈五尺。门四,楼铺十五。池阔一丈,深七尺"。③寻山备御后千户所在文登县东南120里,属成山卫,所城周三里有奇。

此外,明代登州、莱州的沿海卫所虽然结构严密,但卫所均设于海岸线一带,彼此之间依然有相当距离,遇事难以互相支援。为了增强海防力量的机动性,遇紧急情况时能够及时增援,明朝永乐、宣德年间,又组建了登州营、文登营和即墨营,合称"登莱三营"。登州营"总戍"设于蓬莱城。文登营建于宣德四年,原在文登县城内,宣德十年始于县东10里筑城④,"土城。周三里,东西南三门"。⑤嘉靖三十二年(1553),戚继光任职备倭都司。据《戚少保年谱耆编》记载,嘉靖三十三年(1554):"春

---

① 顺治《登州府志》卷三,清康熙三十三年(1694)刻本,第3页。
② 顺治《登州府志》卷三,清康熙三十三年(1694)刻本,第3页。
③ 顺治《登州府志》卷三,清康熙三十三年(1694)刻本,第3—4页。
④ 光绪《增修登州府志》卷十二,清光绪七年(1881)刻本,第3页。
⑤ 顺治《登州府志》卷三,清康熙三十三年(1694)刻本,第3页。

三月巡海上诸营卫……过文登营赋诗。"即墨营在莱州府境内,原置营于县南 70 里金家岭寨,土城,周 2 里。宣德八年,移置于即墨县北 10 里,营城"土筑……周四里,高一丈五尺……门四"①。三营犄角拱立,互相策应,使得整个山东沿海卫所都有了强大的纵深支持和稳定可靠的后援保障,对倭寇产生了强有力的震慑作用。

(二)各县城池

各县衙署所在地多为当地的政治、文化中心,也是经贸往来的中心。明朝时,登州府管辖宁海州、蓬莱县、黄县、福山县、招远县、文登县、栖霞县、莱阳县等 8 县,除栖霞县、莱阳县两县地处半岛中部以外,其他各县均濒海。为了防备倭寇的侵扰,在明朝政府的统一部署下,登州沿海各县均十分重视城墙的修筑,纷纷在原先城池的基础上扩大修筑的规模。

在明代之前,登州所属各县城池多为土城。自明朝中期以后,各县城池多相继改筑为石城,或者砖石结合,抵御能力大为提高。据史料记载,文登县城,"旧土城。洪武元年,莱州镇抚韩整重修。周七里,高二丈,阔一丈。门三,东曰望海,南曰新建,西曰昆嵛。楼铺共十五座。池阔三丈,深八尺","嘉靖间知县胡景华、张先相继修之。万历八年,知府刘自化议甃以石,知县郭包田竣事,增高五尺。十四年,知县李雷光复修"②。黄县县城,"旧土城,颇阔。洪武五年,守御千户章胜病于难守,中分其半,改筑之。周二里有奇,高二丈四尺。四门,东曰正东,南曰朝景,西曰振武,北曰镇海。上各有楼池,阔一丈四尺,深八尺。十八年,革千户所","正德十一年,知县周淳因水患逼近更筑,仍做水门以泄水。嘉靖二十二年,知县贾璋重筑。万历二十一年,知县张彚选甃以石,增筑楼堞。崇祯十三年,邑绅内阁范复粹提请增修,知县任中麟竟其事,增三尺"③。招远县城,"旧土城……元末毁于兵。洪武三年,王明善建。正德六年知县申艮筑。周二里有奇,高二丈四尺,阔一丈二尺。楼铺八座,池阔二丈二尺,深一丈,门三,东曰盐枭,南曰通仙,北曰望海","嘉

① 万历《莱州府志》卷三,民国二十八年(1939)铅印本,第 2 页。
② 顺治《登州府志》卷三,清康熙三十三年(1694)刻本,第 3 页。
③ 顺治《登州府志》卷三,清康熙三十三年(1694)刻本,第 1 页。

靖二年,知县罗锦增修,东南开门,曰云路。十一年,知县屈允元重修石城"①。福山县城,"旧土城,多圯。洪武四年,分莱州卫右所备御于此。九年,置登州卫,撤莱州卫右所,还调登州卫中前所,备御千户员贵修。永乐九年,千户周圯砌以砖石,周二里,高二丈二尺,阔一丈。门三,东曰镇静,南曰平定,西曰义勇。建敌楼于上。池阔一丈五尺,深八尺","宣德间千户王海,天顺间千户王钰,弘治十五年知县应珊、千户王麟,万历六年知县华岱、千户卢汝弼相继修筑。十九年,因倭警知县张所修增雉堞敌台。四十二年,毁于水,知县傅春修筑。四十三年,知县宋大奎竟其事"②。

　　栖霞县、莱阳县两县县城距海较远,在明朝初年时受倭寇威胁相对较小,城池的增筑不像其他各县那样迫切,因此时间稍晚,但两县城池亦有相当规模。后来,随着倭寇时常深入内陆侵扰,两县城池陆续得到加固、重修。如栖霞县城,"旧土城,几二里许,甚早隘。成化六年,知县娄鉴稍加增葺……嘉靖三十七年,倭夷流薄,士民惊徙。知县李撰相其形势,廓其规模,伐石鸠工,阅月粗成。万历六年,知县鲍霖始竟其功。高丈余,广六尺,门四,东曰寅宝,西曰迎恩,南曰环翠,北曰迎仙,楼四铺三","(万历)十年始砌石堤,长一百五十步,护城址。二十五年,知县鲍纹建瓮城一座,敌台八座。崇祯十二年,知县钟其伟增城三尺。国朝顺治五年,登州府知府张尚贤重修"③。莱阳县城,"旧土城。周六里,高一丈八尺,阔一丈二尺","洪武三十一年,指挥邓青复筑。正统五年,知县郭敏重修。弘治二年,知县吴昂增修……正德十四年,知县司迪改砖城,增敌台八座。门四,东曰望石,南曰迎仙,西曰太平,北曰旌旗。……嘉靖三十四年,知县牛山木重修。崇祯十六年,署印推官胡守德、知县关捷先重修"④。

(三)寨城与墩堡

　　由于军寨及寨城规模较小,且数量较多,大多名不见经传,只有少

---

① 顺治《登州府志》卷三,清康熙三十三年(1694)刻本,第2页。
② 顺治《登州府志》卷三,清康熙三十三年(1694)刻本,第1页。
③ 顺治《登州府志》卷三,清康熙三十三年(1694)刻本,第2页。
④ 顺治《登州府志》卷三,清康熙三十三年(1694)刻本,第2页。

数在地方史志中有所记载。其中如黄河寨备御百户所,设百户 3 员,守城军余 30 名,守墩军余 15 名;刘家汪寨备御百户所,设百户 3 员,守城军余 35 名,守墩军余 15 名;解宋寨备御百户所,设百户 4 员,守城军余 40 名,守墩军余 9 名。以上 3 寨俱登州卫中右千户所分设,各有城寨。

黄河寨城,"石城。周一百三十八丈,高二丈五尺,阔一丈五尺"①。刘家汪寨城,"石城。周一百八十丈,高二丈五尺,阔一丈三尺。南一门,楼铺五。池阔一丈,深五尺"②。解宋寨城,"石城。周二百四十尺,高二丈五尺,阔一丈三尺。南一门,楼铺五。池阔一丈,深五尺"③。卢洋寨备御百户所,设百户 5 员,守城军余 38 名,守墩军余 15 名,系福山备御中前千户所分设。卢洋寨城,"砖城。周二里,高二丈七尺,楼铺六,东西二门。池阔一丈,深七尺。洪武二十九年百户张刚筑"④。清泉寨备御百户所,设百户 3 员,守城军余 15 名,守墩军余 6 名,守堡军余 2 名,系宁海卫后所千户所分设。清泉寨城,"砖城。周二里,高二丈五尺,阔一丈五尺。门一,楼铺六"⑤。

登州府境内各卫直接管辖的墩台,登州卫有 6 座,威海卫 8 座,宁海卫 6 座,成山卫 10 座,大嵩卫 7 座,靖海卫直辖墩台最多,有 20 座;奇山守御千户所 4 座,宁津守御千户所 8 座,海阳守御千户所 7 座;福山备御中前千户所 2 座,寻山备御后千户所 8 座,金山备御千户所 5 座,百尺崖备御后千户所 6 座,大山寨备御千户所 2 座;此外,刘家汪寨 5 座,解宋寨 3 座,卢洋寨 6 座,清泉寨 2 座。

据顺治《登州府志》记载,登州府境内烟墩与堡的数量为 210 处。其中各卫所所辖烟墩 115 处,各地巡检司所辖烟墩 16 处,共计 131 处。登州卫 6 处:蓬莱阁、田横寨、西庄、林家庄、抹直口、教场。刘家汪寨 5 处:矫家庄、湾子口、淋嘴、西峰山、城儿岭。解宋寨 3 处:木基、解宋、虚里。卢洋寨 6 处:郭家庄、磁山、鹋鸣、八角嘴、城阴、白石。福山备御中前千户所 2 处:鼍后、营后。宁海卫 6 处:后至山、草埠、小峰、戏山、貉子窝、马山。金山备御千户所 5 处:庙山、凤凰、小峰山、骆驼、金山。奇

---

① 顺治《登州府志》卷三,清康熙三十三年(1694)刻本,第 4 页。
② 顺治《登州府志》卷三,清康熙三十三年(1694)刻本,第 4 页。
③ 顺治《登州府志》卷三,清康熙三十三年(1694)刻本,第 4 页。
④ 顺治《登州府志》卷三,清康熙三十三年(1694)刻本,第 4 页。
⑤ 顺治《登州府志》卷三,清康熙三十三年(1694)刻本,第 4 页。

山守御千户所 4 处:木祚、埠东、熨斗、现顶。清泉寨 2 处:清泉、石沟。宁津守御千户所 8 处:慢埠、龙山、羊家岛、芝麻滩、万古、柴家山、青埠、孟家山。大嵩卫 7 处:望石山、擒虎山、草岛嘴、辛家寨、刘家岭、麦岛、杨家嘴。大山寨备御千户所 2 处:大山、虎巢山。靖海卫 20 处:柘岛、铎木、郭家口、石岗山、唐浪顶、标杆顶、瓜蒌寨、狗脚山、石脚山、路家马头、赤石、长会口、经土崖、明光山、青岛嘴、姚山头、峰窝、浪浪、大湾口、黑夫厂。成山卫 10 处:白峰头、狼家顶、高碏山、仲山、太平顶、夺姑山、马山、崮嘴、俞镇、里岛。寻山备御后千户所 8 处:青鱼、葛楼山、马山、杨家岭、小崂山、黄莲嘴、古老石、长家嘴。威海卫 8 处:绕绕、麻子、斜山、磨儿山、焦子埠、陈家庄、古陌顶、庙后。百尺崖备御后千户所 6 处:望天岭、蒲台顶、百尺崖、嵩里、老姑顶、曹家岛。海阳守御千户所 7 处:乳山、帽子山、驴山、白沙、峰子山、城子港、小龙山。

除卫所所辖烟墩外,各地巡检司所辖烟墩 16 处。另,登州府境内各卫所所辖堡连同各地巡检司所辖堡共 79 处,各卫所所辖 77 处,乳山寨巡检司所辖 2 处。

三、莱州府境内的海防工程

(一)府城与卫所城池

莱州府境内共有莱州卫、灵山卫、鳌山卫 3 卫和胶州守御千户所、雄崖守御千户所 2 所,各有城池。

据万历《莱州府志》记载,莱州府城,"洪武四年,莱州卫指挥使茆贵建,后圮坏日甚。万历二十六年,朝鲜倭警,分守宪副于仕廉、郡守王一言、县令卫三省同议大修,寻皆迁去。宪副盛稔、郡守龙文明、县令刘蔚相继董其事,三年之内大功告成,创建规模倍于往昔。周九里有奇,高三丈五尺,基厚二丈。门四,东曰澄清,南曰景阳,西曰武定,北曰定海。城下为池,深二丈,伟倍之。详大理寺丞董基修城志,有都御史赵熠、检讨周如砥、吏部主事姜仲轼记"①。鳌山卫城,"洪武二十一年,卫国公徐辉祖开设,指挥金事廉高建砖甃。周五里,高三丈五尺。门四,东曰镇海,南曰安远,西曰迎恩,北曰维山。池深一丈五尺,广二丈五尺。在即墨县东四十里"②。灵山卫城,"洪武三十五年建。壁甃,周三里,高二丈五尺,门四,池深一丈五尺,阔二丈。在胶州东南九十里"③。即墨营城,"土筑,在县北十里。宣德八年建,周四里,高一丈五尺,阔一丈五尺,门四"④。雄崖所城,在即墨县东北90里。

(二)各县城池

莱州府辖平度州、胶州2州,共掖县、潍县、昌邑、高密、即墨5县,除高密县外,辖境内皆有海岸,而尤以掖县、即墨县的海防地位最为重要。

据万历《莱州府志》记载,平度州城,"洪武二十二年,知州刘厚土筑,周五里有奇,高三丈,阔一丈五尺。门三,东曰迎阳,南曰永宁,西曰安庆。池深九尺,阔倍之。成化十二年,知州林恭重修"⑤。昌邑县城,"宋建隆三年土筑,周五里,高一丈八尺,阔一丈五尺。门三,东曰奎聚,南曰阳鸣,西曰瞻宸。池深九尺半,广倍之。正德六年,值流贼之变,本府同知刘文龙重修"⑥。潍县城,"汉时土筑,周九里有奇,高二丈八,尺阔一丈五尺。门四,东曰朝阳,南曰安定,西曰迎恩,北曰望海。池深一丈五尺,阔如之。正德七年,以流贼陷城,本府推官刘信重修"⑦。胶州城,"土筑。洪武八年,千户申义甃以砖,周四里,高二丈五尺,基广丈余。门三,东曰迎阳,南曰镇海,西曰用城。池深一丈五尺,广倍之。万历癸酉,知州王琰重修。二十五年,增敌台八座"⑧。高密县城,"元至正十二年,知县泰裕伯土筑。周三里有奇,高二丈五尺,阔一丈二尺。门四,东曰广惠,西曰通德,南曰永安,西南曰保宁。池深一丈,广倍之。

① 万历《莱州府志》卷三,民国二十八年(1939)铅印本,第1页。
② 万历《莱州府志》卷三,民国二十八年(1939)铅印本,第2页。
③ 万历《莱州府志》卷三,民国二十八年(1939)铅印本,第2页。
④ 万历《莱州府志》卷三,民国二十八年(1939)铅印本,第2页。
⑤ 万历《莱州府志》卷三,民国二十八年(1939)铅印本,第1页。
⑥ 万历《莱州府志》卷三,民国二十八年(1939)铅印本,第1页。
⑦ 万历《莱州府志》卷三,民国二十八年(1939)铅印本,第1页。
⑧ 万历《莱州府志》卷三,民国二十八年(1939)铅印本,第1页。

嘉靖二年,以寇屡残,郡守郭五常申请砖筑"①。即墨县城,"元至正十一年,知县吕俊土筑。周四里,高一丈六尺五寸,阔丈余。门三,东曰潮海,南曰环秀,西曰通济。池深七尺,广二丈。正德六年,流贼遍境,知府高元中重修。邑人御史蓝田记。万历二十八年,因倭警知府龙文明、知县刘应旃易土以砖"②。

(三)寨城与墩堡

莱州府辖境的南部与北部均濒海,因此寨城多集中在沿海地带。而烟墩的设置则以南部沿海为主,北部沿海的烟墩则要稀疏得多。

据万历《莱州府志》记载,莱州府境内的寨城很多,最主要的有以下几处。

马埠寨城,"周二里,高一丈五尺,阔一丈。南、北二门。池深八尺,广一丈。在府西二十五里"③。王徐寨城,"壁甃。周二里,高一丈五尺,阔一丈。南、北二门。池深八尺,广一丈,在府东北八十里"④。马停寨城,"垒以石。周二里,高一丈五尺,阔一尺。南、北二门。池深八尺,广一丈。在府东北一百六十里"⑤。灶河寨城,"周二里,高一丈五尺,阔一丈。南、北二门。池深八尺,广一丈。在府北五十里"⑥。夏河寨城,"石垒。周三里有奇,高一丈七尺,阔二丈五尺。门四,池深六尺,阔一丈五尺。在胶州西南"⑦。张家寨城,"土筑。在即墨县西南五十里里仁乡阴岛社。周二里,高二丈一尺,阔一丈"⑧。楼山寨城,"土筑。在即墨县南四十里里仁乡南曲社。周二里"⑨。

此外,万历《莱州府志》还记载,除张家寨城、楼山寨城外,在即墨县境内还有以下寨城,但其具体筑城情况不详,如田村寨城,在即墨县东北90里移风乡古清社。金家岭寨城,在即墨县南70里仁化乡浮峰社,

---

① 万历《莱州府志》卷三,民国二十八年(1939)铅印本,第1页。
② 万历《莱州府志》卷三,民国二十八年(1939)铅印本,第2页。
③ 万历《莱州府志》卷三,民国二十八年(1939)铅印本,第2页。
④ 万历《莱州府志》卷三,民国二十八年(1939)铅印本,第2页。
⑤ 万历《莱州府志》卷三,民国二十八年(1939)铅印本,第2页。
⑥ 万历《莱州府志》卷三,民国二十八年(1939)铅印本,第2页。
⑦ 万历《莱州府志》卷三,民国二十八年(1939)铅印本,第2页。
⑧ 万历《莱州府志》卷三,民国二十八年(1939)铅印本,第2页。
⑨ 万历《莱州府志》卷三,民国二十八年(1939)铅印本,第2页。

周 2 里。子家庄寨城,在即墨县东南 90 里仁化乡郑疃社。萧旺庄寨城,在即墨县东南 50 里海润乡萧旺社。走马岭寨城,在即墨县东北 90 里移风乡颜武社。羊山寨城,在即墨县东北 100 里移风乡兴仁社。大港寨城,在即墨县东北 60 里海润乡皋虞社。栲栳岛寨城,在即墨县东北 90 里移风乡兴仁社。由此亦可以看出,当时即墨海防地位之重要。

另据万历《莱州府志》记载,莱州府境内的烟墩共有 175 处,其中,灵山卫辖墩堡 30 处:帽子峰、将军台、沙嘴、黄埠、敲尧山、唐岛、安岭、李家岛、西子埠、烽火山在卫南,野人埠、黄山、长城岭、威家疃、捉马山、张家庄、呼兰嘴在卫东,沙嘴在卫东北,孙家港、刘峰沟、白塔夼、交叉涧、青石山、崇石山、东石山在卫北,焦家村、石喇叉、鹿角河、花山、大虎口在卫西。鳌山卫辖墩堡 26 处:分水岭、石岭、小崂山、横担、擎石、龙口、石老人、栲栳岛、兰旺、捉马嘴在卫南,狼家嘴、高山、羊山在卫东,走马岭、峰山、蝟皮岭、黄埠、石炉山、桑园、石张口、大村、明旺、管前、马山、孙疃、那城在卫北。浮山寨备御千户所辖墩堡 18 处:麦岛、错皮岭、双山、塔山、瓮窝头在所东,转头山、狗塔埠、桃村、中村、东城、张家庄、程家庄在所南,程羊、女姑、楼山、孤山、红石、斩山在所西。胶州守御千户所辖墩堡 26 处,曰鹿村、八里庄、柘沟河、塔埠、江家庄、沙埠、洋河、石河在所南,曰孤埠、杜家港、沙岭、大埠、峰村、陈村、辛庄、石河在所东,新增墩堡,沽河、会滩在所东,三里河、千斤石、海庄、陈家岛、龙泉、刘家港在所东南,圈林、龙潭在所南,辖寨 6 处:海庄寨、陈村寨、橛城寨、龙泉寨、两河寨、龙潭寨。夏河寨备御千户所辖墩堡 16 处:夏河、沙岭、黄埠、徐家埠、紫良山、海王庄、车垒、大盘在所南,显沟、赵家营、走马岭、封家岭、沙岭、小滩、王家庄、丁家庄在所北。雄崖守御千户所辖墩堡 11 处:椴村、王骞、王家山、公平山、望山在所南,青山、米粟山、北渐山、陷牛山、朱皋、白马岛在所北,王徐寨备御千户所辖墩 6 处:虎口、兹口、庄头、王徐、识会在所北,高沙在所西。马停寨备御百户所辖墩 5 处:盐场、零当望在所北,河口、界首、黄山在所西。灶河寨辖墩 3 处:单山、三山、本寨在所北。马埠寨备御四百户所辖墩 3 处:海庙、扒埠在所北,马埠在所南。

除各卫所所辖 146 处烟墩外,各地巡检司辖有烟墩 29 处,莱州府境内烟墩数量共计 175 处。

四、青州府境内的海防工程

（一）府城与卫所城池

青州府境内共设有青州左卫、安东卫 2 卫和诸城守御千户所 1 所，各有城池。

据嘉靖《青州府志》记载，青州府城，"国朝三年守御都指挥叶大旺增崇数尺，垒石甃壁，周一十三里有奇，高三丈五尺，壕阔如之，深一丈五尺。为门者四，东曰海晏，旧名海岱；南曰阜财，旧名云门；西曰岱宗，旧名泰山；北口瞻辰，旧名凌霄。天顺间，都指挥高源、知府徐郁、赵伟修城楼台铺。正德七年，佥事牛鸾、知府朱鉴；嘉靖八年，知府江珊相继修。西门无月城，嘉靖十三年兵备佥事康天爵增筑"[①]。安东卫城，"临东海。建置无考，垒石甃瓮。周五里，高二丈一尺，阔二丈，壕深广如之。为门者四，岁久渐圮。嘉靖三十四年，经历何亨请修，规制仅存"[②]。石旧寨备御所石城，"在（日照）县东南，周三里有奇"[③]。夏河备御所石城，"周四里，在（诸城）县东南"[④]，"塘头备御所土城，在（乐安）县东北，周三里"[⑤]。

（二）各县城池

明代时，青州府辖莒州 1 州和益都、临淄、博兴、高苑、乐安、寿光、昌乐、临朐、安丘、诸城、蒙阴、沂水、日照共 13 县。其中，辖境东南的日照、诸城两县海防地位最为关键，而北部的乐安、寿光两县虽然也濒海，但因为山东半岛东面有登州、莱州两州的屏护，所以其海防地位已大大下降。

日照县城，"金置县时所筑。周二里，高二丈有奇，壕阔一丈五尺，

---

① 嘉靖《青州府志》卷十一，明嘉靖四十四年（1565）刻本，第 25 页。
② 嘉靖《青州府志》卷十一，明嘉靖四十四年（1565）刻本，第 33 页。
③ 嘉靖《青州府志》卷十一，明嘉靖四十四年（1565）刻本，第 33 页。
④ 嘉靖《青州府志》卷十一，明嘉靖四十四年（1565）刻本，第 32 页。
⑤ 嘉靖《青州府志》卷十一，明嘉靖四十四年（1565）刻本，第 30 页。

深半之。元至正十七年，毛贵寇益都邑人相士安率众修筑固守。国朝正德七年，州判王伯安重修。门三，东曰永安，西曰太平，南曰望海"①。诸城县城，"即唐密州，时为南、北二城。国朝洪武四年，守御千户伏彪修，合为一，周九里，高二丈七尺，壕阔一丈九尺，深半之。为门者五，正南曰永安，东北曰乘武，西北曰西宁，东曰镇海，西南曰政清。正德八年知县申良重修，嘉靖二十八年知县祝天保复修"②。乐安县城，"即故广饶城，周五里，高二丈五尺，池阔二丈，深一丈。成化间知县马亮重筑。正德六年流贼破。明年，兵备金事牛鸾复补筑新之。为门四，东曰东作，西曰西成，南曰阜财，北曰通济"③。寿光县城，"……周三里半。辟门五，东曰宣和，西曰阅丰，南曰纳凯，其西二门无名。正德六年，知县张良弼重筑，增置敌楼、月城；七年，知县刘澜于壕外筑堤护之。九年，知县李阶继葺"。

（三）寨城与墩堡

青州府境内所设卫所数量较少，卫所下属寨城的数量也很少。目前，只有龙潭寨石城、高家港巡检司土城、夹仓镇巡检司石城等寥寥数处可以在各地方志中找到相关记载，但记述都十分简单。"龙潭寨石城，周一里，在（诸城）县。南龙湾镇海口巡检司石城，周一百二十丈，在（诸城）县。信阳镇巡检司石城，周八十里（此处原文有误，应为'丈'），在（诸城）县南。萧家寨石城，周一里，在（诸城）县东南。"④"高家港巡检司，土城，在（乐安）县北。"⑤"夹仓镇巡检司，石城，在（日照）县南，周六十丈。"⑥

由于青州海防地位的下降，其辖境内的烟墩也不似东部沿海那样密集。据嘉靖《青州府志》记载，安东卫辖"墩一十有三：拦头山、雅高山、大河口、泊风、昧蹄沟、张洛、黑石、涛洛、小皂儿、三桥、风火山、虎

---

① 嘉靖《青州府志》卷十一，明嘉靖四十四年（1565）刻本，第33页。
② 嘉靖《青州府志》卷十一，明嘉靖四十四年（1565）刻本，第31—32页。
③ 嘉靖《青州府志》卷十一，明嘉靖四十四年（1565）刻本，第29页。
④ 嘉靖《青州府志》卷十一，明嘉靖四十四年（1565）刻本，第30页。
⑤ 嘉靖《青州府志》卷十一，明嘉靖四十四年（1565）刻本，第32页。
⑥ 嘉靖《青州府志》卷十一，明嘉靖四十四年（1565）刻本，第34页。

山、关山"①。诸城守御千户所辖"墩四:西大岭、黄石拦、东沙岭、黄石"②。塘头寨备御百户所辖"墩十:公母堂、黄种、上泗河、旧寨、宁坟、荆阜、课墩、官台、甜水河、八面河"③。石旧寨备御千户所辖"墩一十有五:南石臼、孤耆山、温桑沟、北石臼、青尼、董家、钓鱼、湘子泊、金线石、河故城、滕家、湖水、本寨、西堡、董家堡"④。另,南龙湾巡检司辖"墩三:琅玡台、陈家贡、胡家"。夹仓镇巡检司辖"墩四:相家、焦家、蔡家、三岔口"。

五、明朝后期山东沿海的炮台

明朝中叶以后,随着"铜将军"火炮、佛朗机、神火飞鸦(火箭)、子母炮、飞空击贼震天雷炮等火器的普遍使用,出现了炮台、碉堡和碉楼等军事工程。戚继光镇守蓟州时,在东起山海关、西至居庸关的长城一线建立的炮台约有1200座。建筑炮台,一方面是为了加强防御力量,控制海岸、海口和重要地段;另一方面也是为了加强对守兵的保护。

明代的炮台是一种碉楼式掩体工事,即类似后来的炮楼或者碉堡。炮台一般都充分利用、依托有利地形构筑防御设施,但有的设置在地形开阔、易攻难守又便于倭寇登陆的地段。据《中国军事史》介绍,那时的炮台高度通常为13—16米,构筑成3层,每层的四面都开设大小射孔,配置各种火炮,并在每层还备有铳和弩机。每座炮台的周围还构筑一道围墙,墙外挖掘一条环护壕沟,并在出入门口的壕沟上设置吊桥。

在山东沿海,这种典型的炮台并不多,大部分是相当简陋的露天式墩台。雍正《山东通志》卷二十"海疆"记载:"设炮曰台,司烽曰墩,皆有堡房,系陆路汛兵守之。按东省沿海设立炮台,自明万历间防倭备辽,其比如栉。"⑤可见,在雍正《山东通志》中,凡是使用火炮的军事单元,都称炮台,这跟现在炮台的概念是不一样的。

---

① 嘉靖《青州府志》卷十一,明嘉靖四十四年(1565)刻本,第6页。
② 嘉靖《青州府志》卷十一,明嘉靖四十四年(1565)刻本,第7页。
③ 嘉靖《青州府志》卷十一,明嘉靖四十四年(1565)刻本,第5页。
④ 嘉靖《青州府志》卷十一,明嘉靖四十四年(1565)刻本,第6页。
⑤ 雍正《山东通志》卷二十,清乾隆元年(1736)刻本,第8页。

按雍正《山东通志》中的统计,明代山东沿海炮台的修筑开始于万历年间,炮台总数达到 100 多座:安东卫炮台、岚头山墩、日照县涨洛口墩、涛洛口墩、夹仓口墩、东墩、石臼所墩、龙旺口炮台、诸城县宋家口墩、董家口墩、董家口东墩、亭子栏炮台、龙湾口墩、古镇口炮台、胶州大湾口墩、唐岛口炮台、张头嘴墩、即墨县女姑口墩、青岛口炮台、野鸡台墩、石老人墩、董家湾炮台、登窑口墩、七沟墩、大桥墩、巉山口炮台、走马岭墩、新庄墩、黄龙庄炮台、周哥庄墩、望山墩、七口墩、米粟墩、金家口墩、莱阳县何家口墩、北墩、海阳县丁字嘴炮台、羊角盘墩、草岛嘴墩、宁海州琵琶口墩、旗竿墩、黄岛口炮台、南洪墩、白沙墩、浪煖口墩、文登县五垒岛炮台、长会口墩、望海墩、龙王庙墩、朱家圈墩、荣成县马头嘴炮台、北墩、石岛口炮台、石岛北墩、家鸡旺墩、青鱼滩墩、倭岛墩、裡岛墩、养鱼池炮台、池北墩、龙口崖炮台、朝阳口墩、竈埠口墩、海埠口墩、长峰口墩、樵子埠墩、文登县三官营墩、威海司东门外墩、文登县祭祀台炮台、貂子寨墩、宁海州清泉寨墩、沿台墩、福山县之罘岛炮台、大口墩、八角口炮台、蓬莱县卢羊口墩、白石墩、刘家旺墩、湾子口墩、天桥口炮台、黄县黄河营墩、崆屺岛墩、招远县王徐口墩、掖县石灰嘴墩、高沙墩、三山岛炮台、小石岛墩、黑港口墩、海庙口墩、虎头崖墩、昌邑县鱼儿浦墩、利津县牡蛎口等。①

以上炮台合计 92 座。其中有 70 处原本是烟墩,而且有多处属于巡检司所管辖的烟墩。可见,大部分地方只是因为使用了火炮而被称为"炮台"。这些所谓的炮台结构极其简单,就是烟墩加火炮,大部分处于有炮而无台的状态。据雍正二年(1724)山东登州镇总兵官黄元骧的描述:"山东沿海之炮台,原系前朝之烟墩,非炮台也……不过一土堆,上有炮亭一间,旁有营房三间,若发炮,连台恐亦震倒。"②再者,烟墩多设于偏僻之处或者高处,凡是可以放置于烟墩上使用的火炮,几乎全部是小型炮。

---

① 雍正《山东通志》卷二十,清乾隆元年(1736)刻本,第 6—9 页。
② 中国第一历史档案馆:《雍正朝汉文朱批奏折汇编》第 2 册,江苏古籍出版社 1991 年版,第 506 页。

六、结　语

　　明政府在山东海岸线构筑的海防工程包括府城、县城、卫城、所城、军寨、墩堡等多种类型，主要集中在山东半岛沿岸的登州、莱州、青州三府境内。这些海防工程不仅是明代山东海防体系的重要依托，而且在当时适应了抗倭斗争的需要，在有效抵御倭寇侵扰中发挥了重要作用。

清代浙江海防研究

Research on Zhejiang Coastal Defense in the Qing Dynasty

CANGNAN

郑成功在浙南沿海的足迹

苍南县郑成功文化研究中心　郑忠进

郑成功于 1646 年被隆武帝封为"忠孝伯""招讨大将军"后,就走上了反清复明的道路。但面对父亲降清、清政府进迫、隆武帝危在旦夕,郑成功为了加固郑军,招收了父亲的部下,以厦金为基地,多次组织北征。在北征中,他利用海上水兵的有利条件,在闽浙沿海进行军队训练,这样浙南沿海自然而然就成了郑成功训练和筹饷的基地。

浙南温州市的海防线有 300 多千米,它包括当时的平阳、瑞安、洞头,还有现台州玉环等地,其中较大的岛屿有平阳的南麂、瑞安的北麂、洞头的大门岛等。

郑成功随征户官杨英的《先王实录》载,郑成功第一次攻打温州是在顺治十二年(1655)。这年七月,郑成功命中提督甘挥等率二十镇北上,八月"北上师阻风乏粮,就温、台取粮"。十月即攻取舟山,其间攻陷福鼎沙埕。蒲门与沙埕仅一二十里之遥,唇亡齿寒而处于孤立无援之地。又据《观美郑氏族谱》达周公自序,顺治十二年,郑国姓率兵抵江西,在灵溪、观美等地筹粮,大户者纳米四五官斛,后郑军经长寨岭(今观美岭)、赤阳坑(今矾山至岱岭坑门岭)至蒲城。

民国《平阳县志·武卫志》载,清顺治十二年(1655)乙未十一月郑成功亲率军队抵江西(今属苍南南港一带),兵分两路,一从赤溪大岭,一从赤阳坑(今属矾山至岱岭坑门岭一带),十一月三十日至蒲门城内。又据《满文档案》韩岱《题为急报清蒲门被困事本》载,郑成功命以千余艘战舰,数万之兵力,水陆两路将蒲门团团包围。而当时清兵主力集中在福建,温州多地兵力虚薄,卫所额定水陆官兵尚不足明朝旧制十之三二,即一二百人而已。以如此悬殊的兵力扼守要隘,决无战胜之可能。入蒲城守卫的把总梅应忠未能固守待援,第二天就开城门投降。《明清史料》丁编《浙江巡按时舟揭帖》称,(当日)金乡卫陆营把总李维城派出兵丁郑三、叶华去刺探消息,在次日遇到从蒲门逃出的兵丁王乙,才知梅把总已往郑成功兵营。

蒲门被陷,清廷大惊,认为分巡温处道副使陈圣治、协守温州副将戴维藩等向来轻敌疏防、调度懈怠,难辞其咎,着陈圣治交吏部处理,照例停俸,戴罪追剿;戴维藩官降三级,照旧剿敌,立功赎罪。同时飞速遣调,原派往福建官兵调回,又调战斗力甚强的驻浙江清朝兵丁前往温州协守,以解孤立无援之忧。

据《先王实录》载,郑军第二次攻陷蒲门是在清顺治十四年(1657)丙申,又据《满文档案》《题为郑军攻陷蒲门并在镇下关屯粮等事本》等奏疏的记载,防守蒲门把总李虎、贴防孙梁章,蒲(门)壮(士)二所千总曹应实、丁盛杨、把总张英等称,二月初八九日,有数百艘郑军舰船自沙埕港北行。又据自蒲门出奔的难民项玄生等言,二月初八九等日,郑军战船数百艘停泊于沙埕港,十四日登陆蒲门沿浦,李、孙二汛防武弁督兵迎战,郑军败退。十九日郑军兵力增至数万,一路从金乡、东岭进犯,一路从沙埕迤西入侵,四面包围蒲门,自城外射入取粮告示。蒲门官兵连夜紧急上报求援,但道路被切断,官兵合力堵御,终因寡不敌众,阵亡多人。郑军蜂拥攻城,势不可当,城遂陷落。郑军将筹集粮米俱行运至前岐、沙埕、秦屿和桐山等处。城内积储粮米,城外屯扎甲兵。

据《先王实录》载,清顺治十四年(1657)丙申正月二十五日,郑成功命总制行军司马兼水师前军张英总督北征水师,同总督后提督万礼督同左右先锋、前锋前往温州等地取粮积饷。二月初七日,张英、万礼等师至金乡卫,即议夺攻城。

金乡卫城是在二月十一日被攻破的。据驻防金乡右营守备翟永寿、署卫千总于起麟、署贴防千总王虎称:初十日哨兵朱一良报,郑军舰船乘风驶来,自炎亭、石砰、大小湖、江口等地沿浦上岸登陆。郑成功部约有4万人,多穿盔甲,而金乡卫只有兵士200人,难以迎敌,遂收兵退守城池。郑军赶造数百架云梯,环立四周,并疾声高呼:"城内官兵绅民迅速出城投降。"喊毕就环立云梯,蜂拥登城,从城外攻入城内。守城官兵急忙退守城内狮子山,被郑军紧紧包围二日之久。

二月十四日,郑军听到江口关清军的炮声,遂退出金乡卫城,并在城外扎营,据守江口要津。原来中军梁有才率官兵游击登上北岸,炮轰郑军战船,郑军在南岸,双方对轰三日。梁游击率兵马至曹喜山佯攻,二十二日步军乘小船偷渡江口关,郑军得知清军渡江,即自行撤退,先距金乡卫十里的大小湖(今大呑、小呑)、石砰停泊,后扬帆南下。次日梁游击率领署守备周虎、千总潭圣朝、把总推官李维城等同至金乡卫。恐城内百姓有所惊慌,也怕城内有埋伏,即令步兵驻扎北山,仅带马兵30骑进城,后与城中防守翟永寿会合。卫内有兵211人,阵亡11人。攻陷金乡卫仅二日,兵士伤亡不多,百姓亦皆安全无事。清廷认为兵力悬殊,其情可想,但卫城失守于法难容,守将照例发边充军。

据《先王实录》载,守备翟永寿、千总王虎、卫官于起麟献城迎降。可见翟永寿不是所谓守狮子山,清廷被其所欺骗隐瞒。守将私下与郑军交易,故阵亡士兵甚少,百姓亦平安,这才是当时金乡卫之战况的真相。

郑军进入金乡后,深受当地人民的欢迎。当地人民在陈仓播下的反清火种的燃烧下,对清政府怀有异族入侵之感受,所以郑成功部队进行筹饷,当地人民大力支持。大家也盼望反清复明,故两次筹饷都很顺利,如今金乡城内南北门和鲤魁星阁西水门都是当年运粮与军事物资的重要水道,当今遗迹还保留完好。

平阳南麂列岛位于浙江省东部海域,距台湾基隆140海里,南麂列岛分大沙呑、三盘尾、司领部、国姓呑四大岛呑,其中的"国姓呑"原来叫"官呑",1984年平阳县政府才把它改为"国姓呑"。这很明显是当年郑成功率部在此驻兵而得名。郑成功为北上伐清和收复台湾,曾在此岛练兵和筹饷,如今还留下练兵场和训练海军的遗迹与传说。

现隶属瑞安市的北麂位于北纬27°2′,东经121°2′,虽岛内面积只有2平方千米,却有郑成功部将郑国胜在此训练军队的记载。据《清史稿》、民国《瑞安县志稿》和《温州地方史稿》记载,北麂岛地势险要,小岛环绕,自古为海防重地,它与洞头、南麂诸岛形成三角状态。自元朝起各级政府就对北麂进行管辖,明末郑成功派部将郑国胜在此训练水军,后郑国胜随郑成功出兵收复台湾,洞头列岛由 80 多个岛屿组成,也是浙江最大的一个岛链。所以洞头也就成了郑成军驻扎部队、征储粮草、操练将士的重要基地。同时,郑成功把各处征筹的粮草全部运至洞头,后用船运到厦金基地。

1657 年正月,郑成功派部将张英总督北征水师前来温州攻打金乡卫、台州和洞头,洞头的大门诸岛就成了临时大本营,当时的清温州总兵尚好仁向清廷禀报:"二十日戌时有大小战船千余只,停泊大、小门岛一带,二十一日又有大小贼船五百余只,由大门往凤凰洋向南驶去……二十五日三百余只贼船由北向南驶往在大、小门岛……"(据《满文档案》)

1658 年五月,郑成功从厦门出发开始北伐,攻下平阳、瑞安县城,并围攻温州。当时军中缺粮,郑成功下令在温州各处征粮,后把所征粮食物资,储藏于洞头三盘地方。郑成功的随征户军杨英在《先王实录》中记载,"六月十四日,行令各官兵取足七个月粮食,候十五日,有令载往洞头三盘卸贮"。当年八月进军舟,九月遇台风,遭雨雹撤回。又令"将船上米粟,行李、物件驾往洞头三盘山,限三日搬卸完整"。可见洞头三盘确实是郑成功储粮草的重要基地。

1659 年三月,郑成功亲自领军,由厦门北上以大、小门岛为大本营。杨英的《先王实录》记载:"三月藩驾往磐石卫……时磐石卫地方窄狭,派二统领下扎大门澳中左二提督下扎小门澳,藩驾孔小门澳。"藩驾传令,就大、小门澳比试弓箭,谁射中靶子归谁。银牌每面三五钱,一两不等,挂百步外,各协将正副领班比射。又制金牌,每面五钱,藩同提督统领较射。时金银牌制不副射,计用银千两。经过数月休整,郑成功率大军北上,一路凯歌攻卫夺城,直到包围南京。

现在洞头的大瞿岛还有郑成功的校兵场,大门岛还有郑成功屯兵留下的遗迹,如跑马坪、点将台、演兵场等,大门岛至今依然流传着一首民谣,说的是郑成功部队在大门岛的情况——"马放南山,枪藏北山;船造东坑,兵屯西滩"。

论鸦片战争前后海防意识的觉醒

江苏省柳亚子纪念馆　张　杰

一、相关学术史回顾

明朝除抗倭时期注重海防外,明后期的海防相较于明前期,确实存在较大的退步,这与明朝对外政策有关。事实上,即使在抗倭战争期间,明朝上下的海防意识也存在较多摇摆现象。如陈贤波论著就提及明中后期,广东官员有关海防问题存在很多的争议,在追讨海盗曾一本的过程中,"其面临的海防挑战突出表现在剿抚策略摇摆不定、军备不足、事权不一、军情传递不畅等诸多方面"①。清朝前期的海防相较于前变化也不多,当然,部分地区的海防建设,无论是明还是清,还算是有价值的。如谭立峰、刘文斌著《明代辽东海防体系建制与军事聚落特征研究》②就指出,"明代辽东沿海军事聚落是一个立体化而高效率的防御空间,其体系化的规划布局和功能设计,使这一系统具备了层次化的纵深防御和独特的信息传递功能"。

不过海防与海防意识毕竟属于两个不同层面的问题,有海防不代

---

①　陈贤波:《明代中后期广东海防体制运作中的政治较量——以曾一本之变为例》,《学术研究》2016 年第 2 期。

②　谭立峰、刘文斌:《明代辽东海防体系建制与军事聚落特征研究》,《天津大学学报》(人文社会科学版)2014 年第 5 期。

表就一定有海防意识,尤其在明清两朝注重内治和边疆的前提下,不可能对海防有足够的认识,即使在明清出现倭乱和日本侵略朝鲜一事。只有在乾隆年间中外交流频仍的前提下,才会有海防意识的出现。如郑坤芳、王玉冲就撰文《嘉道时期海防思想的演进》①,然而该文主要从清政府决策出发,而且认为海防思想的变化取决于鸦片战争的失败。事实上,鸦片战争之前,有识之士特别是一些经世学者便提出了不同于以往的很多见解,这一点相当关键。

具体到个人,魏源的海防思想是研究的重点,如刘爱文《〈海国图志〉海防思想研究——兼析〈海国图志〉的若干新观念》②、李强华《基于近代海洋意识觉醒视角的魏源"海国"理念探究》③、李国华《以经济观审视海防建设——魏源海防思想述评》④和戚其章《魏源的海防论和朴素海权思想》⑤,但是其中不少观点存在矛盾,对魏氏海防思想评价存在歧义,尤其是对魏源"以夷制夷""以夷款夷"的观点和定位存在不小的分歧。

至于较早提出海防论的包世臣,相关研究并不到位。⑥而姚莹在鸦片战争前后的遭遇和海防思想则是学术界关注的焦点。⑦事实上,虽然鸦片战争前后国人的海洋观抑或海防思想发生了显著的改变,但是学术界对此的研究还是较为倾向于鸦片战争之后海防论的变迁,对战争前海防思想论述不足,同时也对战后整体的评判估计不足。姚莹下狱及贬官西行,留下著名的《康輶纪行》,但是从中却能看出其积极抗英的

---

① 郑坤芳、王玉冲:《嘉道时期海防思想的演进》,《江苏师范大学学报》(哲学社会科学版)2015 年第 4 期。

② 刘爱文:《〈海国图志〉海防思想研究——兼析〈海国图志〉的若干新观念》,《史学集刊》1995 年第 3 期。

③ 李强华:《基于近代海洋意识觉醒视角的魏源"海国"理念探究》,《上海海洋大学学报》2012 年第 5 期。

④ 李国华:《以经济观审视海防建设——魏源海防思想述评》,《军事历史研究》1987 年第 3 期。

⑤ 戚其章:《魏源的海防论和朴素海权思想》,《求索》1996 年第 2 期。

⑥ 近年来包世臣研究逐渐兴起,以中国社会科学院近代史研究所研究员郑大华的研究最为突出,虽然其有文《包世臣与嘉道时期的禁烟和抗英斗争》(《安徽史学》2007 年第 2 期)提及抗英禁烟事,但是对包世臣海防思想研究不够。周邦君对包世臣的农业思想与实践进行了探讨。至于其他学者,对包世臣海防思想的相关研究还未深入。

⑦ 如戚其章《姚莹的海防思想与海国研究》(《安徽史学》1994 年第 1 期)、覃寿伟《姚莹海洋思想探析》[《漳州师范学院学报》(哲学社会科学版)2010 年第 4 期]和刘海峰《穆彰阿、姚莹与"台湾之狱"》(《兵团教育学院学报》2008 年第 6 期)等。

海防思想事实上并没有得到认可,从而让不少文人扼腕叹息。

因而,在前人研究的基础上,本文从包世臣和魏源的海防思想出发,论述鸦片战争前后海防思想觉醒的一系列特点,再通过分析姚莹在鸦片战争前后的不幸遭遇,讨论海防思想在鸦片战争之后遭遇的重大挫折,延伸下来论述晚清海防论的变迁,从而做出更多有价值的思考。

二、包世臣海防意识

正如前所述,包世臣研究近年来成为焦点,越来越多的学者注意到他的思想。如郑大华认为,"由于包世臣比魏源年长 19 岁,出道较早,因而有首倡漕运、盐法之功"[①];周邦君对包世臣农业思想做了较多探索。但是包世臣的海防思想却未被重点关注。其实,包氏论述高屋建瓴,且在战前便做出较多思考,反映了学者的一些敏锐意识。

包世臣的海防意识,突出表现在未雨绸缪、心思缜密。其认为,"足下洞见夷估至隐,谓十年之后,患必中于江、浙,恐前明倭祸,复见今日。非足下固莫能远虑及此也"[②]。而包氏认为,"乾隆、嘉庆之末,英夷两次蓦至天津入贡,骄倨殊甚。是固有主之者。而乾隆中,饬由直隶、山东、江苏、浙江、福建内地至厦门放洋回国;嘉庆中,饬由安徽、江西、广东内地至虎门放洋回国,使之目验内地形势"[③]。对英国两次意图觐见清帝未果而游历内地之举有所认识,这一点足见其认识深刻。

因而,包世臣认为,在这种情势下,英国有对华作战的可能。应该说这样的观点在当时士大夫中较为罕见,但确实是深思远虑的。"说者必谓英夷占踞日久,聚众已多,与之理论,势必不从,怵以兵威,或至构怨,目前无事,正可苟安。一官如传舍,安能远虑百年,轻犯祸始,是则非世臣所敢知也。举此诚非易事,然事之难者……是不得不望之于阁下也。十数年后,虽求如目前之苟安而不能,必至以忧患贻君父,夫岂

---

① 郑大华:《晚清思想史》,湖南师范大学出版社 2005 年版,第 28 页。
② 包世臣:《答萧枚生书(节录)》,中国社会科学院近代史研究所《近代史资料》编译室主编:《鸦片战争时期思想史资料选辑》,知识产权出版社 2013 年版,第 2 页。
③ 包世臣:《致广东按察姚中丞书(节录)》,《鸦片战争时期思想史资料选辑》,知识产权出版社 2013 年版,第 4 页。

君子之所忍出哉。"①对于英国侵略者可能发动对华侵略,包世臣有清醒的认识。

鸦片战争进行到英军进攻南京这一段时,包世臣其实还是希望能够好好作战,以图反败为胜的。"夷船至坚,能御我炮,而火药得入其舱则无不立焚。……既便此之入城,又绝彼之疑虑。各伏健者以伺便,约定时刻,死士藏药桶于薪菜担内,上船即发火,健者骤起缚其酋。船无主令,人莫自保,起碇逃避,装炮拼命,皆仓猝无可措手,临江埠上,各乘高开炮以助势。"包世臣之论无疑在提倡民心时可用,这一点在多处得以体现。如"然广州之三元里义民,被毒不甘,集乡人歼其渠魁。有司反为逆夷乞命,致留遗孽。嵊县之深山头义民愤切同仇,再破其火轮兵船,夷匪不敢言复仇……"②

包世臣此论坚定民心可用,鼓励官员站出来,鼓动民众对抗外国侵略。这是包世臣相关论述先进的特点。鸦片战争结束之后,包世臣认为未来外夷的侵略还会有,"然粤、闽、江、浙之已事,近贼者输心导引,远贼者聚党抢夺,是伏莽莠民,未必仅在并海也"③。如何让民间力量、官方共同协力对抗外来入侵,应当找到一个契合点,关键在于要有直接的处置对策。可惜包世臣已于1855年去世,未能见到他之前预言的发生,而就在一年之后,第二次鸦片战争发生。

三、魏源的海防思想

魏源的海防思想比较成熟,正如前引文所述,学术界讨论较为充分,但是相矛盾之处也较为明显,因而本节主要是将重要文段展出,并进行分析。具体与外患作战的方式,魏在守、战和款等几个方面都有所论述,兹将重要的罗列于下:

---

① 包世臣:《致广东按察姚中丞书(节录)》,《鸦片战争时期思想史资料选辑》,知识产权出版社 2013 年版,第 4 页。

② 包世臣:《致祁大臣书(节录)》,《鸦片战争时期思想史资料选辑》,知识产权出版社 2013 年版,第 46—47 页。

③ 包世臣:《致祁大臣书(节录)》,《鸦片战争时期思想史资料选辑》,知识产权出版社 2013 年版,第 47 页。

"自夷变以来,帷幄所擘画,疆场所经营,非战即款,非款即战,未有专主守者,未有善言守者。不能守何以战?不能守何以款?以守为战,而后外夷服我调度,是谓以夷攻夷;以守为款,而后外夷范我驰驱,是谓以夷款夷。"①

"夷事无所谓用兵也,但闻调兵而已,但闻调邻省之兵而已。夷攻粤,则调各省之兵以赴粤;夷攻浙,则调各省之兵以赴浙;夷攻江苏,则又调各省之兵以赴江苏……若谓英夷强寇,非一省所能抵御也……然则各省之勇民,原足充各省之精兵,练一省之精兵,原足捍一省之疆圉。所要者,止在募练之得法;所难者,止在调度之得人;不在纷纷多调客兵也。"②

"然则欲制外夷者,必先悉夷情始;欲悉夷情者,必先立译馆翻夷书始;欲造就边才者,必用留心边事之督抚始。"③

"总之,法信令必,虽枷杖足以惩奸;法不信令不必,虽重典不足儆众。饮食不已,酿为讼师;小刑之刀锯不肃,酿为大刑之甲兵。圣人垂忧患以诏来世,岂不深哉!"④

魏源的海防思想相较于包世臣而言,显然更进一步,这主要体现在魏源海防思想不仅关注如何御敌在海上的思路,而且从守、战和款等多个角度加以论述。虽然很不幸这样的想法遭到别人的抨击,以致《海国图志》毁版,但其在日本却产生极大影响。直至改革开放,学术界对其依然有争议。但是毫无疑问,作战、防守和议和全盘考虑,才是做好海防的必由之路。

魏源还对当时的海防提出犀利的意见。以夷攻夷、以夷款夷无疑是亮点,利用各列强之间的矛盾,从而获取对中国较有利的环境,毫无疑问值得采纳。而在鸦片战争中,调兵而不是就近用兵,终导致作战的被动,这一教训值得深思。要想真正战胜外来侵略者,对外要了解夷

① 魏源:《筹海篇一(节录)·议守上》,《鸦片战争时期思想史资料选辑》,知识产权出版社2013年版,第61页。

② 魏源:《筹海篇二(节录)·议守上》,《鸦片战争时期思想史资料选辑》,知识产权出版社2013年版,第64页。

③ 魏源:《筹海篇三(节录)·议战》,《鸦片战争时期思想史资料选辑》,知识产权出版社2013年版,第66页。

④ 魏源:《筹海篇四(节录)·议款》,《鸦片战争时期思想史资料选辑》,知识产权出版社2013年版,第69—70页。

情,对内则要明确法度,这样才是必由之路。

魏源的海防思想是先进的,然魏源及其著作《海国图志》的命运则是悲惨的,但是该书在日本的影响尤其是对明治维新的间接促进价值斐然。当晚清最后二三十年中,先进的中国人寻找救国之策时,《海国图志》以一种微妙的方式对各种政治思想产生了积极影响,其海防思想也在其中,这或许是魏源不曾预料的,但同时也是对魏源的一种慰藉。

四、士大夫对姚莹贬斥之事的回应

鸦片战争爆发以后,时任清朝台湾兵备道姚莹和总兵达洪阿积极备战,组织台湾军民抗击英国侵略者。1841—1842 年两年中,姚莹和达洪阿合作,励精图治,连续三次打击英国侵略者,名动一时。但是 1842年 8 月 29 日,清政府钦差大臣耆英、伊里布、牛鉴与英国全权代表璞鼎查还是在南京签订《中英南京条约》。此后,璞鼎查要求清政府惩办台湾抗战将领。清政府竟然完全应敌所请,将姚莹、达洪阿革职逮问,此即为著名公案,成为后世多方论述的焦点。

对此事,鲁一同①则有论:"窃料夷人张其凶暴,咆哮中国,深入腹地,得而不有,非有余力而不肯施,技止此也。使边将皆如莹等,出万死不一顾返之计,纵不百全,胜负之理,亦当相较,或未易量。今怵其诡说,变易有功之臣。莹等一去,海外孤危。后有来者,避畏吏议,孰敢击贼。边吏解体,辱军之将有所饰其耻,率相委以去,东南之祸未有艾也。且国家诛诸将以委城,而罪莹以敢战,进退之义,臣未得其中。谓宜湔雪莹罪,激励有功,以劝来者。"②

鲁氏论断主要提出对夷人未必不能战胜,只要所有的将领都可以同姚莹一般,胜负结果可以一搏。所以鲁氏认为对外作战,关键还是在于人本身,这一点透露出唯物论的观念。只是如果对如姚莹这样的人

---

① 鲁一同(1805—1863),字通甫,江苏山阴人,道光十五年举人,著有《通甫类稿》等书。见《鸦片战争时期思想史资料选辑》,知识产权出版社 2013 年版,第 86 页。

② 鲁一同:《拟论姚莹功罪状》,《鸦片战争时期思想史资料选辑》,知识产权出版社 2013 年版,第 70 页。

才都要贬斥,不仅让更多的有识之士寒心,更会使以后的对外战争将士畏首畏尾。

姚莹的悲剧固然是其个人的悲剧,但更是这个时代的悲剧,从另一个角度说明了当时的清政府海防意识的淡薄,依然还做着天朝上国的美梦,不思进取,对已经发生的剧变毫无省思。所以本文论述到此,有些结论比较纠结,一方面很多有识之士在鸦片战争前就认识到了海防的重要,另一方面有些上层人士在鸦片战争之后依然对海防不够重视,从而导致了严重的后果。

当然姚莹、达洪阿两人被下狱同道光一朝穆彰阿的权势及穆彰阿同陶澍等人的权力斗争有关,也和满汉之争相关,使姚莹一案有着浓厚的权力斗争牺牲品的味道。[①] 但是,在经略台湾数次大胜的前提下,姚莹依然不得不面临如此厄运,归根结底,还是当时朝廷对海防重视程度远远不够。除少数先进人士外,姚莹的冤案并未得到广泛的响应,这才是真正令人深思的问题。

五、若干省思

事实上,在鸦片战争发生前,就有为数不少的士子注意到英国的动机,主张海防论,包世臣即为其中突出代表。这段时期,他们对英国鸦片贸易的危害性提出了自己的见解,指出战争可能随时发生,因而要随时做好应对措施。可是,学术界对这段史实总是有意无意地忽视,提及的并不多,这导致对鸦片战争前中国思想界的变化估计不足。

其实,学术界近期已经将关注焦点上移到嘉道年间的学术变化上,一群忧国忧民的知识分子以经世致用为旗帜,对若干问题进行讨论,效果很好,直接对鸦片战争之后的学风转变起到了开先河之用。其中,如

---

① 参见刘海峰:《穆彰阿、姚莹与"台湾之狱"》,《兵团教育学院学报》2008 年第 6 期。

何应对外来入侵也是问题之一。①

然而，即使在鸦片战争战败后，政府层面依然不思进取，对海防的重视程度依然不够。贾小叶认为，鸦片战争之后，近代化未能启动的原因在于"道光帝等人急功近利的心态，和地方督抚将帅因循守旧的官场作风"②。与近代化未能启动类似，政府层面对海防的重视也是如此。

不过，值得庆幸的是，鸦片战争前后海防意识毕竟开始觉醒，虽然不是所有的人都认识到这一点，但这确实是黑暗中的一点亮光，在当时万马齐喑的局面中，对国人起到了振聋发聩的作用。随着历史进程的推进，海防意识逐渐在统治阶层里成长，虽然这样的成长速度很缓慢，但是聊胜于无，成为国家海防建设的新起点。比如，晚清同光年间能够有关于海防、塞防的争议，实则在统治阶层中，海防意识和海防价值已经逐步渗透，成为考虑对外事宜的重要参考。

---

① 如陈寿祺也提及："然即使朝廷停罢互市，岁捐海上数十万金之税，而夷人失利，上下骚动，游手怨咨，何所安置。内外阻窒，思之实无良策。顾未知苍苍者之悔祸何日也？"[陈寿祺：《上宫保尚书仪真公书(节录)》，《鸦片战争时期思想史资料选辑》，第5页]"今曹、滑乱民所谓天理邪教者，或云即西方天主教也……虽此邦案堵，不足烦远虑，然涓涓不绝，将为江河，不可不留意防微也。"[陈寿祺：《再与总督汪尚书书(节录)》，《鸦片战争时期思想史资料选辑》，第6页]黄爵滋也提及："严剿御以肃夷禁也。"[黄爵滋：《敬陈六事疏(道光十五年九月初九日)》，《鸦片战争时期思想史资料选辑》，第12页]
② 贾小叶：《第一次鸦片战争时期清政府关于善后防务的认识、讨论与决定——兼论第一次鸦片战争后中国近代化未能起步的原因》，《人文杂志》2007年第4期。

"正威炮"流传经历考

舟山博物馆　王　光

一门 1601 年铸造的英国火炮,不知何时流落到嘉庆时期盘踞在中国沿海的海盗之手后,又随着海盗的被剿灭转为清军水师所有,更是在 30 余年后的第一次鸦片战争期间被清军用来抵御来犯的英军,并由于清军的战败而被英军重新缴获又运回了英国。前后历经明清两代,共 240 余年,这门火炮见证了清代海防力量的衰弱,让人不禁想仔细考察它究竟经历了怎样的传奇。

一、发现: 定海清军防线上的英国火炮

1840 年 7 月 5 日下午,集结在定海港内的英军战船向清军战船和岸上的清军防线开炮,第一次定海之战爆发。仓促应战的清军尽管奋勇还击,还是被猛烈的英军炮火完全压制,战船被击沉,防线被击溃,定海城也在 7 月 6 日宣告失守。

战后,英国"东方远征军"的炮兵总指挥蒙哥马利(P. Montgomerie)于 7 月 10 日写了一份汇报英军在第一次定海之战中缴获的清军武器数量的报告,其中提到在缴获的 91 门大小不一的铜铁火炮中,有 1 门特殊的铜炮,上面有英文铭文"1601,made by Richard Phillips"(图 1),

意为"1601,理查德·菲利普斯制造",但没有制造地点。[①] 这似乎是一门出自英国的火炮。这门炮被定海清军部署在海边匆忙构筑起来的定海道头防线上。英军第 26 苏格兰步兵团中尉查尔斯·邓肯·卡梅伦 (Charles Duncan Cameron)在 1840 年 7 月 5 日的日记中也提到了在清军的防线上有一门 32 磅英国铜炮,不过在他的日记中,他将炮上的英文铭文误记为"John Phillips made this piece A. D. 1601",意为"约翰·菲利普斯 1601 年造"。[②]

图 1   火炮上的英文铭文(拍摄者:Hunanuk)

从照片上可见,火炮上准确的英文铭文为"RICHARD PHILLIPPS MADE THIS PECE ANO DNI 1601"。其中"PECE"是"PIECE"的中古英语写法,"ANO DNI"是拉丁文,意为"在……年",全文意为:这门

---

①   *The Asiatic Journal and Monthly Register for British and Foreign India*,*China*,*and Australia*,London:Parbury,Allen,and Company,1840,p. 348.

②   Rick Bowers:*Notes from the opium war*:*selections from lieutenant Charles Cameron's diary during the period of the Chinese War*,1840—1841,Journal of the Society for Army Historical Research,Autumn 2008,Vol. 86,No. 347 (Autumn 2008),p. 193.

火炮是由理查德·菲利普斯铸造于 1601 年。当时的英国处于都铎王朝末期的伊丽莎白女王一世在位时期,而中国则是明神宗万历二十九年。

其实理查德·菲利普斯与约翰·菲利普斯是 16 世纪末英国伦敦的两位铸炮师兄弟。两人一起合作铸炮,他们的名字也曾同时出现在两门 1590 年、1596 年铸造的火炮上。这两门炮于 1978 年在巴西巴伊亚湾的一艘沉船残骸中被发现。或许正是因此,卡梅伦将理查德误记为约翰。理查德在伦敦的猎犬沟渠街(Houndsditch)有一间铸造工厂,他还被认为是黄铜火炮的创始人之一,他在 1603 年获得的专利特许证可以让他每天获得 12 便士的收入。[①] 可见这门火炮还是出自英国的铸炮名匠之手。有参战的英军认为,这门炮的质量比它旁边那些清军自己铸造的铁炮都要好。[②]

1842 年,第一次鸦片战争结束后,英国人将这门火炮和在虎门炮台俘获的三门葡萄牙火炮一起运回了英国,最初它们被收藏在著名的英国伦敦塔内的皇家兵械库内,现藏在位于英国英格兰西约克郡利兹汉普郡尼尔森堡(Fort Nelson)的皇家兵械库博物馆(Royal Armouries Museum),炮架则是后来制作的复制件。

根据皇家兵械库博物馆测量的数据,这门火炮的炮管长 276.9 厘米(109 英寸),连炮尾炮钮长 294.6 厘米(116 英寸),炮重 1007.8 千克(2222 磅),炮口直径 95 毫米(3.75 英寸)。按当时西方火炮的分类属于鹰隼炮(saker),得名于中东的一种隼科猛禽,属于中型火炮。除了陆上使用外,这种火炮也常被用于海战。除了军队外,商船也会装备此种火炮用于自卫。

---

① https://collections.royalarmouries.org/object/rac-object-23484.html.

② Duncan MacPherson: *Two Years in China: Narrative of the Chinese Expedition, from Its Formation in April, 1840, Till April, 1842; with an Appendix, Containing the Most Important of the General Orders & Despatches Published During the Above Period*, London: Saunders and Otley, 1842. p. 261.

二、探究：从英国到中国的历程

从照片上可见（图 2），这门炮的炮身上除了前文所提及的说明铸炮者的英文铭文外，还有大段的保存清晰的中文铭文，可辨别出内容是清嘉庆时期任浙江巡抚的清代著名文人阮元所撰的题为"正威炮铭"的铭文。录文如下："赤堇之质，黄金之色。渎神惰贡，自交趾国。长赢两寻，规圆绳直。嘉庆五年，天风荡贼。敔而袚焉，全其本德。归正服逆，允宣厥职。驾海奔雷，万钧声力。值发无虚，当坚必克。守我浙东，制彼遐域。元戎宝之，视兹铭刻。兵部侍郎巡抚浙江提督军务仪征阮元撰。"[①]

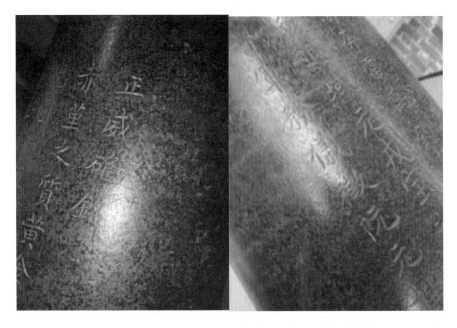

图 2　火炮上的中文铭文是阮元所撰"正威炮铭"，可见阮元落款（拍摄者：Hunanuk）

从这段铭文可知，阮元对这门"清嘉庆五年，与贼交战，得自'交趾国'"的火炮十分认可，还将它取名"正威炮"，这也揭示了这门火炮在东

---

① 结合照片与阮元《揅经室四集》卷二收录的《水师正威大铜炮铭》整理，见《揅经室四集》，中华书局 1993 年版，第 743 页。

方的一段流传经历。

清乾隆五十一年(1786),天地会领袖林爽文在台湾起义,响应者甚多,声势浩大。为扑灭起义,除福建外,清政府还从邻近的浙江、广东抽调大量水陆兵力前往台湾,最终在乾隆五十二年(1787)将起义军击败。但是在闽、浙、广三个海防重镇这样大规模地抽调兵力,打乱了原有的较为完备的海防体系,造成了一些区域海防兵力的空虚,海盗乘机兴起,又逢嘉庆时期沿海风灾、水灾频频,加上清廷日趋保守的海洋政策,导致许多沿海渔民生计无着,选择加入海盗,使得海盗势力不断增强。浙江也因此成为海盗活动频繁的区域,形成了"凤尾帮""箬黄帮"等本地海盗帮派。差不多同一时期,越南也爆发了西山农民起义,阮文岳、阮文惠、阮文侣三兄弟领导的西山农民军推翻了黎朝广南国阮氏的统治,建立西山政权,但是随之又陷入与有法国支持的广南国王族阮福映的苦战中。长期的战争,导致西山政权财政陷入困局。为缓解这一困境,西山政权"乃招滨海亡命,资以兵船,诱以官爵,令劫内洋商舶以济兵饷"①。招募的人中有许多是清廷人,活动区域也多在闽、浙、广三地的沿海海域。由越南西山政权支持的越南海盗被称为"艇盗"或"艇匪",浙江的海盗称为"土盗",福建的海盗则称为"洋盗"。

嘉庆元年(1796),在福建海盗李发枝的引导下,艇盗从福建进入浙江海域。虽然最初与土盗势力多有冲突,但两股势力很快发现相互合作能获取更多利益,于是达成合作。越南海盗的"船巨炮巨,船外蔽以牛皮网索,使我炮弹不能入"②,即使水师战船遇之未能必胜。这也使得越南海盗有恃无恐,甚至向沿海官吏宣称是来"收税"。③ 而浙江本地的土盗则熟悉海陆地形,于是"土盗倚夷艇为声势,而夷艇恃土盗为向导"④。浙江海域的海盗活动日益猖獗,海盗们掠夺商船、渔船,上岸洗劫村庄、劫持人质,甚至连朝廷的运输船也敢抢劫。有学者也称这一时期为中国海盗黄金时代的第三个高潮。⑤

同是在嘉庆元年,阮元就任浙江巡抚,决心剿灭浙江沿海海盗。他

---

① 魏源:《嘉庆东南靖海记》,《圣武记》卷八,中华书局1984年版,第354页。
② 焦循:《雕菰集》卷十九"神风荡寇记",上海商务印书馆1937年版,第308页。
③ 焦循:《雕菰集》卷十九"神风荡寇记",上海商务印书馆1937年版,第307页。
④ 魏源:《嘉庆东南靖海记》,《圣武记》卷八,中华书局1984年版,第354页。
⑤ 安乐博、王绍祥:《中国海盗的黄金时代:1520—1810》,《东南学术》2002年第1期。

多次上疏,请求建造大船大炮;重用李长庚等一批水师将领,加强练兵,提升水师战力,并将定海、黄岩、温州三镇水师交由李长庚统一指挥,以统一号令,集中兵力对抗海盗;积极采用定海孝廉李巽占、定海教谕王鸣珂等人的建议;亲自制定《辑匪章程》七则,在沿海严行保甲之法。

通过种种措施,浙江水师在与海盗作战中逐渐占据主动权。嘉庆五年(1800)二月,黄岩镇水师总兵岳玺率兵剿灭了浙江土盗中的"箬黄帮",浙江土盗遭到沉重打击,不得不更加依附安南艇匪,越南艇匪也更频繁地侵入浙江海域。

嘉庆五年(1800)六月,安南海盗纠集 30 余艘船只和水澳帮、凤尾帮各六七十艘船只,来势汹汹进犯台州。阮元也坐镇台州,与浙江提督苍保、定海镇水师总兵李长庚、黄岩镇水师总兵岳玺、温州镇水师总兵胡振声一起商讨破敌之策。清军首先用反间计使得水澳帮与凤尾帮内斗后离去。六月十五日,艇匪与凤尾帮来到台州松门,准备登岸劫掠同时避风。松门守军时刻戒备,严阵以待。三镇水师也在金清会合,准备与海盗决战。

二十一日夜间,风雨大作,停泊的海盗船只相撞沉没甚多,陷入混乱,清军水师虽然也受风暴影响多艘船只受损,但仍抓住战机,水陆同时发起进攻,在海上追击尚未沉没的海盗船只,在陆上搜捕逃上岸的海盗。海盗被淹死者四五千人,被生擒的也有八百余人,清军水师战死及落水而死的数十人。二十五日,艇匪首领伦贵利也被黄岩县令孙凤鸣和定海县教谕王鸣珂在岸上擒获。伦贵利,原名王贵利,是广东澄海县人,投靠西山政权后为避讳改为伦贵利,被封为善艚队大统兵进禄侯。之后伦贵利被阮元在杭州凌迟处死。

经此一战,安南艇匪与浙江本土的凤尾帮两股海盗势力的主力被剿灭,加上之前即被剿灭的箬黄帮,浙江的海盗基本肃清。

此战中,清军水师缴获了海盗的大量武器,光火炮就有"紫铜炮,重二千四百斤、二千八百斤者五六门,洋铁大炮重四千斤者一门,余铁炮三十余门",还有大量其他兵械。[①] 其中就有正威炮,阮元之弟阮亨在其所著《瀛舟笔谈》卷一中提到,阮元平安南夷寇之后,获其大铜铁炮无

---

① 王章涛:《阮元年谱》,黄山书社 2003 年版,第 217 页。

算,其中铜炮尤"坚滑异常",阮元将这门炮分配给水师,并取名"正威炮"。① 包括"正威炮"在内的这批缴获的铜铁大炮大多装备给了阮元主持新造的三十艘水师"霆"字号新战船。②

那么往前追溯,这门火炮又是如何落入海盗手中的呢?英国皇家军械库博物馆对这门炮的介绍中,推测这门火炮最初是用于商船自卫的。③ 当时的商船为了海上航行安全,通常都会在船上装备火炮。根据台湾学者黄一农所著《红夷大炮与明清战争》一书中的统计,1620 年左右英国东印度公司 400 吨的商船上就通常装备有重型的半蛇铳 8—14 门,中型的鹰隼炮 10—14 门,而 800 吨的则装备有重型的大蛇铳、半蛇铳 24—29 门,鹰隼炮 12—14 门。④

但就是这样的武备,再加上西方商船"舷高行速,很难从海上强行登上甲板,坚固的结构足以抵御枪炮的射击"⑤,依旧不能让他们免除被海盗劫掠的可能。尽管海盗们很少袭击像英国东印度公司这类"英王陛下的船只以及其他与印度做生意的商船",但是其他一些从事私人贸易的散商的商船,哪怕他们有所防备,还是会成为海盗们攻击的目标。⑥ 虽然没有 17 世纪海盗袭击西方商船的已知记载,但是美国学者穆黛安在其书中列举了清嘉庆时期,两例西方商船船员被海盗掳获的事件,分别是 1808 年,一艘名为"皮尔格利姆"(Pilgrim)号的小型纵帆船上 8 名水手被海盗虏获;1806 年 12 月 7 日,英国港脚船"塔伊"号的大副 J. L. 特纳和 6 名印度水手被海盗虏获。⑦ 由此可见,西方商船也是海盗们劫掠的对象,而商船上配备的火炮也成为海盗的重要火炮补充来源。⑧

这门英国铸造的铜炮很可能就是这样落入越南海盗手中的。又随着海盗被剿灭为清朝水师所用,"归正服逆",得名"正威"。

① 王章涛:《阮元年谱》,黄山书社 2003 年版,第 226 页。

② 王章涛:《阮元年谱》,黄山书社 2003 年版,第 252 页。

③ https://collections.royalarmouries.org/object/rac-object-23484. html.

④ 黄一农:《1620 年左右,英国和荷兰两东印度公司船上之火炮表》,见《红夷大炮与明清战争》,四川人民出版社 2022 年版,第 66 页。

⑤ 穆黛安著、刘平译:《华南海盗 1790—1810》,商务印书馆 2019 年版,第 122 页。

⑥ 穆黛安著、刘平译:《华南海盗 1790—1810》,商务印书馆 2019 年版,第 146 页。

⑦ 穆黛安著、刘平译:《华南海盗 1790—1810》,商务印书馆 2019 年版,第 112 页。

⑧ 穆黛安著、刘平译:《华南海盗 1790—1810》,商务印书馆 2019 年版,第 126 页。

在这门炮的炮尾还有另一段中文铭文："浙江黄岩镇总兵官岳玺率修,弁沈天贵等护用。"岳玺如铭文所写是黄岩镇水师总兵,而沈天贵是其麾下的黄岩镇水师中营守备(图3)。①

黄岩镇水师也是松门之战的主力之一。从这段铭文来看,这门火炮被从安南艇匪中缴获后,应当先是由黄岩镇水师使用。最后又是如何来到定海,出现在了抵抗英军攻城的防线之上的依旧不得而知。

图3　炮尾的中文铭文(拍摄者:Hunanuk)

三、反思: 从正威炮看清代火炮技术的停滞

正如火炮上原有的英文铭文所指出的,这门火炮铸造于明万历年间,其实,在"正威炮"诞生的年代,明朝人很可能就对这种类型的西式火炮有了相当的了解。学者金国平认为,明嘉靖时期郑若曾所编著的

---

① 光绪《黄岩县志》卷十三"职官·武职",上海书店:《中国地方志集成·浙江府县志辑》第五十一册,上海书店出版社2011年版,第239页。

《筹海图编》(图 4)中的铜发贡就是明人自己仿制的鹰隼铳(Saker)。①

图 4 《筹海图编》卷十三中的铜发贡图

而最早成书于明万历年间(与"正威炮"铸造年代相同)、由明代将领何汝斌所著的《兵录》第十三卷火攻的《西洋火攻神器说》中,将西洋火炮分为战铳和攻铳两大类(图 5)。其中攻铳的类型中也明确提到鹰隼铳,并且对鹰隼铳的形制有详细的记载(图 6),看得出此时的中国人对这种火炮已有了很全面的认识。

---

① 金国平:《40 年来中国学术界中葡关系研究之回顾与展望》,《行政》2021 年第 2 期。

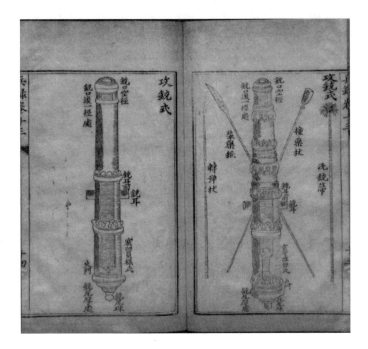

图 5　何汝斌《兵录》中的攻铳图式

图 6　何汝斌《兵录》中的鹰隼铳形制介绍

然而到了两个世纪之后的清嘉庆时期,这门火炮依旧让缴获它的清朝人赞誉有加,阮元所撰的《正威炮铭》中,夸赞这门火炮"驾海奔雷,万钧声力。值发无虚,当坚必克",可以"守我浙东,制彼遐域"。

这除了说明英国铸炮大师理查德的铸炮手艺精湛外,更反映了清朝火炮技术的停滞。要知道这门火炮已是英国 200 年前的产品,就在阮元感叹这门火炮威力巨大、射击精准的同时,英国的火炮制造技术与工艺经历了工业革命的洗礼,早已又有了巨大的提升。

除了"正威炮"外,阮元在其《揅经室四集》卷二"记蝴蝶炮子"一文中还提到在同一场战斗中,清军还得到了一种他取名为"蝴蝶炮子"的炮弹,这种炮弹"以两半圆空铜壳合为圆球之形,两壳之中以铜索二尺连缀不离蟠,其索纳入两壳而合之,熔铅灌之,铅凝而球坚矣。以球入炮,炮发球出,铅熔壳开,索连之飞舞而去,凡遇战船高樯帆索无不破断者矣"。阮元让工匠"仿其式造之,甚良"。他也因此"记之,以广武备之异闻"。[①]

阮元所描述的这种炮弹在明代孙元化所著、成书于明末崇祯年的《西法神机》一书中也已有记载,书中称为"链弹"(图 7)。同样的炮弹在 100 余年后却成为"武备之异闻"。由此也可见清代火炮技术发展的停滞,从而导致嘉庆时期的清代水师尚能尽力与侵犯沿海的海盗一战,到了道光时期,面对也是从海上来犯的英国海军,还需要依靠 200 余年前的英国铜火炮,而"正威炮"也终究没有实现阮元对它的期望。

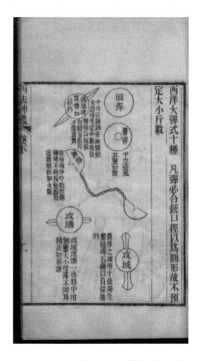

图 7 《西法神机》中所描绘的链弹

---

① 阮元:《揅经室四集》,中华书局 1993 年版,第 628—629 页。

四、结　语

　　历经沧桑的正威炮如今安静地陈列在英国皇家兵械库博物馆的展厅内,回到了它诞生的地方。考察它的流传经历,商船、海盗、东西方之战,俨然是一部浓缩的近古东亚海洋史。它也亲身见证了清代海防力量在面对海上来犯之敌时从还可勉力一战到完全被压制的衰弱。火炮沉默,但是它在历史长河中击出的回响依旧振聋发聩、引人深思。

清末温州士绅海防思想初探

——以孙诒让《周礼政要》为例

温州商学院　张宜仪

若将海防视为"海上防卫"①，将海洋中的战争视为海防活动的表现，那么传世文献中关于海防活动的记录可追溯至春秋时期。《左传·哀公十年春》中就有"徐承帅舟师将自海入齐，齐人败之，吴师乃还"②的记载。③若要考察传统中国"以陆制海"策略最早最清晰的表述，则要从明朝说起。明嘉靖三十五年（1556），时任浙江巡按御史抗倭名将胡宗宪邀郑若曾等编的《筹海图编》一书中有"防海之制谓之海防，则必宜防之于海"④。随着时代的变迁和海防实践的发展，"海防"的内涵也从原来的军事防卫扩展到各个层面。2014 年 6 月 27 日，习近平总书记在接见第五次全国边海防工作会议代表时强调，要坚持把国家主权和安全放在第一位，贯彻总体国家安全观，周密组织边境管控和海上维权行动，坚决维护领土主权和海洋权益，筑牢边海防铜墙铁壁。边海防工作是治国安邦的大事，关系国家安全和发展全局。⑤ 基于海防在国防中的

---

　　① 戴逸、张世明：《十八世纪的中国与世界》，辽海出版社 1999 年版，第 224 页。

　　② 杨伯峻编著：《春秋左传注》，中华书局 2009 年版，第 1656 页。

　　③ 参阅祝太文：《清代浙江行政职官与海防关系研究》，光明日报出版社 2016 年版，第 1 页。自序："如果把海上的攻防作为海防活动的标志，那么齐、吴、越各国的海上攻防无疑是中国古代海防之始。"

　　④ 高新生：《中国海防学》，辽宁人民出版社 2019 年版，第 60—61 页。

　　⑤ 《习近平在接见第五次全国边海防工作会议代表时强调 强化忧患意识使命意识大局意识努力建设强大稳固的现代边海防 李克强 张高丽参加》，《人民日报》2014 年 6 月 28 日第 1 版。

重要地位,且现代海防是"辩证发展的新时代海防"①。因此本文所述海防援引如下定义:"海防是为了国家领土完整、主权安全和发展利益,防备外敌入侵,维护海洋权益,保持沿海地区和海疆正常秩序,在沿海地区、领海、管辖海域以及国家利益所及的范围内进行的一切管防卫管控措施和行动。"②

　　基于以上界定,可知海防建设是一项涉及政治、经济、文化、外交等要素的系统工程。其中海防文化"反映国家的海防理念、海防行为规范和有关海防的价值标准,对国家海权的发展和维系具有独特作用"③。从广义的海防文化之界定出发,"它包括海防物质文化、海防制度文化和海防精神文化"④。因此海防精神文化研究是海防研究的重要组成部分。1840 年第一次鸦片战争是中国近代史的开端,也是清政府海防建设的转折。"清朝建立后……浙江海防区设定海、黄岩和温州三镇。"⑤彼时浙江海防在"海上、沿岸、内地"三线⑥基础上因应时局、积极变革。三线中的"内地"线由地方行政职官和它所掌握的地方力量构成。因此以孙诒让为主的孙氏宗亲及其交际圈子必然对温州乃至浙江的海防建设有所影响,从士绅⑦的角度反映当时的海防精神文化面貌。

---

　　① 高新生:《中国海防学》,辽宁人民出版社 2019 年版,第 60—61 页。

　　② 高新生:《中国海防学》,辽宁人民出版社 2019 年版,第 60—61 页。

　　③ 该句为刘保铭的国家社会科学基金项目"文化强国背景下的中国海防文化战略研究"中的表述,引自高新生:《中国海防学》,辽宁人民出版社 2019 年版,第 41 页。

　　④ 该句为刘保铭的国家社会科学基金项目"文化强国背景下的中国海防文化战略研究"中的表述,引自高新生:《中国海防学》,辽宁人民出版社 2019 年版,第 41 页。

　　⑤ 祝太文:《清代浙江行政职官与海防关系研究》,光明日报出版社 2016 年版,第 8 页。

　　⑥ 参阅祝太文:《清代浙江行政职官与海防关系研究》,光明日报出版社 2016 年版,第 9—10 页。"清代浙江海防布局分为海上、沿岸、内地三线。海上游弋水师哨船战舰,沿岸驻扎水师和严防陆师,而地方行政职官即其所掌握的地方力量则构成海防的第三线。"

　　⑦ 本文"士绅"的概念参阅李世众:《晚清士绅与地方政治——以温州为中心的考察》,上海人民出版社 2006 年版,第 9—16 页。

一、历史背景

（一）清末海防思想

从 1840 年到 1901 年,中国的海防思想经历了阶段性的变化。

据刘中民《中国近代海防思想史论》,鸦片战争前清朝水师的衰弱腐朽"已经达到了无以复加的地步"。[①] 现实惨淡,加上清政府对海洋和海权缺乏起码的认知,当时的海防思想总体而言仍处于"重陆轻海"的阶段,采取的是"以守为战"的海防战略。随后,清政府自信的陆战也接连失利,前线将领林则徐[②]等意识到提升海战战力势在必行,开始"承认优势武器装备在战争中的重要作用"。[③] 1884—1885 年,张之洞[④]参与主持中法战争。1885 年 7 月 7 日,张之洞在《筹议海防要策折》中指出:"自法人启衅以来,历考各处战事,非将帅之不力,兵勇之不多,亦非中国之力不能制胜外洋。其不免受制于敌者,实因水师之无人,枪炮之不具。"[⑤]

于是清政府从单方面认为自己陆战有优势而坚持"以守为战、以陆制海",转而开始意识到海防建设的重要性,并开始筹划练兵、简器、造船、筹饷、用人、持久等一整套系统方案。[⑥]

现以清末名将周盛传[⑦]对李鸿章[⑧]抄寄的同治皇帝谕令和总理衙门关于海防的条议之答复为背景做解释。"所未易猝办者,人才之难

---

① 刘中民:《中国近代海防思想史论》,中国海洋大学出版社 2006 年版,第 19 页。

② 林则徐(1785 年 8 月 30 日—1850 年 11 月 22 日),字元抚,福建侯官县人,中国清代后期政治家、文学家、思想家,民族英雄。

③ 王宏斌:《晚清海防:思想与制度研究》,商务印书馆 2005 年版,第 21 页。

④ 张之洞(1837—1909 年),字孝达,号香涛,与曾国藩、李鸿章、左宗棠并称"晚清中兴四大名臣"。

⑤ 赵德馨主编,吴剑杰、冯天瑜副主编,谷远峰、周秀鸾点校对,张之洞:《张之洞全集一》,武汉出版社 2008 年版,第 295 页。

⑥ 王宏斌:《晚清海防:思想与制度研究》,商务印书馆 2005 年版,第 82 页。

⑦ 周盛传(1833—1885),字薪如,同治元年(1862)随兄盛波加入淮军。

⑧ 李鸿章(1823—1901),本名章铜,字渐甫、子黻,安徽合肥人,中国清朝晚期政治家、外交家、军事将领。

得,经费之未充,畛域之未化,故习之难除。"①据王宏斌分析:"在周盛传看来,总理衙门的原奏已经将海防事宜综括无遗……这四个难题如果得不到适当解决,海防最终是个没有实际意义的画饼。"②李鸿章后来的《筹议海防折》与周盛传的答复思想相通。因而海防建设之难,在人才、经费、畛域、故习等是一个系统工程,应是李鸿章等人的共识。此外,清末诗人朱采③在一封答复许景澄④的书信中强调海防建设要重视人才的培养和选拔;而要解决经费问题,则须将关税和鸦片税收用于海防。

所以,尽管一开始还有许多没有亲历战争的守旧人士情感上无法接受战争结果,没能客观正视海防建设及其背后的工业、商业和教育方面的落后,以为战败是前方士兵不够勇敢等主观因素所致;然而随着战事屡屡失利,他们也逐渐意识到:清末中国海防的落后不仅体现在战略、战术和武器方面,还体现在支撑海防的工业、商业和教育方面。

晚清海防思想研究所选代表人物基本上是清末洋务派官员、参与沿海战事的将领和发表过海防议论并被李鸿章等采纳上奏的士绅。孙诒让作为朴学家似乎并未涉及该领域。事实上,孙诒让与洋务派的张之洞、李鸿章、许景澄等素有来往(或通信,或雅集),曾任瑞安筹防局总董,晚年在温州大力推进航运、矿产和教育事业等。因此他与海防建设有密切联系,且通过他能进一步理解温州士绅对海防建设的观点和看法。

(二)《周礼政要》撰写背景

孙诒让(1848—1908)为清末经学家、文字学家、训诂学家、教育家,被章太炎誉为"三百年绝等双"。他的治学主要有古籍整理考释和古文

---

① 参阅王宏斌:《晚清海防:思想与制度研究》,商务印书馆 2005 年版,第 133—134 页。
② 参阅王宏斌:《晚清海防:思想与制度研究》,商务印书馆 2005 年版,第 133—134 页。
③ 朱采,字亮生,又字云亭,号冶仙,清末诗人;同治三年(1864)优贡生,工击技、明弈理;先后入李鸿章、张之洞幕府,转入仕途。李鸿章器其才识,密疏荐之。
④ 许景澄(1845—1900),世称许公,原名癸身,字竹筼,生于浙江嘉兴,同治年间进士。1880年开始外交生涯,他曾被清政府任命为驻法、德、奥、荷 4 国公使。1890 年改任驻俄、德、奥、荷 4 国公使。许景澄曾写《外国师船表》,疏清朝廷,建议加强海防。

字研究等方面。后世评价他的学术成就，也大致不离传统儒学的框架。晚清时局危殆，心忧家国的孙诒让逐渐从书斋走向现实，从传统走向改革。

　　1894 年 7 月 25 日中日甲午战争爆发，彼时孙诒让担任瑞安筹防局总董，向浙江巡抚廖寿丰条陈《防办条议》。孙诒让提出"堵塞海口，修理城垣，建筑炮台，购办军火，清查保甲，筹捐经费"等六项要务，并在瑞安付诸实施。甲午战争后，清廷于 1898 年 6 月 11 日开始实施变法，持续至 9 月 21 日慈禧太后发动戊戌政变（史称"百日维新"）。1900 年，英、俄、日、法、意、美、德、奥八国联军以镇压义和团为借口发动侵华战争。1900 年 8 月 14 日北京失陷，次日慈禧太后带光绪帝仓皇出逃。1901 年 1 月 29 日清廷下诏变法，重提新政。洋务派代表人物盛宣怀[①]请托同乡翰林院编修费念慈邀孙诒让撰写一份新政条议，以备上呈清政府。费念慈于是向与孙诒让交好的胡调元修书一封[②]，说明当中的原委与要求，现录于此：

　　　　顷与杏荪[③]谈新政，创议欲撰一书进呈，以《周官》为之纲，以历代政治之因革损益诸大端为之目，包举西政，寻其源之于中法，不谬戾于经义，可实见施行者，条举而件系之。[④]

　　因此《周礼政要》的撰写背景基于《辛丑条约》签订前后之时局，"托古改制"的形式基于盛氏等人的请托。那么其所倡之改革内容是如何反映温州实际与海防的系统性建设的，则要具体分析。

---

　　①　盛宣怀(1844—1916)，字杏荪，江苏省常州府武进县(今常州市)人，清末官员，秀才出身，官办商人、买办，洋务派代表人物。
　　②　胡调元(1859—1927)，幼名元燮，字榕村，胡珏从子，居瑞安县城申明里。少承家学，稍长入诒善祠塾，师从孙衣言，光绪十七年(1891)中举，二十年(1894)中进士，后入苏州幕府。
　　③　即盛宣怀。
　　④　温州博物馆藏原函。

二、《周礼政要》的海防思想

孙诒让《周礼政要》中有关经济、教育和军事的论述，和晚清海防建设大局息息相关。以下将从海防所需的经济来源、人才及其培养办法、边海防的募兵养兵制度三方面予以分析。

（一）海防之财用

为建设海防，提升武器水平，当时洋务派大臣给出了三种类型的意见：一是从国外购买先进船只等武器设备，或者向外国借款用于购置；二是培养专门人才自办自造；三是将前两者相结合，根据实际需要定夺。而不管是哪种措施，都面临费用从何而来的问题。孙诒让在《周礼政要·宫政篇》中对海防相关的腐败问题和解决措施给予了回应，摘录如下：

> ……内务府诸臣，任意靡费，公为期罔，交结内侍，一切宫中传办物件，辄以宫门费赂内监，俾不复挑别，彼且坐得十百倍浮销之价值。故朝廷每有大典礼，大工程，内务府诸臣，即藉以为致富之资。前者内外臣工，屡见参劾，其得上闻者，未及百之一二，然已深骇听闻矣。至于外省织造，及各关监督之虚靡干没，则尤不可搂指数。即以粤海关言之，监督每岁坐得百数十万金，服御淫侈，仆从千人，司阍贱役，闻有岁支薪水万金者。其他奢恣万端，无不上亏国课，下朘商民……莫如以内务府兼隶户部，凡有工程造办均归户部估实工价，不得丝毫浮开，而裁内监，用士人，举凡宫门之费，全行裁禁，不许再有需索，使彼无所借口。①

孙诒让在这段论述中直指宫中的奢靡腐败以及海关官员的寻租获

---

① 孙诒让著，许嘉璐主编，雪克点校：《大戴礼记斠补（外四种）》，中华书局 2010 年版，第356—357 页。

利。他认为,应当明晰事务归属、精简人员,甚至应当彻底去掉皇宫中一切不必要的花费。当时海防建设受到内外多方掣肘:一边是陆战海战接连惨败,面临巨额赔款的同时,光绪帝为筹措海防经费受尽内外之困;另一边是慈禧太后轰轰烈烈举办六十大寿庆典,从内侍到海关官员居中盘剥,坐拥千金。孙诒让的这段论述虽是借着周制的"外壳",但更是针对晚清现实而发表的沉痛、尖锐且深刻的议论。

如果说上述是"节流",那么"开源"的手段则主要体现在经济政策的构想上。孙诒让在《周礼政要》中论述了两个方面:一为税收改革;二为商业发展。

首先是税收方面。"今当国用窘乏之时,不妨酌量普行征税,可饬于京外各省府县城,及乡镇市店,覆其盈息在百千以上者,及民房瓦屋直千金以上者,均斟酌依地赋之数增若干倍收税,其栈房及民间园亭之类,更倍之⋯⋯"[1]"廛布篇"从增加财政收入的角度表达了累进税制的基本思想,体现了税收公平。"券税篇"要求政府引进印花税:"商贾常预购印花以备用,其税课皆先以入官,无督责勒索之弊,而洋商与华商交易,皆由华商粘贴印花,则亦不得隐漏。其法至善,以中国地大物博,果照此行之,每岁所入,至少亦不下一万万元。不病民而有益于国,亦何惮而不为哉!"[2]

其次是商业方面。"同货篇"对成立商会的必要性及其运行方式给予了清晰的说明:"前者广东、上海各埠,商人虽有设公司者,卒以办理不善,仍多折阅。而各省商业,及南洋、美洲诸华商,虽各有会馆,亦不过为酬应游聚之公所,于商务无所裨益⋯⋯今既议兴商务,立商部,则宜俾各业贵,持以众力,禁楛改良,由于公议,则不致如今丝茶之价,听命于外人,掺伪之弊,延累于同业。故有营私而败群者,严罚而公摈之。有大事,则由公司商会集议,达于商部,以国家之力,为之保护。其蓄力也厚,而其赴事也勇,斯可握奇赢之柄,而自立于不败,而后抵巇蹈瑕,集其智力,以与西人抗衡。"[3]孙诒让认为,应当有意识地系统培养商家

---

① 孙诒让著,许嘉璐主编,雪克点校:《大戴礼记斠补(外四种)》,中华书局 2010 年版,第410—411 页。

② 孙诒让著,许嘉璐主编,雪克点校:《大戴礼记斠补(外四种)》,中华书局 2010 年版,第 413 页。

③ 孙诒让著,许嘉璐主编,雪克点校:《大戴礼记斠补(外四种)》,中华书局 2010 年版,第 440 页。

子弟的从商能力(包括发现商机、理解贸易规则等))①;成立商部统筹全国商务;精练护商兵船保护出洋华商;集合各公司成立商会以自主自治等,以期让中国成为能与西人抗衡的贸易强国,以商业为支撑在海洋中占据主导权。

(二)海防之人才

晚清的海防建设与教育改革和人才培养的关系亦十分密切。这点从当时分别主持中国南北船政的沈葆桢②和李鸿章的通信中可知。③孙诒让在《周礼政要·广学篇》之"谨案"④部分先梳理美国、日本和英国的学制与分科,然后指出当下(晚清)教育内容落后和教育普及度严重不足的问题。解决措施方面,孙诒让认为北洋的学制比较成熟,但"规模未广,经费未充"⑤,未能普及推广。因此从根本来说,应当"尽改府、州、县学及书院为小学堂,而设总学堂于各省会,重开大学堂于京师。凡高材生,自小学堂升入省学堂,又自省学堂升入大学堂,更甄拔其学成者,予以官职,与进士出身同。民间或有集资公立学堂者,准其呈报立案,给予文凭,与小学堂同,学成亦准其送入省学堂、大学堂,一律用之,则学艺日昌,奇杰间出,储材致用,其效可券矣"⑥。

前文提到孙诒让基于盛宣怀等的请托托古改制,因此"广学篇"也以西方的学校制度与周朝的庠序相比附。究其实质,他还是对当时应

① 该观点可参阅孙诒让著,许嘉璐主编,雪克点校:《大戴礼记斠补(外四种)》,中华书局2010年版,第439页,《周礼政要·保商篇》:"择商家子弟,开敏有才略者,游历各国,察访百货之盛衰,及异域之性情嗜好,以握其奇赢之柄……则西商之利夺而形绌,可以制胜于无形,彼虽悍鸷,安能独雄长于环球哉!"
② 沈葆桢(1820—1879),原名沈振宗,字幼丹,福建侯官(今福建福州)人,晚清时期的重要大臣,政治家、军事家、外交家、民族英雄,中国近代造船、航运、海军建设事业的奠基人之一。
③ 1874年3月3日,沈葆桢致李鸿章的信中详细描写了派遣留学生学习船政的具体章程。参阅陈悦:《从船政到南北洋——沈葆桢李鸿章通信与近代海防》,福建人民出版社2020年版,第21—23页。之后的1878年10月23日李鸿章致沈葆桢,12月6日沈葆桢致李鸿章(此书第289—291页);1879年8月11日李鸿章致沈葆桢,1879年8月29日沈葆桢致李鸿章(此书第304—308页)的信件中都提到了海防人才建设问题。其他信件亦有涉及,此处不一一列举。
④ 因托古言事,《周礼政要》每部分开篇先引《周礼》原文和训诂注释,接着以"谨案"的方式阐释西国制度与周制的异同,再阐释孙诒让个人的制度观点和设计。
⑤ 孙诒让著,许嘉璐主编,雪克点校:《大戴礼记斠补(外四种)》,中华书局2010年版,第372页。
⑥ 孙诒让著,许嘉璐主编,雪克点校:《大戴礼记斠补(外四种)》,中华书局2010年版,第372—373页。

发展怎样的教育有比较清晰的认识。结合孙诒让对温州教育的贡献，他的看法较前文所提朱采的观点更为系统和成熟。

除了整体学制外，孙诒让通过《周礼政要》强调了适应海防建设的实用教育。边防以地理环境为前提，海防更不例外。孙诒让在《周礼政要·图表篇》中尖锐地指出，部分官吏对国家疆域不清不楚，以致在条约谈判中茫然失据，令人齿寒，因此他提出应重视并普及图表之学。"凡制造工艺，欲作器物，必先绘形图，而后按图仿造。"①在政府层面，"宜饬中外各衙门，将舆地、器械、粮饷、赋税之属，分别撰成图表，进呈御览，并多为副本，分送各学堂、议院，以便查考。凡中外大、小学堂，及各省军营，均延图学师兼教图绘，而户、工、刑各部案件，凡涉会计比较者，皆饬列表以清眉目，则以之清厘庶务，不至如治丝而纷矣"②。新教育制度的推行和教育内容的实用性改革，正是晚清所需的海防人才培养的基础。

（三）海防之用兵

王宏斌认为，海防制度研究包括海防的兵力部署、训练会操制度、海防职责以及兵器装备和修造制度。③ 时人分析甲午海战和八国联军侵华时期等战争失败的原因，就提及过兵力部署和军队建设的问题。在沿海城市的军事力量有八旗军和绿营兵。基于当时以陆制海的主流认识，对既有兵力的部署和改良成为海防建设的重要一环。《周礼政要》中有专门的"治兵篇"对此展开论述：

> ……近年虽减守兵之额，以益战兵之饷，而其不练也如故。勇饷倍战兵，为稍厚，而虚额之弊尤甚。湘、淮练勇……然以敌西国节制之师，则究不相当……非兵之少，不教之于素也……可取八旗及绿营兵，裁去其三分二，以其三之一，年强艺优者，改为警察兵，则别抽调民兵。以中国四万万人，千人

① 孙诒让著，许嘉璐主编，雪克点校：《大戴礼记斠补（外四种）》，中华书局 2010 年版，第 396—397 页。
② 孙诒让著，许嘉璐主编，雪克点校：《大戴礼记斠补（外四种）》，中华书局 2010 年版，第 397—398 页。
③ 王宏斌：《晚清海防：思想与制度研究》，商务印书馆 2005 年版，第 3 页。

抽一,可得四十万人。年二十而隶兵籍,月给十元,依常备兵例,练为若干营,以各省武备学堂毕业生领之。三年练成,使归里自就其业,每年随营调操一次,凡应调者,免其家之丁口税以优之,四十五而脱籍。如此更迭,征练十年,而得精炼之兵百二十万。其勇营则尽裁之。其有保护关卡、护送饷粮及巡缉师船,一时不能骤裁者,权于勇营中挑选精锐留充之,缺出,则以练成民兵补之,不得再有招募……复仇雪耻,可拭目而待矣。①

简而言之,孙诒让认为,政府应当建立科学的募兵养兵制度。原有的八旗兵和绿营兵只留优秀者,改为警察兵;再从民众中千人抽一组成民兵,民兵团由各省训练并给予补贴,二十入伍,四十五退役,持续更新换代。通过以上措施保持精简且高素质的军事队伍。

三、结 论

孙诒让以经学和教育遗泽后世。谈及他的周礼研究也多举《周礼正义》,少有提及《周礼政要》。而谈及《周礼政要》又多评价其保守和脱离实际。因而基本上不会将他与晚清海防加以联系。

然而晚清海防有其深刻的历史特点。当时中国逐渐沦为半殖民地半封建社会,海防面临千年未有之挑战。海防建设经历着从不重视到重视,从无到有,从武器到人才培养、商业贸易、制度改革的全面铺开。因此,位处温州的孙诒让的《周礼政要》,虽未明确提及海防,却与海防联系密切。在军队建设上,孙诒让根据实际情况阐述了新的募兵养兵方案,目的是减轻财政压力,同时维持高效的军事队伍;在人才培养上,孙诒让围绕实用之学,提供了新学制度设计,特别指出应当普及与海防关系密切的图表教育;在财用方面,《周礼政要》的观点可分"开源"和"节流"两块,开源从打造良好的商业环境而言,主要体现在税收制度改

---

① 孙诒让著,许嘉璐主编,雪克点校:《大戴礼记斠补(外四种)》,中华书局2010年版,第391—392页。

革和成立(中央)商部与(地方)商会上;节流则专门针对政府腐败现象,主张杜绝铺张浪费和惩治权力寻租,以期为发展海防留出充足资金。

孙诒让在《周礼政要》中的政策观点与李鸿章、沈葆桢等洋务派人士对海防建设所必需的教育、经济等层面的改革思路相通。士绅群体作为联系民众与上层决策者的中坚力量,对海防政策的落实和海防文化的普及起到关键作用,因而对孙诒让相关思想的考证分析以及对温州其他士绅相应观点的考察,可推动对清末海防文化的全面理解和深入挖掘。

苍南海防文化资源的活化与利用研究

Research on the Revitalization and Use of Coastal Defense Cultural Resources in Cangnan

CANGNAN

蒲壮所城大遗址保护利用策略研究报告

苍南县博物馆　章鹏华

本课题旨在通过实地踏勘、文献考述、文物考古、比较研究等多种研究方法,进一步厘清蒲壮所城的遗产体系、历史地位和遗产价值,以保护利用现实问题为导向,上接"天线",下接"地气",探索蒲壮所城大遗址保护利用的策略和适宜路径,为"十四五"蒲壮所城大遗址保护利用工作的全面推进找方向、铺好路。蒲壮所城被列入《大遗址保护利用"十四五"专项规划》,同时作为苍南"168 黄金海岸线"现行示范带主要载体、新时代文化苍南建设百大重要项目,苍南政府应全面认知、提炼其遗产价值,将其作为苍南打造浙南文化高地的重要抓手,保护好、利用好蒲壮所城大遗址对苍南的社会、经济、文化具有突出意义,对浙江省乃至全国的海防文化大遗址保护利用起到借鉴意义和示范作用。

一、前　言

大遗址保护利用是具有中国特色、符合中国国情的文物保护利用模式,是对中国文化遗产保护利用的重大创新。2005 年,财政部、国家文物局共同印发《大遗址保护专项经费管理办法》,正式启动大遗址保护工程。近年来,中央先后发布了《大遗址利用导则(试行)》《大遗址保护利用"十四五"专项规划》等重要文件,持续推进大遗产保护利用工作。

蒲壮所城地处浙闽交界处的苍南县马站镇,是明清海防的重要遗存。1996 年,蒲壮所城被公布为第四批全国重点文物保护单位;2006 年,在第六批全国重点文物保护单位公布时,壮士所城、白湾堡、巡检司遗址以及外围 7 处墩台被合并归入第四批全国重点文物保护单位——蒲壮所城。此外,还有程溪寨、菖蒲洋寨和多处墩台遗址,完整展现了明代由千户所城、寨、巡检司、堡、墩台、烽堠等共同构成的海防体系,以蒲城"拔五更"为代表的非物质文化遗产进一步丰富了遗产价值和内涵,蒲壮所城海防体系完整性和相关遗产保存现状在全国范围内都居于前列。

近年来,苍南县文物部门致力于蒲壮所城的保护与利用,陆续完成《蒲壮所城保护规划》编制、"四有"档案建档和壮士所城考古勘探等文物基础性工作;枳极落实文物修缮与消防安防工程,有效推进文物宣传利用工作,文物保护与利用工作取得一定的成效。2021 年,蒲壮所城作为全国明清海防遗址的重要代表被列入《大遗址保护利用"十四五"专项规划》,为蒲壮所城的保护利用提供了新的机遇。同时蒲壮所城也是全省生态海岸线四个先行段之一——苍南"168 黄金海岸线"建设的主要载体、新时代文化苍南建设百大重要项目,是苍南打造浙南文化高地的重要抓手,保护好、利用好蒲壮所城大遗址对苍南的社会、经济、文化具有突出意义。

本课题选择以蒲壮所城大遗址保护利用为主题,坚持问题导向,重在破解难题,为苍南打造浙南文化高地提供理论和现实依据。基本的研究思路和方法是通过实地踏勘、文献考述、文物考古、比较研究等多种研究方法,进一步厘清蒲壮所城的遗产体系、历史地位和遗产价值,探索蒲壮所城大遗址保护利用的策略、路径和有效方法。

二、蒲壮所城海防体系研究

(一)明代海防体系的构建

中国海防始于明代,时代开始设置专门的御海建置。清代学者蔡方炳在其《海防篇》中说:"海之有防,历代不见于典册,有之自明代始,而海之严于防自明之嘉靖始。"①随着地理大发现时代的到来,中国面临的海上威胁日益加剧,先是日本倭寇的沿海侵扰,继而是西方列强的殖民扩张,再到现代和当代面临的领土争端与资源争夺。中国海防在抵御外来入侵者的斗争中建立、发展和不断变化。明代海防的重点是防御倭寇侵扰,重点地区是东南沿海,主要防御措施是"陆聚步兵,水具战舰"②,形成海陆结合的防御格局,属于近海陆向的被动防御。

明代的海防建设比较好地解决了沿海单点的防守,连点成片,形成不同尺度的"片"状防守空间,即"防区"。防区本质上是一个地理的概念,一个完整的防区在地理空间上表现为从"烽堠—寨—千户所城—卫城"控制范围层层递进、不断扩大的结构,其中卫城所控制的区域是主要防守分区,千户所城控制的区域为次级防守区域,防区内海防体系由所有相互关联的军事资源共同组成,包括所城、寨城、关隘、巡检司、烽堠、墩台、驿递等实体设施及军队、战船等武力装备。

(二)蒲壮所城海防体系的防御概况

明洪武二十年(1387),信国公汤和于浙江南部平阳县一带设置金乡卫,辖蒲门、壮士、沙园(今属瑞安市)3个千户所,以及平阳沿海的所有水陆关寨抗倭军事设施体系,同时开工建筑金乡卫城、蒲壮所城、壮士所城、沙园所城。由于壮士所易攻难守,时常遭到倭寇进犯,明正统年间,壮士所官兵迁入蒲门所城东门暂驻,壮士所遂废弃。明隆庆二年(1568),蒲门所与壮士所正式合并,改名蒲壮所。

蒲门壮士所管辖范围北至赤溪港,西南两面至省界,东至大海,即今天的马站镇、岱岭乡全境以及赤溪镇、凤阳乡、矾山镇的南侧区域,约占现苍南县海岸线的一半。其中蒲门所最初设立的防御重点为流江以及蒲海区域,其与南侧的镇下门水寨组成水陆两套防御体系,重点防备倭寇自流江溯江而上至闽浙内陆或自蒲海而入马站平原,是真正意义上的浙江最南端千户所,构筑袋状防御布局。流江是闽浙重要的分界线,自流江溯江而上可以一直至福鼎市,从而深入福建和浙江内陆地

---

① 蔡方炳:《海防篇》,王锡棋辑:《小方壶斋舆地丛钞》第10册第9帙卷。

② 张廷玉:《明史·汤和传》,中华书局1974年版。

区,是需要重点防御的区域。壮士所则与常规沿海千户所布防类似,重点防御其所管辖的海岸线,沿海岸实行线性布防。

(三)蒲壮所海防体系

倭寇入侵来自海上,决定了海防布置有两种思路:以海上防御为主或以陆地防御为主。结合洪武初年海防的经验、教训,明人认为海上防线应优先于陆地防线。处于海防第一线的官员们屡屡表达了这一观点,如应天巡抚翁大立认为:"海防之要惟有三策:出海会哨,毋使入港者,得上策;循塘据守,毋使登岸者,得中策;出水列阵,毋使近者,得下策;不得已,而至守城,则无策矣。"①主政浙江的胡宗宪也认为:"防海之制,谓之海防,则必宜防之于海。犹江防者,必防之于江,此定论也。"②郑若曾认为:"哨补于海中而勿使近岸,是为上策;拒守于海塘、海港,而勿容登泊,是为中策;若纵之深入,残害地方,首当坐罪。"③曾参与抗倭斗争的归有光认为:"不御之外海而御之于内海,不御之于内海而御之于海口,不御之海口而御之于陆,不御之于陆则婴城而已,此其所出愈下也。宜责成将领严立条格,败贼于海为上功。"④明代数百年的抗倭历史证明了单靠海上防御难以实现全面防御,完整的海防体系必然是御海洋、固海岸、严城守的集合。总体而言,明代的海防体系建设基本是按照方鸣谦建议的"量地远近置卫所,陆聚步兵,水具战舰"实施的,在海上、海岸、陆地三个空间内构建一个陆海相维、具有一定层次和纵深的海防体系。

1. 海上巡逻

海上巡逻包含中央直辖水军巡海与地方卫所水军巡海,是海防体系抵御倭寇入侵的第一重防线。蒲壮所地区的水上巡逻主要由两部分组成:一是金磐备倭把总下的游哨,飞云、江口、镇下三关;二是镇下门水寨设置的镇下关哨,配备大小战船和民捕舵兵、军兵,汛期屯泊官岙

---

① 郑若曾:《筹海图编·卷六·直隶事宜》,中华书局2007年版。
② 归有光:《震川先生集·御倭议》,上海人民出版社2020年版。
③ 郑若曾:《江南经略·凡例》,《四库全书·子部·兵家类》(第728册),上海古籍出版社1987年版,第4页。
④ 郑若曾:《筹海图编·卷六·直隶事宜》,中华书局2007年版。

海洋,哨守洋莁、大岙、竿山、潼头一带地方,北与江口关,南与福建烽火门,下接南鹿游兵哨,各官兵交相会哨,专御蒲壮、金乡、迤南、大小渎一带地方。

2.沿海预警

沿海预警主要依靠由烽堠、墩台构成的信令传递系统进行。蒲壮所海防体系内除了《全浙海图》上绘制的 1 处墩台和 7 处烽堠外,根据目前的海防遗存情况分析,各个寨、隘大多也建有烽堠作为配套设施。当观察到敌情时,用"日则举烟,夜则明火"的方式将信息一层层传递到处于相对内陆的各个军事城池,提前进行兵力调配和战术准备。信令传递系统构建了区域内的基层信息传递网络,对海防体系整体的效能起到极其重要的作用,构成了海防体系的第二层次。

3.陆上守备

第三重防线则是由陆上防御聚落及军事设施构成,包含卫、所、堡、寨、驿递、巡检司等在内,卫城为明代海防防御体系中级别最高的海防聚落,辐射范围可达周边一定区域,其防御布置及下辖聚落分布大多呈放射状,卫所为防御体系的主要力量,堡、寨、巡检司设立于卫所之间辅以防御,目的为增强海防聚落沿岸线的覆盖密度与联系,军事聚落与墩台、烽堠、驿递间保证顺畅的军事信息传递通道,至此陆上防御形成以卫所为核心、层级分明的网状空间结构。

千户所城是蒲壮所海防体系中最核心的军事设施,通常选址于沿海地区至府城、县城等区域行政中心的交通要道上,战略地位重要,同时所城一般具有由城墙、城门、瓮城、护城河构成的完整的城防系统,防御性要远高于其他的军事设施。此外,陆上守备系统还包括寨城、巡检司城、关隘、民堡等各类设施,构成了体系庞大的第三级防卫系统。

三、蒲壮所城大遗址价值认知

明代蒲壮所海防体系不同于一般的海防遗产,它涵盖了一定地域范围内所有互相关联的海防设施,不仅包括一个个单点分布的遗产,还包括彼此之间的互动关系。因此对其遗产价值的分析应当包括两个方面,一方面是各个单体遗存的价值,另一方面是对整个体系价值的全面剖析。

(一)蒲壮所海防体系的整体价值

蒲壮所海防体系自明初开始建设,经历了数百年的发展演变,最终形成了一个分工明确、布局严密的系统。海防体系的整体价值强调的是基于整体性的价值体现,要远高于其构成体系中各遗产单体的价值。

蒲壮所海防体系是全国范围内保存最为完整的明代以"所"为核心的基层海防体系。该体系包括千户所城、寨、巡检司、关隘、民堡、墩台、烽燧等军事设施和合理的兵力、战舰布防,形成御海洋、固海岸、严城守等多层次防御体系,体系完整、层次清晰,是研究浙江海防史、筑城史及当地社会发展、历史沿革和历代军事建制的重要史料。

蒲壮所海防体系内的各类要素布局合理,体现了明代在"量地远近置卫所,陆聚步兵,水具战舰"的基本原则下因地制宜、据险而守的军事设防思想。其中环蒲海地区是整个防区内的重点布防区域,所城—巡检司—寨城—烟墩形成的布袋阵有效遏制了倭寇入侵,彰显了明代海防体系水陆相维、区域联防的特点。

蒲壮所海防体系坐落在浙江最南端,负责控扼自平阳赤溪自浙闽交接处的广大区域,地理环境和地缘位置独特,是实施巡洋会哨制度的重要节点,发挥了守卫浙江南大门的独特作用。

(二)蒲壮所海防体系单体遗存价值

1. 历史价值

各类军事设施的兴衰变迁,一方面体现了明代海防政策和海防建设的发展演变过程;另一方面也展现了其所在地区倭患的形势变化和沿海军民抵抗的历史,是研究当地社会经济发展的重要资料。

蒲壮所城是全国唯一一处保存完好的两所共用一城的海防城池实例,其内部展现出两套军事管理体系并行的城市格局,是独特的明代海防设施建设遗存。

2. 文化价值

蒲壮所海防体系内的各个军事聚落选址和平面布置都体现了中国

传统的风水思想,负阴抱阳,背山面水,呈现出"天圆地方"的平面格局,是中国传统"阴阳"思想影响古代城池建设的典型实例。

蒲壮所城留存的传统民居及公共建筑,其建造风格、装饰、材料等反映了明清时期浙南古建筑的特点,体现了人文、自然与建筑工艺的完美结合,是研究当地民间文化的宝库。

3. 科学价值

蒲壮所城、壮士所城、巡检司、寨城、白湾堡等城池选址体现了利用自然、改造自然的人地互动过程,依地形、水系而筑的城防体系、精心布局的瓮城和敌台等,是研究明代军事防御工程战略、战术思路的重要资料。

蒲壮所城、壮士所城、巡检司城、白湾堡城墙皆采用内以碎石、混合土夯实,外侧用不规则块石砌筑的方式,就地取材,是典型的南方山地丘陵地区城池砌筑方式,具有一定的科学价值。

4. 社会价值

蒲壮所城海防体系在浙南抗倭斗争中建立起不可磨灭的功勋,是浙南沿海人民抵御外侮、保家卫国的一座历史丰碑,涌现出王山升、陈朝等爱国将领和陈老等爱国人士,沿海军民奋勇抗敌的精神对于今天的爱国主义精神教育具有不可替代的价值。

蒲壮所城、白湾堡等明代军事聚落在清代、民国都转化为纯居住性质的人类聚落并延续至今,其中蕴藏着众多与海防相关有形、无形文化遗产,包括由人们心理认同而集结起来的思维观念、宗教信仰、文化习俗等,对现在当地百姓的生活产生着潜移默化的影响。

四、蒲壮所城大遗址保护利用现状

蒲壮所城作为明代卫所制时期重要的海防文化遗产,很早就开展海防遗产的保护利用工作。早在 20 世纪 80 年代即成立义务文保会,1997 年成立了苍南县蒲城文物保护管理所。

2021 年,蒲壮所城作为明清海防遗址的重要组成部分被列入国家文物局组织印发的《大遗址保护利用"十四五"专项规划》,为蒲壮所海防体系的保护提供了新的机遇。

蒲壮所海防体系保护利用现存主要困境与问题介绍如下。

(一)遗产分布范围大、类型多样、保护压力大

蒲壮所海防体系涵盖所城、巡检司城、寨城、堡、墩台、烽堠等多种物质遗产,数量多、类型复杂,覆盖赤溪以南至浙闽交接的广大区域,分布范围广、点与点之间相距较远,且许多烽堠位于人迹罕至的山顶或岛屿上,交通不便,为遗产的监管和保护增加了难度,使得部分位于偏远地区的海防设施损毁严重。

(二)基础研究不足

明代蒲壮所海防体系是一个庞大的系统,在从洪武至崇祯近 300 年的发展历程中,许多设施经历了兴废、迁址、功能转变等不同的变化。由于蒲壮所缺乏专门的志书记载,现存的古代文献资料主要是历代《温州府志》《平阳县志》中对相关海防建设过程和设施规模、位置只言片语的记载,加上明末距今已有近 400 年,许多海防设施早已不存,无法探明原有的位置和格局,摸清蒲门地区所有的海防设施遗存,因此难以对原有的海防体系做出十分清晰、准确的研究和描述。

为了弥补文献记载的不足,从 20 世纪 80 年代开始,地方文物部门就在蒲壮所城、壮士所城、巡检司遗址等处组织调查并开展考古发掘,探明蒲壮所海防体系内各个城池的原有格局和设施分布情况,以实施针对性的保护。但对于散布在外围的大量烽堠、寨城遗址调查和考古仍有很大不足。

(三)资金来源单一

现有的保护资金主要来源于各级财政专项拨款,专门用于各级文物保护单位和文保点的保护。随着保护工作的全面展开,各级政府也加大了政策和资金扶持,近年来的政府保护资金呈平稳增长趋势。因蒲壮所城面积大、遗存多,保护区划内必要的文物保护征地、环境整治、文物展示等资金缺口较大,现有的资金大多都用于几个主要城池的修缮、考古和环境整治,基本没有多余资金用于外围散布的各个点状遗产

保护,亟须多渠道争取资金。

(四)保护不成体系

现有的遗产保护还是以针对遗产的点状保护为主要手段,通过划定保护范围和建设控制地带,分级分类实施保护。但对于蒲壮所海防体系这样关联性和整体性较强的遗产,针对一个个单体的海防设施遗存实施保护并不足以实现对海防体系所有特征和价值的保护,只有将其纳入更广阔的历史地理背景中,强调对整个体系在运行机制、空间布局等方面的关联性特征和价值的保护,才能最大限度地保护蒲壮所海防体系的完整性。

(五)利益相关者诉求矛盾

在遗产的保护和利用中,其利益主体主要有遗产地管理机构、当地居民和外来游客。对于蒲壮所海防体系来说,主要的管理机构包括以蒲城文物保护管理所为代表的文物部门和以马站镇人民政府为主的地方政府。蒲城文物保护管理所作为遗产管理具体负责方,工作重点是按照国家各级文物保护单位的要求,依照法律法规进行保护,保障文物安全。地方政府关心的主要是当地社会经济文化的发展,推进蒲城保护与开发,通过发展文化旅游提升蒲壮所相关遗产的经济价值。当地居民大多对遗产保护意识淡薄,最主要的诉求是政府出资改善住房条件、提升生活水平,对于旅游开发大多持无所谓的态度,条件允许也愿意参与旅游经营获得收入。旅游者的诉求,一方面是体验原汁原味的古城风貌和文化特色,另一方面是享受良好的旅游服务和配套设施。蒲城当前的状态能满足旅游者对于真实性的追求,但遗产旅游环境和服务还未跟上。

综上,当前利益主体间存在的主要矛盾,其实本质上就两点:一是文化遗产保护与旅游开发的矛盾,文物保护对遗产内部及其周边的用地性质有明确的限制,城池格局、山水环境都应得到妥善保护,旅游开发须要引进资本对基础设施进行改造提升,稍有不慎便会破坏遗产的整体风貌;二是文化遗产保护与居民生活的矛盾,文物保护要求保护街巷格局、沿街建筑风貌,居民要求新建或加高住宅,这将会对城内的沿街立面和原有军事设施的视线通廊产生不利影响。

早年,由于缺乏规划管理,蒲壮所城的部分传统民居被拆除新建或改建,加上蒲门地区常年受台风等自然灾害的影响,遗产周边产生了许多自发建设行为,破坏了原有海防设施的格局和肌理,对整体风貌和单体遗产都产生了建设性破坏。

五、中国大遗址保护利用的经验与趋势

(一)中国大遗址保护利用的进程与成果

大遗址作为见证中华文明发展进程重要的核心文化资源,始终屹立于我国文物保护利用改革的前沿。2006年,国家文物局和财政部联合发布了《"十一五"期间大遗址保护总体规划》,标志着大遗址保护正式成为文物保护利用的重要方式与途径;随后,2013年和2016年连续印发了两个大遗址保护五年专项规划;2021年,国家文物局又印发《大遗址保护利用"十四五"专项规划》。十多年来,我国初步形成了符合中国国情、具有中国特色的大遗址保护利用模式。大遗址考古研究、保护管理、开放服务、队伍建设、制度创新等方面取得了显著成果。

(二)大遗址保护利用中存在的问题

1. 利用相关者的平衡问题

《"十四五"文物保护和科技创新规划》中提出,文物保护利用的基本原则是坚持以人民为中心,广泛动员社会力量参与文物保护利用,积极推动文物保护利用融入人民群众生产生活。那么,如何依靠大遗址内的当地村民开展大遗址保护和考古遗址公园建设? 建设过程中如何平衡大遗址保护、政府、公众与原住民的利益和诉求? 如何让原住民生活更加美好? 目前中国的大遗址公园建设中对这些问题做得有比较好的,也有困难重重的。关键是要控制尺度,以保护为前提,以人民为本。比如,遗址公园内的村民和他们的房子搬迁应得到控制,不是一味地整体搬迁、拆除,而是适当加以改造,让其成为公园的一部分,改造成民宿和乡村旅馆,村民自觉参与文化遗产保护与利用工作,文物保护也积极融入人民群众生活之中。

2.展示内容不够和展示手段陈旧问题

让遗址活起来,就是要让考古遗址公园的展示内容和展示手段尽量丰富多彩。考古遗址公园的展示,一是展示遗址本体上的重要遗存,二是通过遗址博物馆将发掘出土的可移动文物和考古标本展示。目前我国大遗址展示方面,展示方法和手段大多陈旧、呆板,吸引力不够。遗址博物馆的展示基本采取综合性博物馆的展示手法,在内容设计和形式设计方面照搬综合性博物馆的方式,缺乏遗址博物馆的自身内涵和特质,千篇一律,千馆一面。这反映出在传播展示方面,还缺乏高水平的策划团队,缺乏高层次的设计团队。

3.体制机制问题

大遗址是国家的宝贵文化资产,国家考古遗址公园是国家的宝贵文化资源。政府是大遗址和国家考古遗址公园的保护管理者。《"十四五"文物保护和科技创新规划》指出,文物事业在"十三五"时期,党委领导、政府负责、部门协同、社会参与的工作格局不断完善。而《大遗址保护利用"十四五"专项规划》则明确,大遗址保护利用基本原则是坚持国家属性,要强化大遗址的核心文物资源地位,突出中央主导、央地互动、部门协调,压实政府责任。

六、蒲壮所城大遗址保护利用的基本策略

海防体系遗产是由分布在不同空间、地域的具有巡逻、示警、守卫等功能相似或关联的海防离散个体所组成,是物质实体与文化价值并存的具有整体价值的遗产,各组成部分是为了维护一定空间范围内海上及沿海地区的安全、抵御外敌侵扰而设立,彼此间相互关联、相互依存,共同构成了海防体系。鉴于蒲壮所海防体系的遗产特征,笔者认为必须树立整体性思路,才能延续一定地理防区内海防遗产共有的空间特征和文化特征,才能有效保护海防体系各组成部分共有的海防历史环境,同时也有利于充分整合各类资源,对遗产进行充分利用,扩大历

史文化遗存在文化、经济、社会等方面的综合效益。

(一)空间层面——遗产保护与资源整合

1. 海防遗产本体的保护

个体遗产的保护修缮是海防体系整体保护利用的基础,由于整个体系涉及的遗产点众多,因此必须实施分级分类保护。对于已被列为各级文物保护单位和文保点的海防遗产,应按照《中华人民共和国文物保护法》和相关保护规划的要求实施保护。加强对外围其他海防设施的调查研究,进一步探明明代蒲壮所海防体系所有构成要素及其保存现状,有针对性地制定保护措施。遗产本体保护应遵循最少干预、可识别性、可逆性原则,重保养、重预防的基本原则,采取的保护措施以延续文物历史信息、缓解损伤为主要目标,提倡日常保养,科学修复,以防为主,尽可能减少工程干预。同时,建设相应的安全监控系统、消防系统、防雷系统,并采取仿生物侵害措施,全方位守护遗产安全。

建立监测制度,每半年对各类物质遗产病害进行一次全面调查,查明病害类型、分布面积、严重程度,并做成因分析;定期或不定期对保护范围内文物保护设施和旅游设施进行调查、监测,对其运行情况进行评估;开展城墙精细化检测,做好城墙开裂、外鼓等现象的调查,建立和完善智能化检测体系。对周边水环境以及天气情况进行定期监测,遇洪水、水污染情况时,应加大频率,及时监测,实施全过程跟踪监测。

2. 海防遗产历史环境的完整保护

第一,海防格局的整体保护。蒲门地区的明代海防格局是由明代的卫所城池、巡检司、民堡、关隘、墩台、烽堠等共同组成的,作为蒲壮所海防体系空间格局的自然本底,地理环境是海防格局形成的基础条件。地处浙江最南端、浙闽交接,三面环山、一面出海的宏观地理条件决定了其重要的战略地位,进可上溯温台,下达闽地腹部,退可据守直接对抗倭寇登陆。这种山海相会的地理特征是蒲壮所海防体系布局的重要参考,沿浦湾、北关港群岛环列则形成天然的屏障,拓展防御纵深。因此"山海相会,群岛环列"的地理环境是保护海防格局的关键。

第二,海防体系结构的整体保护。明代蒲门地区的海防体系现存遗产主要包括"两所两司,两寨两堡"八个成规模的军事聚落,"两所"是指蒲壮所城和壮士所城,"两司"是指龟峰巡检司和大隔巡检司,"两寨"是指菖蒲洋寨、程溪寨,"两堡"是指白湾堡和城门朱堡,它们构成了蒲壮所海防体系的主体结构,具有重要的保护价值。确定各个军事聚落的保护区划和保护要求,对其总体格局、城防系统、市政街巷、重要建筑和其他遗产要素实施分级分类保护,同时建立安全防护体系,完善基础设施,严格保护文物周边环境的完整和统一。

第三,空间视廊的整体保护。军事视廊是古代海防体系的重要特征之一,是海防体系能否顺利运行的关键。一方面,沿海的卫所、墩台、巡检司占据高点直接观察海上和近海情况,另一方面处于沿海山体制高点的烽燧系统通过"日则举烟,夜则举火"的方式将军事信息一级级传递给各军事聚落。烽燧之间的视廊保留较好,但由于四处军事城池后期转为村庄用地,其周边均存在不同程度的建设活动,蒲壮所城、壮士所城的望海视廊和部分军事通廊受到一定的影响,通过周边建设强度控制部分保留或恢复原有的军事视廊。

第四,县域海防遗产整合统筹。苍南县海防文化底蕴深厚,唐代即设有相关军事设施,明初开始设置金乡卫、蒲门所、壮士所等一系列军事设施,清代也是金乡寨、蒲壮营、蒲门巡检司、蒲门汛等海防设施所在地,至今保存有从卫所城池到城堡、营寨、烽燧、墩台等体系完整的明清海防物质文化遗存和以蒲城"拔五更"为代表的非物质文化遗产。其中,以蒲壮所城、壮士所城、巡检司遗址、白湾堡等为核心的明代蒲壮所海防体系是全国范围内保存最为完整的明代基层海防体系;此外,金乡卫也保存有较为完整的城池体系,渔岙堡基本保存了原有的乡土建筑肌理和四周城堡城墙和城门,戚继光抗倭营寨、烽燧等保存良好,海防文化遗产内容丰富、体系完整、保存情况良好。

在文旅融合的大背景下,应当把握蒲壮所城被列入《大遗址保护利用"十四五"专项规划》的契机,在做好遗址保护的基础上,联合苍南县域乃至温州市域范围内的优质海防文化旅游资源,发挥规模效应,扩大文旅吸引力和影响力。通过文化博物场馆建设、公共文化服务设施提升、文化旅游演艺剧目融入、文化创意产品设计等方式,策划实施系列文旅融合新业态及新产品,打造国内具有显著地位和知名度、功能体系完整的海防文化旅游融合发展功能区,把苍南县培育为国内文旅融合改革发展示范区和文旅融合发展实践新高地。

(二)文化层面——非遗传承和文化展示

1. 非物质文化保护传承

蒲壮所海防体系的相关遗产不仅包括军事聚落等物质要素,也包括以蒲城"拔五更"、陈后英神传等在内的丰富多彩的非物质文化。这些非物质文化遗产与长期以来的军事活动和聚落发展紧密相关,见证了海防聚落的历史演变,带有强烈的地域和文化特征,至今仍与居民日常生活保持着密切的联系,深刻影响着地区传统文化活动,是苍南海防文化的重要载体。

加强非物质文化遗产研究和挖掘工作,收集和保护史料与史迹,丰富蒲壮所城历史文化内涵,重点保护在蒲壮所城史上发生过重要影响的历史人物和历史事件的史迹、载体等。有效保护和展示蒲壮所城非物质文化遗产,积极推动各级非物质文化遗产申报工作,深化数字化保护方式。做好与蒲壮所城相关非物质文化遗产的展示工作,基于物联网、无线技术等科技手段,进一步丰富展示方式。

考虑到蒲壮所城规模庞大,营造技艺特殊,建议组织当地工匠成立相对稳定的施工队伍,申请小范围专项特许施工资质,进行文物本体日常保养和历史环境要素维修工程,保持地方传统建筑工艺的传承,保护传统工艺技术,同时考虑将其申报为相应的非物质文化遗产。

2. 构建遗产解说系统

2008年国际古迹遗址理事会(ICOMOS)的《文化遗产阐释与展示宪章》中,将"阐释"定义为"一切可能的、旨在提高公众意识、增进公众对文化遗产理解的活动","展示"则是指"在文化遗产地通过对阐释信息的安排、直接的接触,以及展示设施等有计划地传播展示内容",强调对遗产及其价值的解说,促进居民、游客等不同人群对遗产的认识。

在对蒲壮所海防体系进行系统空间规划的同时,应当基于现状构建相应的遗产解说系统,明确展示主题、展示内容、展示方式、游线组织等,并完善各类展示设施,提升遗产的可读性。蒲壮所城以"卫所制时期的军事古堡"为主题,展示明清海防城池格局、建筑街巷布局和非物质文化遗产;壮士所城以展示抗倭战场为主题,可结合城池遗址和东侧月亮湾沙滩再现抗倭场景;巡检司遗址以"杨哨长智毙巨寇"故事为主线,突出巡检司对卫所的协防作用;白湾堡以展示"渔人抗倭"为主题,着重对城池建设历史和古代沿海人民生活场景的展示;烽堠、墩台则以布局和场景再现为主,展现古代的信息传递方式。展示方式包括场馆展示、数字化展示、实物模型展示等,针对壮士所城、巡检司遗址一类的地面和地下遗址还可采用覆棚展示、模拟展示、标识展示、考古工作现场展示、历史环境修复展示等手段,系统、全面地阐释遗产的文物价值及历史信息。游线组织分为两个空间层次,区域整体游线串联蒲壮所海防体系内的重要军事设施和据点,引导游客获得对历史地理环境和体系空间布局的完整认知;各军事城池则依据街巷和遗存现状分别组织游线。展示设施以历史文化展示场馆和解说标识牌为主要内容,设计应当展现海防文化和地域文化特色。

(三)管理层面——政策引导与多元参与

政府采取积极有效的政策是实施整体性保护的前提条件,在加快立法、理顺管理体制、制定监管体系等方面,领导者起着关键作用。良好的政策导向和协调功能对整体性方法的顺利实施具有积极影响;相反,如果缺乏正确有效的政策来协调多方关系,整体性保护则难以实施。

1. 管理体制

以蒲壮所城各文物本体所属的镇人民政府为文物保护工作的责任主体,苍南县文化和广电旅游体育局负责监督管理工作,各遗产点所属村两委负责日常管理工作。建立蒲壮所城保护管理与村镇管理的协调机构,统一协调文物保护及村镇发展管理之间的关系。主要机构、主要人员应保持相对稳定,业务相对独立,确保保护管理机制不因人员机构变动而变动。加强遗产保护专业技术人才的培养与引进,不断提升保护管理人员的政治、业务素质。对于遗址考古、遗产修复等专业问题,聘请组建相关专业团队开展研究保护。

2. 制度建设

温州地区海防遗产极其丰富,除了蒲壮所海防体系的各类遗产外,还有许多明清时期的重要遗产,应当构建温州海防遗产保护的整体体系。地方政府应当加快立法的脚步,制定单行条例对温州海防文化遗产进行特别保护。在条例中对海防文化遗产所有人的法律地位及权益进行规定,使所有人能够对保护工作进行监督并得到一些收益。

蒲壮所海防体系涉及的遗产众多,但相关的历史文献缺乏整理,近年来的保护措施和发展演变也缺少系统记录。为了将保护工作持续推进以及形成借鉴经验或者保护参考案例,建议采用移动终端调研系统以及无人机、三维技术等数字化手段开展调查,在资料收集和实地调研的基础上,重新整合现有资源,建立苍南海防遗产数据库,其中不仅包括蒲壮所海防体系的相关内容,县域内金乡卫等海防遗产信息也应包含在内,为县域海防文化打造及相关遗产保护开发或活化利用打好基础。

3. 资金保障

保护经费来源主要由地方政府专项经费、上级主管部门专项补助经费、社会捐助经费、旅游收入分成和个人投入组成,地方政府应将各项投入分年度纳入财政预算。鼓励建立多渠道资金投入的保护机制,积极争取中央财政设立的保护专项资金。各级财政分别按比例提取保护专项资金用于抢救保护。建立起政府、社会、集体、个人按比例共同出资承担的投入机制,蒲壮所海防体系旅游收益应有比例地用于文物保护工作。探索经费筹措的新模式,针对非文物本体建筑,可鼓励单位或个人进行认保、认养、认租、认购等方式参与保护利用工作。

4. 多元参与

海防遗产分布分散,且类型多样、数量众多,单靠政府力量实施保护仍然远远不够。应加大对海防文化和相关资源的宣传力度,增进民众对海防历史文化遗产的认识和了解,增强民众对海防文化遗产的保护意识,鼓励公众积极参与海防文化资源保护,把潜在的破坏资源的力量转变为保护资源的力量、建设性的力量。在保护利用的过程中,应完善政务公开制度,广泛征求群众意见,为决策提供参考。同时,发挥温州民营经济优势,在法律允许和保护文物的前提下,引入民间资本,解决资金瓶颈。

七、结　语

中国是一个农耕文明灿烂的国家,同时也是一个海洋文明厚重的海洋大国,拥有长达 18000 多千米的大陆海岸线和 2000 多年的远洋航海史。与其他地区的海防遗产相比,蒲壮所城具有范围大、遗迹多、类型广、保存好等显著特点,见证了明清时期我国海防建设发展进程和中华民族不畏强暴、抗御外侮的斗争史,是中华民族优秀历史文化的重要组成部分。深入调查、研究蒲壮所城的文物遗存构成,不断深化价值研究与阐释,是做好这一海防遗产保护利用工作的基石。

基于蒲壮所海防体系的全面认知和构成特征,本项研究认为,必须树立整体性思路,才能延续一定地理防区内海防遗产共有的空间特征和文化特征,才能有效保护海防体系各组成部分共有的海防历史环境,同时也有利于充分整合各类资源,从空间层面、文化层面、管理层面等多层级进一步加强蒲壮所城大遗产保护利用,以促进蒲壮所城大遗址在苍南县社会、经济、文化发展中发挥更加重要的作用。

海防文化资源融入浙东"168 黄金海岸线"旅游开发研究

杭州市社会科学院　周　膺

苍南"168 黄金海岸线"（苍南"168 生态海岸线"）全长约 168 千米，是浙江生态海岸线建设 4 个先行段之一，也是浙江最具山海资源特色的生态海岸线，有"中国东海岸 1 号公路"之称。目前的旅游开发相对侧重于自然资源，建议将海防文化资源深度融入特色旅游之中，全面提升旅游能级。

一、海防文化资源对浙东 "168 黄金海岸线" 文化旅游的提升作用

苍南"168 黄金海岸线"北起苍南县炎亭镇崇家岙村，南至浙闽省界沿浦镇，途经金乡镇、大渔镇、赤溪镇、马站镇、沿浦镇，沿途分布有沿浦湾红树林海洋生态湿地，赤溪棕榈湾、炎亭悦海湾 2 处天然美丽海湾，渔寮沙滩、炎亭沙滩、雾城沙滩、后槽沙滩等 31 个沙滩，滩涂面积 97 平方千米，38 个无居民海岛、2 个有居民海岛。其海水优良率连续多年保持浙江全省第一，全年蓝色海水达 200 天以上。腹地深度约 19 千米，海岸带与鹤顶山、笔架山等山岳景观连成一体。规划建设范围约 600 平方千米，占苍南县域总面积 55%。"168 黄金海岸线"拥有浙江最长的自然岸线，也是浙江省最具山海资源特色的生态海岸线。

　　"168 黄金海岸线"最具特色的是沙滩。渔寮沙滩有"东方夏威夷"之称，长 2000 米，宽 800 米。不同于其他地方阴晴不定的气候，因为有几个大岛为天然屏障，这里的沙滩一派纯净，风平浪缓，朝霞旖旎。棕榈湾是黄金海岸线上最美的一段，开开合合的海雾，曲曲折折的海岸线，透露着悠闲而惬意的欧式乡村风情。玉苍山古名"寿山"，传说是王母娘娘做寿的地方，以石海奇石、山顶平湖为特色，集奇、幽、秀、野于一体。山间还散落着许多古村落，如曾以制瓷闻名的碗窑村、以采矾闻名的福德湾村等，而较具特色的是海防文化遗产。苍南海防文化遗产底蕴深厚，拥有从卫城、所城到城堡、营寨、烽堠、烟墩等海防历史建筑遗存，是中国东南沿海体系最为完整的海防遗址遗迹综合保护区。

　　"168 黄金海岸线"沙滩与三亚、泰国芭堤雅沙滩相比没有特别优势，但融入海防文化这一特殊资源却可以进一步赋能，提升文化品位。位于加勒比海北部的墨西哥尤卡坦半岛东北角的坎昆市拥有美丽的天然白沙滩和众多玛雅文化遗址，当地政府将两者有机结合将其开发为世界著名旅游胜地。坎昆长约 21 千米，宽仅约 400 米，原是一个仅有 300 多居民的小渔村，以玛雅人为主的当地农民收入微薄，大多数住在用树枝和棕榈叶搭建的茅屋里。1962 年墨西哥联邦政府制定《国家旅游战略发展规划》，1968 年组织各方专家对坎昆的自然条件、人文景观和旅游目标市场等进行反复论证，按旅游和自由贸易区的方向进行科学规划与开发。1972 年联邦政府投资 3.5 亿美元启动项目，1975 年开始接待游客。20 世纪 80 年代初墨西哥、奥地利等 11 国外长磋商确定在坎昆召开首次南北首脑会议，坎昆由此迅速赢得了国际知名度。有了上述先导，坎昆将争取国际会议带动旅游发展作为基本的经济策略，而且几乎每年都争取到各种国际政治、经济、科学组织召开的会议。坎昆因此成为名副其实的国际会议之都，其优势资源迅速被推介到国际社会，并成为一种具有竞争力的市场品牌，坎昆的旅游业由此走向繁荣。建议将苍南"168 黄金海岸线"改名为"浙东 168 黄金海岸线"，借鉴坎昆经验，将海防文化资源与自然资源有机融合，打造国际会议之都，构建特色旅游品牌，并实现 IP 化。

二、海防文化资源与海滩自然资源的互融

苍南"168黄金海岸线"海防文化旅游资源十分丰富,其中蒲壮所城及其附属建筑已被列为国家重点文物保护单位。另外,沿线的许多古镇、古村落也留有大量相关遗存。

金乡是一个拥有600多年历史的古镇。明洪武二十三年(1390)筑城置卫,管辖海岸线200多千米,是浙南沿海的军事重镇。城围5千米,护城河环绕全城,呈八卦乾坤布局,戚继光曾几度率军在此扎营练兵,抗击倭寇。旧时民谣有"一亭二阁三牌坊,四门五所六庵堂,七井八巷九顶桥,十字街口大仓桥"的说法。一亭为丰乐亭,二阁为文昌阁、魁星阁,三牌坊在城西街北首伊家巷口、凤仪街北安息日会西侧和凤仪桥南水作社旁,四门为东迎旭门、南靖海门、西来爽门、北望京门,五所是指卫城内前所、后所、中所、左所、右所千户所,六庵堂即宦隐庵、圆通庵、福聚庵、玉泉庵、西林庵、水月堂,七井布于大屿和小屿两峰之下,八巷是指八卦乾坤布局中的8条巷,九顶桥即定远桥、凤仪桥、张家桥、鲁公桥、木桥、吴衙桥、大仓桥、火神桥、驿馆桥。目前仍较好保存了一批独具特色的明代民居和多处名胜古迹景点。南门外始建于明末、乾隆五十三年(1788)重修的洗马桥因抗倭将士饮马于溪而闻名,始建于明初的城隍庙是温州市域最著名的城隍庙之一。金乡卫城旅游资源单体有49个。根据《旅游资源分类、调查与评价》(GB/T 18972—2017),金乡卫城(古城、护城河、街道)为四级旅游资源单体,梅峰涌泉禅寺、古民居集群、狮山公园、金乡博物馆、砖雕花墙、吴荣烈墓、涌泉寺石塔、城隍庙、白玉潭摩崖题刻、宦隐寺等佛教设施、古井、九顶桥、状元桥(孝义桥)、魁星阁楼、丰乐亭、老运河、大烟墩山古烟墩、龙门洞道观等为三级旅游资源单体。

蒲壮所城1996年列入第四批全国重点文物保护单位,2006年壮士所城、白湾堡和巡检司遗址并入蒲壮所城同为全国重点文物保护单位。1993年《滨海—玉苍山风景名胜区总体规划》将蒲壮所城列为独立旅游景区加以规划。蒲门所原名蒲州所,后壮士所与之合并,改称蒲壮所。

蒲壮所城位于马站镇浙闽交界处附近山麓,始建于明洪武二十年(1387)。当时信国公汤和受朱元璋之托在沿海边境大修城垣,共筑卫城、所城59座,蒲壮所城为其一。蒲壮所城所在地域早期是海湾一角,因潮汐涨落、泥沙冲积,形成后来的地形。城外有西溪流经,其源发于合掌山麓,经护城河,转南向东,由南门吊桥、东门吊桥流出,汇至沿浦湾出海。古城依北面龙山而筑,其余三面设威远门、正阳门、挹仙门,并各置护城门,各城门皆有城楼。现存2座城门。城周长2300余米,城外有护城河环绕。城内面积约35万平方米,街巷布局以十字街为中心,呈"田"字形。有跑马道环绕于城墙内侧,其他各街、巷、街坊设置均在城内"田"字形四方格内再次划分区域。旧时民谣有"一亭二阁三牌坊,三门四巷七庵堂,东南西北十字街,廿四古井八戏台"之说。目前街、巷、井等大体保留原来的格局,其中有九间房、七间房、华家大院等民居以及华文漪、谢香塘、叶良金、张琴、王国桢等名人故居,后英庙、城隍庙、晏公殿、五显庙等宫庙,甘氏宗祠、倪氏宗祠等祠堂,明《遗爱亭碑记》、清《恩定粮规碑》《奉总督福浙部院大老爷范禁革现年各陋规碑记》《王母太宜人史氏墓志铭》等石碑,另外还有大量摩崖题刻。

壮士所城又称雾城,位于马站镇雾城村,三面环山,东临海湾,拥有天然的出海口和优质沙滩(月亮湾)。壮士所城也建于洪武二十年(1387)。蒲壮所城位于其西南向,两城相距约15千米。因倭寇登犯难守,壮士所废弃,明隆庆二年(1568)迁至蒲壮所城内。壮士所城东、西向城墙各设有瓮城,其中西瓮城南北长31.2米,东西宽17.3米。瓮城门进深6米,面宽2.4米。城外有护城河。目前城内尚存城隍庙及建城时所置水井3口。

白湾堡位于赤溪镇白湾村,北临赤溪湾,三面环山,东北望龙沙烟墩。堡前置有2道防堵墙,第一道近海已毁,第二道距北面堡墙67米,高2.5—3米,趾宽1.50米,顶宽0.60米,残长50米。城堡呈方形,边长120米,城墙保留完整,高4—5米,趾宽7—8米,顶宽5—6米。南北两面置堡门,北门为拱券门,进深2.8米,面宽2.4米,高2.9米;南门狭小简陋。城内南北向主干道路长130米,宽2.50米,路两边置公井及天灯等。堡外有溪涧绕流。目前正门城墙保存完好。

渔岙堡(龟峰堡)位于大渔镇渔岙村,呈方形,用块石垒成,有4个城门,周长约880米,城高约5米,厚3米有余。堡内巷道错综曲折、狭窄难行,便于巷战。宅院前均砌有围墙,内有菜园、水井,自成堡垒。目前东、南、北城墙仍存,东城门保存完好,并存记载建堡情况的《王公建堡去思记》石碑。洪武二十年(1387)始设营寨,并建东山烽堠,成为金乡卫的前线哨堡。洪武二十六年(1393)置龟峰巡检司,驻弓兵百名,宣德三年(1428)又移置井门巡检司于此。弘治十三年(1500)设邮铺。嘉靖三十八年(1559)龟峰巡检司王姓巡检构筑石堡,史称龟峰堡。

蒲壮所城及附属城堡有旅游资源单体12个,其中蒲壮所城、壮士所城及附属城堡(白湾堡)为五星级旅游资源,蒲壮所城乡土建筑群、蒲壮所城古城门和城墙、蒲城"拔五更"(国家级非物质文化遗产"拔五更"民俗展示馆)、壮士所城古城墙遗址、壮士所城古街巷遗址为四星级旅游资源单体,蒲壮所城传统街巷为三星级旅游资源单体。白湾堡—渔吞堡有旅游资源单体28个,其中渔吞堡乡土建筑群为四星级旅游资源单体,渔吞堡古城门、渔吞堡古城墙、白湾堡古城门、白湾堡古城墙为三星级旅游资源单体。另外有抗倭营寨、烽堠、烟墩系列文化旅游资源单体92个,其中苍南的最大岛屿北关岛为四星级旅游资源单体,棕榈头营寨(戚继光营寨)、镇下关水寨、龟峰巡检寨、莒蒲蝉寨、埕溪寨等10处抗倭营寨为三星级旅游资源单体。

上述海防文化资源与海岸生态旅游资源空间距离近,有的本来内含海岸生态旅游资源,可相互结合进行综合性开发。海防文化资源的注入,可以较大程度弥补浙东"168黄金海岸线"生态资源旅游关注度相对不足的问题,形成特殊的旅游优势。文旅融合是未来旅游发展的客观需要和必然趋势,应当遵循"宜融则融,能融尽融,以文促旅,以旅彰文"原则,积极探索文旅融合发展新途径,形成文旅融合发展新格局。尊重文化和旅游发展规律,找准文化和旅游融合发展切入点,通过博物场馆、演艺特别是文化创意产品开发等方式,将海防文化融入旅游体验中。统筹推进文化与旅游业融合,坚持合作共赢,坚持市场引领,坚持特色创新,打造具有特色和核心竞争力的文化旅游品牌。

三、打造具有海防文化特色的浙东
"168 黄金海岸线"文化旅游品牌

(一)品牌升级为 IP

品牌意识发源于工业社会。"品牌"一词源于古挪威语"brandr"，意思是"烧灼"。当时人们用烙印的方式来标记家畜等私有财产。19 世纪 20 年代，"brandr"演化成"brand"，含义不断拓展。美国市场营销协会(AMA)将品牌定义为："用以识别一个或一群产品和劳务的名称、术语、象征、记号或图案设计，或者是它们的不同组合，以此与其他竞争者的产品和劳务相区别。"①美国著名营销大师菲利普·科特勒(Phillip Kotler)认为，品牌是一种名称、名词、标记、符号、设计或它们的组合，可借以辨认某个产品或劳务，并使之与竞争者的产品和劳务相区别。英国广告大师大卫·奥格威(David Ogilvy)著于 20 世纪 60 年代的《一个广告人的自白》一书较系统地阐述了品牌概念，认为品牌是多种要素的综合体和象征，是商品属性、名称、包装、价格、历史、声誉、广告风格的无形组合，将品牌从符号层面进行拓展，突出消费者心理上的感受，更完整地揭示了品牌的内涵。在这种意义上，品牌是"心灵的烙印"。

传统的品牌塑造模式主要是重复性砸广告、引用户、做黏性宣扬产品与服务功能，以支撑价值主张。IP 则侧重于从人性需求角度吸附用户。现在一般将"IP"理解为"Intellectual Property"的缩写，即"知识产权"的意思。确切地说，"知识产权"的英文简称应是"IPR"(Intellectual Property Rights)，是指版权、专利权、商标以及工业设计、商业秘密等权利，而 IP 最初指的是知识产权中可以改编为影视等产品的文化财产。事实上，IP 可分为硬 IP 和软 IP。硬 IP 是基于技术领域的专利，软 IP 是基于文化产业领域的专利，包括影视、文学、艺术等以及它们与实体经济的结合。由于具有文化基因，IP 通常自带流量，IP＝知识财产

---

① 杨惠等主编:《市场营销学》，经济管理出版社 2001 年版，第 278 页。

（潜藏势能）＋流行引爆（人格化与话题、流量、粉丝动态成长）。在商业运作与资本的推动下，IP又从一种内容范畴外延为一种运作机制。IP化运作是将IP作为一种极具标识性的传播符号，通过粉丝经济的运作，在多种场域价值流转中实现货币变现，进而实现产业链的整合与优化。IP通过内容生产实现品牌的人格化构建，具有强大的吸引力。当品牌为自身塑造鲜明的人格，通过内容进行人格化表达，而非单纯以产品与服务实现价值主张；通过内容与用户持续进行有价值的互动，并且赢得越来越多用户的喜欢和追捧时，就完成了向IP甚至超级IP的转化。判断一个品牌是不是IP，只要看它能否凭自身的吸引力挣脱单一平台束缚，在多个平台上获得流量进行分发。

近年来，苍南县致力于"168黄金海岸线"文化旅游品牌，但这种品牌打造总体来说较传统，对旅游资源的认识局限于外观感受，文化资源与自然资源的利用开发仍处于疏离状态。建议以IP理念对整体工作进行系统策划设计，在资源挖掘、学术研究、故事创作、超级符号设计、差异化发展等方面积极努力，使自然资源叠加文化资源流量。借鉴坎昆经验，努力打造国际会议之都。

（二）人格化内容打造

品牌IP化的根本特征是人格化。品牌人格化就是品牌的拟人化，也就是具有人的性格、情绪特征，并且内含价值因素。品牌IP应当在较大程度上契合人的思想感情，特别是随着社会历史的发展与用户一同成长，与用户建立"人与人"间的情感关联，以"人"的方式与用户交流。可以借助各种内容表达形式，如短视频、微视频、音频、直播、图文等，更可以通过VR、AR、MR特别是ChatGPT、ARGC进行真实性、虚拟性表达。

品牌IP的内核是价值观。美国国际关系理论新自由主义学派的代表人物约瑟夫·塞缪尔·奈（Joseph Samuel Nye）在20世纪80年代首先提出软实力（Soft Power）理论。他认为，软实力是指一种依靠吸引力而非通过威逼或利诱手段来实现目标的能力。一个国家的软实力主要来源于其文化、价值观和政策（包括对内政策和对外政策两个方面）。奈又把这种能力称为"同化性权力"（co-optive power）。他解释说，"与使其他人做你想要他做的事情的命令性权力相对,同化性权力依赖于思想的魅力或是以塑造他人所表达的偏好来设置政治议程的能力","倾向于与无形资源如文化、意识形态和体制联系在一起"。① "与通过强制和收买手段实现目标的硬实力不同,软实力的大小还依赖于对方的感受。如果一种文化对其他国家的人民没有吸引力,就不会在其他国家的人民中产生软实力;如果一种价值观不被认同,或者政策在他人眼中缺乏合法性,也不会产生软实力。"② 他还指出,"软实力主要来自我们的价值观。这些价值观通过我们的文化来表达,通过我们在国家内部的政策实施来表述,通过我们在国际上的行为来显示"③。美国当代国力论研究者雷·S.克莱因(Ray S. Cline)提出著名的"国力方程式",将综合国力分为物质要素和精神要素。在克莱因的"国力方程式"中,综合国力不是物质要素和精神要素求和,而是二者求积。也就是说,即使物质要素很强大,但精神要素不够强大,那么整个国家的实力也将大打折扣。综合实力最核心的是文化软实力,它是最持久、最深层的精神力量。其综合表现是核心价值观的系统性构成、人的全面发展、文化魅力的彰显、区域或国际影响力的提升、软实力的增强。品牌 IP 化很大程度上取决于基于价值观的人格化内容构建,这样才会形成同化性权力或广域感召力。

要进行人格化内容构建,还必须在故事创编、角色塑造(名称、身份、性格、标签、slogan、口头禅)、传播载体(流行梗、亮点、槽点、角色关系)、形象设计、场景设置等方面进行规划。日本九州岛中部的熊本县,既没有突出的优势资源,又缺乏独特的历史文化支撑。2010 年当地政府请来知名作家小山薰堂和著名设计师水野学对其进行形象设计。他们最初想以"熊本惊喜"的概念制作一个 logo,但随后水野学提出设计"熊本熊"这一地方吉祥物的想法。于是,无中生有的二次元形象——行动笨拙、内心贱萌、自带两坨腮红的熊本熊,成了熊本县独一无二的

---

① 约瑟夫·塞缪尔·奈:《美国注定领导世界?——美国权力性质的变迁》,刘华译,中国人民大学出版社 2012 年版,第 27—28 页。

② 约瑟夫·塞缪尔·奈:《提升国家软实力是中国的明智战略》,《人民日报》2015 年 2 月 16 日第 15 版。

③ Joseph Samuel Nye, *The Paradox of American Power: Why the World's Only Superpower Can't Go It Alone*, Oxford, New York: Oxford University Press, 2002, p.9.

城市 IP,吸引了千千万万的游客去熊本县旅游。据日本银行统计,2011—2013 年旅游业就为熊本县带来 1244 亿日元(约合人民币 76.3 亿元)收益。

苍南县要从增强软实力的角度来认识品牌 IP 化,通过文化旅游品牌的构建增强吸引力、诱导力、凝聚力、说服力、动员力、影响力、传播力和同化力,以对区域外部产生巨大的认同感和归属感,构成要素集聚磁场,吸纳包括人才在内的各种要素资源,为发展提供基础动能。

(三)有机生命体构造

冷漠的品牌很难与用户建立长期关系,品牌 IP 是有温度的,就像真实的人与用户交流。在此意义上,可将品牌 IP 看作一个新物种。看到天猫的"猫",可能让人想到的第一个关键词是"可爱",而如果想到黑猫警长,那么想到的形象可能就是"正义"的代表。品牌 IP 不能简单地塑造卡通形象,而要创造人格化的有机生命体。

品牌是一个抽象概念,需要借助 logo 等感知识别系统来让人认知。但这种感知识别系统往往是无生命的、静态的、抽象的,仍需要借助人们的想象来理解,而人们的想象因人而异,缺乏共鸣,因此还需要通过比拟手法,借助名人等的代言来形象地、活态地传达精神内涵。例如,世代相传的谚语"上有天堂,下有苏杭",是农耕时代的杭州城市品牌。要传播这个概念需要通过西湖、苏州园林等典型景观,也需要白居易这样的名人。又如,"宋韵杭州"概念的营造一般认为需要复原南宋皇城遗址、德寿宫遗址,需要苏轼等名人,而城市 IP 本是一个具象的、有生命的载体,未必需要借助其他媒介来间接传达它的精神内涵,而可以自身鲜活的形象去直击人的心灵,全面融入现实生活。品牌 IP 的有机生命特征使得品牌具有亲和的人性化形象而非高高在上的抽象概念,它可能有点呆也有点萌,有优点也有缺点。就像我们身边的人,有着人所具备的一切喜怒哀乐而非不食人间烟火的神。它具有无限的故事延展性,成为人们喜闻乐见的娱乐方式。人们被它感动,愿意自发传播而非品牌那种靠组织传播。品牌识别离不开感知识别与活态代言来传播,它本身不带流量;品牌 IP 却兼具感知识别与活态代言的功能,自带流量,具有鲜明的辨识度。

　　进行系统的品牌 IP 有机生命体创造，必须进行有创意的规范化设计，如造型、色彩、表情、动作、话术、道具、场景设计等，以此来增强用户黏性。就多元文化创意而言，可以广泛集合小说、动画、漫画、游戏、影视、音乐、玩具、周边等要素；就全产业链而言，可以对各种产品或服务进行人性化改造，将它们打造为具有艺术美感的有机生命体。

　　二次元文化作为一种特殊的文化形态，是青年群体情感表达、自我认同的表征。"二次元"概念源自日语，次元即"维度"。如果现实生活的空间为三次元，那么二次元即"二维"空间。动画、漫画、游戏、小说是二次元文化的主要形态，新兴媒介技术的兴起使得二次元文化从小众领域走向主流文化视野，逐渐成为一种普遍的文化现象，并在产业实践方面广泛应用。品牌 IP 可以借势二次元传播，突破传统营销模式，构建营销新景观，开辟品牌传播新路径，因为二次元社群成员间的交流互动形成有机连接，有助于实现精准传播。日本最大的广告公司日本电通广告公司提出 AISAS 消费模型：随着互联网与无线应用时代消费者生活形态的变化，营销模式已从传统的 AIDMA（Attention，注意；Interest，兴趣；Desire，欲望；Memory，记忆；Action，行动），逐渐向含有网络特质的 AISAS（Attention，注意；Interest，兴趣；Search，搜索；Action，行动；Share，分享）发展。

　　苍南县要实现品牌 IP 化，应当对文化旅游资源进行系统的提炼概括，将具有生命力或时代特征的元素与现实生活融汇、与生产打通，打造人格化品牌形象，培育二次元文化生活情态，系统构建具有生命有机性的文化创意生态。

从海塘沿革看三北地区
海防技术与生业模式变迁

浙江省文物考古研究所　　裘晓翔
浙江省文物考古研究所　　徐露晨
浙江省文物考古研究所　　鲍欣晨
杭州西湖风景名胜区凤凰山管理处　　占　翀

　　杭州湾南岸宁绍平原从第四纪晚更新世以来,经历了三次海进和海退的沧桑巨变,在距今 6000 年的最后一次卷转虫海进高潮时成为一片浅海,这轮海退后山体、平原渐次出露成陆。到春秋时期,自南而北形成"山—平原—海"台阶式地形,因滨海而长为山洪、海潮夹击之地。先民为求生存,筑塘防潮,与海争地,外以抗御洪潮,内则垦殖生息。"粤溯兹土,秦则海也,汉则涂也,唐则灶也,宋则民居也",即是对这一地区筑塘围涂、与海相生的总体概括。如今,在浙江宁波的镇海、余姚、慈溪北部(俗称三北地区),留下了丰富的海塘遗存,正如著名历史地理学家陈桥驿先生所赞叹的:"慈溪有个海塘博物馆,是个三北半岛形成的博物馆,它从宋庆历七年筑大古塘起,二塘、三塘、四塘、五塘、六塘、七塘、八塘、九塘,一直到十塘,这个博物馆肯定会引起国内外学者的极大兴趣。"本文拟从三北地区海塘沿革探讨该地区海防技术和生业模式的变迁。

一、筑塘抗潮——三北地区海防技术变迁

(一)宋元石塘的建设

公元 11 世纪,三北地区的海岸线在"临山—浒山—龙山"一线,前期虽筑有矮小的"散塘",但时筑时坍。庆历七年(1047),谢景初任余姚知县,时余姚北边的人民苦于海潮肆虐。谢县令到任后立即赴海边勘查,从当年十一月起,亲率民众筑堤以防海患,所建海塘东起上林,西至云柯,长 2.8 万尺,初名莲花塘①。海堤建成后,谢县令请时任鄞县县令王安石撰文以记之,王安石在《海堤记》中,开篇就提到莲花塘"截然令海水之潮汐不得冒其旁田"的筑堤效果。王安石在鄞县任上(1047—1050)十分注重水利建设②,创建了斜坡式"坡陀石塘"③,筑成了被后人称作"荆公塘"的石塘,此做法对地基的要求较低,土堤经砌石护坡后,可防止土体在波浪、水流作用下淘蚀破坏。

自谢景初后,三北地区开始大规模筑塘。据清康熙《余姚县志》记载,绍圣三年(1096)前后,牛秘丞曾筑石堤,但不久溃坏。淳熙十六年(1189),定海(后改称镇海)县令唐叔翰在仿照钱塘石塘筑法的基础上,创新采用直立式④塘型,先"仆巨木以奠其地"作为基桩,改变了以往用土做基容易被冲刷、淘空的做法;再全部用厚一尺、宽二尺的条石纵横叠砌,这不仅有利于阻止海水从石缝中直进直出,加强了海塘的防渗透性能,而且因石块交错棋布,互相牵制,紧密结合,增加了塘身的整体性;此外,在海塘前布设挡浪桩,"植万桩以防冲"可以削弱潮流、波浪的冲刷能量,达到保护海塘的目的。唐叔翰最后建成的石塘长六百余丈,脚阔九尺、面阔五尺,高一丈一尺,共有 11 层,为后世提供了范例。随后,南宋庆元二年(1196),余姚县令施宿自上林至兰凤又筑堤四千二百

---

① 亦称谢令塘,民间俗称后海塘,即今之姚北大古塘,属于一塘余姚段。
② 《宋史》记载"调知鄞县,起堤堰,决陂塘,为水陆之利"。
③ 一种在迎水面用条石护坡、主体塘身用土培筑的塘型结构。
④ 建筑的方法为:"纵横布之如棋局,仆巨木以奠其地,培厚土以实其背,植万桩以杀其冲。"后世的直立式石塘基本在此基础上逐渐演进发展而来。

丈,其中石堤五百七十丈。[①] 景定年间(1260—1264),建成东起淞浦闸桥西侧招宝凉亭,西至洋浦接莲花塘的海塘,俗称横塘[②]。两宋期间,因海潮侵袭,海岸时常坍退,虽以土、木、竹、石捍御,仍不能止。

到了元代至元四年(1338),石塘坍势趋稳,方始成堤,但六月又大坏。直到至正元年(1341),余姚州判叶恒把谢家塘、王家塘、和尚塘等前人依水势地形分段所筑的长短高低不同的海塘进行修整,仿造唐叔翰的做法,将"故土堤及石堤缺败者尽易以石",修成"下广九十尺,上半之"的梯形石堤,形成连接慈溪和上虞的大海塘。关于其做法,《余姚六仓志》有详细记载[③],具体而言,是先清基打桩,基桩长八尺,前后参错尽入土中;在第一行木桩后,深埋横木,上以条石侧置,条石和木桩齐平;然后,在此基础上以条石纵横叠砌,并以大条石侧置盖顶;最后,在石塘背后以碎石堆筑,再培土帮助夯实。这种筑塘方法与唐叔翰镇海石塘差不多,少了"挡浪桩"的设置,但是又做了两点重要改进:一是增加了横木和侧石,防御浪潮淘刷塘基;二是用碎石做衬垫层,以减少石塘承受的侧向土压力,防止因渗漏而从石缝中流失塘土。

随后元至正七年(1347),王永又仿效叶恒的方法,修筑上虞后海石塘千九百四十四丈。其做法[④]更加规范,具体为石塘一丈,用径一尺、长八尺之松木做桩打基桩32列,排成4行,全部打入土内,前后参差交错排定。基桩上平置长五尺、宽二尺五寸的条石做塘基;然后,每层用条石纵横错置,视塘底外沙的情况叠砌5—8层不等,犬牙相衔不使摇动;上以条石侧置压住,使其稳固;石塘背后填筑一尺多厚的碎石做夹层;最后壅土培筑土塘,底阔二丈,顶阔一丈五,同时高出前面石塘三尺。

可见,经过宋元400余年的实践和探索,以三北地区为代表的宁绍平原在石塘修筑工艺上逐步成熟,从简单的条块石塘发展为纵横叠砌

---

① 周炳麟修,邵友濂、孙德祖纂:《光绪余姚县志》,上海书店1993年版,第389页。

② 亦称慈北大古塘,属于一塘慈溪段。

③ 布代为趾,前后参错,代长八尺尽入土中。当其前行陷寝木以承侧石,石与代平,乃以大石衡纵,积迭而厚密其表。堤上侧置衡石,若比栉然。又以碎石傅其里,而加土筑之。堤高下,视海地浅深,深则丈余,浅则余七尺。

④ 塘一丈用松木径尺长八尺者三十二列,为四行,参差排定,深入土内。然后以石长五尺阔半之者平置木上,复以石纵横错置,平于石上者五重,犬牙相衔,使不摇动,外沙叠置八重,其高逾丈,上复以侧置石铃压之。内填以碎石,厚过一尺。壅土为塘,附之趾,广二丈,上杀四之一,高视石复加三尺,令潮不得渗入。塘成,凡一千九百四十四丈。

的基桩石塘;从石后直接附土发展到土、石堤间加筑碎石衬垫层;从石塘直接临潮发展为塘前布设密集的挡浪桩构成纵深防御工程体系。这些工艺实践为明清时期筑塘技术的进一步发展打下了坚实的基础。

(二)明清大规模筑塘

宋元时期大多数潮灾发生在杭州湾南岸及杭州一带,因此修筑海塘的重点也在杭州湾南岸及杭州附近。明代海潮线路变化激烈,潮趋北岸的现象虽比以往增多,尚非经常性,涌潮仍从南大门出入,所以明代三北地区向北拓得不多。永乐初(1403—1424),在大古塘之北筑塘,为别旧塘,故名新塘[①],东段在道林一带称横新塘,东起洋浦,西至择浦横新塘;西段东起较场山西侧新塘村,经宗汉乡弄口庵、周巷镇海莫村等地,由群乐村入余姚朗霞乡界。弘治初(1488—1505),为解决当地军民、灶户互相争利,绍兴府推官周进隆于"新塘之下筑塘界之"[②],称周塘。明成化年间(1465—1487)水利佥事胡复筑潮塘,又名为新御潮塘。

明代在建设海塘中,有整体以石改土的趋势。一般来说,石塘比土塘更为坚固,但因重量较大,地基较软的地段难以承受巨大的石塘重量,容易导致倾斜乃至塌陷,因此因地制宜非常重要。如明代会稽县曾出现过改土为石又复改石为土的情况,"弘治间,易以石,费巨万",正德七年塘被风潮冲毁,"复易以土"。嘉靖十二年(1533)"复有以石请者",时会稽知县王教经过实地勘查,认为会稽海塘脚下"皆浮沙,每遇风潮,水击沙,沙崩石,岂能自住",且石塘花费数额巨大,是土塘的数倍甚至数十倍,往往导致民间困顿,因此主张仍修土塘。为塘基、塘身牢固起见,他还提出了一些保护措施:"但令高阔坚致,循植榆柳、菱、芦以护之。"在三北地区也有多处土塘,《两浙海塘志》记载:"余姚县海塘未完,筑土堤于内地,以防潮汐溢决,其制随地形上下,散漫不一,曰散塘。"这些散塘多为土塘,且未连成一体,分布在莲花塘附近,因时日久远逐渐湮没无存,现只有兰风乡莲花塘以南部分尚存,名为兰塘,为明成化五年(1469)里人冯兰集资建造,后来随着清代海塘被拓,滩涂日涨,散塘退居二线,于是便将各散塘连接起来培高为陆,以便于行旅。

---

① 现称二塘。
② 杨积芳:《余姚六仓志》卷五"海塘"。

17 世纪以来,随着钱塘江主河槽日益从南大门北移至北大门,宁绍平原的海潮冲击压力降低,沙地淤积普遍,圩田开垦加速,海塘层层外推,原有海塘则成为二线、三线等备塘,局部甚至逐渐湮没化为塘路。也是在清代以来的数百年里,三北地区逐步向北拓展,陆续修建了三塘、四塘乃至七塘。

清雍正二年(1724)筑榆柳塘[①],西起余姚梁下仓方东路(今建塘乡),东至慈溪洋浦,长一万六千二百六十四丈,其中杜家团部分因遍植榆柳,又被称作楝树塘。雍正四年(1726)又建成石塘一千三百丈。

雍正十二年(1734)由榆柳塘外民灶按丁捐筑利济塘[②],雍正十三年(1735)筑成镇海境内淞浦至伏龙山段利济塘。乾隆十三年(1748)、二十七年(1762)先后请帑以工代赈修筑两次,并添筑梁下冯东干墩直塘三丁四百余丈。乾隆十六年(1751)延至淞浦,十七年(1752)连接加固到龙头场,成为大古塘外又一条西起上虞边界,东达龙山,横跨原余姚、慈溪、镇海三地,连成一线的完整大塘。乾隆二十三年(1758),以千字文编列字号碑碣 777 座,通塘长 1.5 万余丈,每 20 丈立碑一块。乾隆二十六年(1761),在塘边排积土牛 1554 座,每 10 丈一个土牛,塘外留护沙 20 丈,以防海塘冲坏时取土困难,用以抢险。在此期间,宁波镇海在鱼鳞石塘和丁由石塘样式外,创制了新的筑塘样式。乾隆十二年(1747)七月,镇海钩金塘被风潮冲毁,县令王梦弼结合当地地形特点,在吸取鱼鳞石塘型制优点的基础上,一改原单层斜坡坡跎式样,创筑双层斜坡大石塘,在加固塘面防冲、密合石缝防吸、塘身构筑、减杀海浪冲击等方面做了改进,堪称反映清代塘工技术发展水平的一个典范。具体为:一是坡顶立回浪石,这与现代设计的消浪、返浪思路基本吻合;二是在土坡坡面斜钉顶桩,以防砌石沉降,开打斜桩的先河;三是护石面的构筑用厚石为龙骨,以双层大石骑缝贴砌,有榫槽嵌扣,增强了塘身的整体性,还可预防海浪掏空塘土。

嘉庆年间筑五塘,五塘与利济塘一样,横贯“三北”大地。其中余姚干墩至梁下段,又称老圩塘;梁下以东至洋浦段又称晏海塘。嘉庆二十一年至二十五年(1816—1820)间陆续分段兴筑六塘,至民国八年

---

① 俗称三塘,亦称新三塘。

② 俗称四塘。

(1919)主体竣工,有二圩塘、永清塘、靖海塘、老草板塘、炮台塘等多段,其中梁下段又称二圩塘;梁上至埋上段又称永清塘;杜家团段又称靖海塘;民国初建淞浦至伏龙山段称老草板塘;民国二十年(1931)左右续筑伏龙山至石塘山段又称炮台塘。此外,在永清塘之后,有民灶自发兴筑的散塘若干处,因位于六塘与七塘间,故而被当地人形象地称为"腰塘"。

清光绪十八年至二十三年(1892—1897)建原余姚东首埋上至杜家团一段(又称永宁塘);光绪二十五年(1899)前后续建原慈溪境内洋浦至淞浦段;民国六年(1917)修筑原余姚境内西侧梁下段(又称三圩塘);民国十年(1921)建成原镇海境内淞浦至伏龙山段;民国三十五年(1946)建原余姚境内梁上至埋下段(又称澄清塘)及原镇海境内东段镇龙浦至乌龟山段;民国三十六年(1947)余姚围筑段头湾至相公殿的塘堤。至此,杭州湾南岸西起临海、东至新浦的七塘全线连通,并向北与慈北八塘(洋浦至淞浦)、龙山包低塘(淞浦至伏龙山西麓)连成一线成为新中国成立前三北第一线海塘。

(三)当代的海塘建设

中华人民共和国成立后,各级政府对海塘安全非常重视,1949 年至今以三北地区为代表的宁绍平原,主要经历了四个修筑海塘的阶段。

第一阶段是 1949 年至 20 世纪 60 年代,对前期旧塘进行加固。由于民国时期所建海塘质量普遍不高,筑塘多土质,存在较大安全隐患,威胁人民生命财产安全。因此中华人民共和国成立后,宁波市政府马上开展了对一线海塘的修筑加固工作,着重修建了三北、镇海江南、鄞县、奉化等沿海一线海塘。三北地区的八塘,全线长约 100 千米,就是在这一时期建成加固的。

第二阶段是 20 世纪 60—80 年代,为群众参与筑塘阶段。为促进经济发展,宁波各地呈现出以县、区、公社、大队等为主的筑塘热潮,筑建了大量海塘。其中三北地区主要筑了九塘全线,镇海筑了跃进塘、镇北塘、青崎塘、算山塘、新碶西塘、新碶东塘、霞浦五七塘、养志塘、大湾塘、屺崎塘等,以及穿山半岛的崎头和郭巨、上阳、三山等海塘。

第三阶段是 20 世纪 80—90 年代,对前阶段所建海塘进行加固。

由于前期筑塘条件艰苦、设施落后,主要靠手捧肩挑式修筑,且修筑的大部分是土塘,石块很少,因此质量较差。于是在这一阶段对宁波所有一线海塘做了维修加固,基本达到标准海塘要求。

第四阶段是20世纪90年代至21世纪初,为机械化大规模筑塘阶段。这一时期,随着筑塘技术的进步,机械化程度越来越高。同时,随着改革开放的深入,经济发展对土地的依赖度越来越大,因此政府加快了围海筑塘的步伐。三北地区从九塘一直筑到了十一塘,镇海地区的后海塘向北筑出一塘,鄞县、奉化、象山、宁海也将一线海塘不断东扩。特别是20世纪末21世纪初沿海标准海塘的建成,为宁波沿海人民筑起了一道坚固的"海上长城"。

二、围涂垦殖——三北地区生业模式变迁

三北地区属淤积岸段,在宋代筑大古塘前,其北部仍为海滩,在随后近1000年里,垦殖区域随着海塘北拓而扩增。三北人民在漫长的岁月中,通过辛勤劳动,经历了"沧海桑田"的变迁。可以说,三北地区社会发展史是一部海涂开发史。

海涂盐碱度较高,对农作物生长极为不利。新垦之地必须经过稀释、淡化才能成为"熟地"。一般说来,需要经过"煮盐卤地—涂老地淡—垦殖—渐成熟地"的过程。清人叶梦珠在《阅世编》中记载:"沙滩渐长,内地渐垦,于是同一荡地,有西熟,有长荡,有沙头之异。西熟、稍熟可植五谷,几与下田等。既而长荡亦半堪树艺,唯沙头为芦苇之所,长出海滨,殆不可计。崔苇之外,可以渔;长荡之间,可以盐。"可知,根据围垦的早晚、距离海滩的远近,其土地适合的业态是不同的,开发得越早、离大海越远的土地越适合种植,而新围垦的区域则最适合制盐。

(一)制盐

在农业社会时期,铁盐官营成为制度,盐课收入是支撑中央集权统治的重要产业部门,如南宋时期,盐课收入占全国财政收入的一半。而明清时期,朝廷为满足军国之需,对全国盐业控制更为严密,尤其是居

四大类盐产之首的海盐,最为朝廷所重视。

在千百年时间里,宁绍沿海一线建有数个大盐场,不仅产量大,而且质量高,在江浙盐业生产中占有重要地位。位于慈溪的鸣鹤于北宋咸平年间(998—1003)已置盐场,至清乾隆年间,鸣鹤场共有 6 团 40 灶,面积 26123 亩,雍正年间征收 7443 引(每引以 280 斤计);慈溪龙头场在清乾隆年间有 13 团 77 灶,面积 40903 亩,雍正时年产盐 3114 引;庵东盐区清雍正至乾隆年间共有 5 团 28 灶,面积 77855 亩;镇海在清乾隆年间有办税灶田地荡 124664.7 亩,乾隆至道光年间,共有灶田 146981.8 亩,灶地 16234.7 亩。发展到近代,位于三北地区的庵东盐场①成为当时全国三大盐场之一、浙江最大的盐场,其横宽纵狭,南北宽数千米,东西长 35 千米,民国初年已有近 10 万盐民,年产食盐 200 万担左右。

宁绍沿海的盐业生产与海塘等水利设施的修筑是分不开的,海盐制作过程需要依赖海潮、海堤及其上水洞的密切配合,无论是唐宋时期的刮泥淋卤法,还是元明时期的熬煮法,抑或是清代咸丰、同治后出现的板晒法,制盐都在露天的盐场上进行,每遭风潮,盐民首当其冲,可见海塘对盐业的庇护保障作用之重要。《两浙海塘通志》中单列了"场灶",用来专门记述塘内外盐事,其记载:"盐务本司醝专掌,无与海塘,而亭场荡灶介塘内外,潮水冲刷沙涂,涌涨迁移,改并势所不免,故志海塘不得不兼及场灶。"这充分表明了海塘修筑与盐业的密切关系。

(二)种植

围垦涂地经过稀释、淡化后,仍有一定的盐碱度,因此比较适合植棉花、黄麻、桑树、油菜、西瓜、蔬菜等作物;待盐碱度进一步降低后才适宜种植大小麦、豆类、水稻等粮食作物,其中水稻对生长环境的要求相对较高,须有较完备的水利灌溉排泄系统才能生长。

对三北地区土地的去盐碱度,早在东汉光武帝时(25—27),已记载用杜湖、白洋湖两湖蓄水灌溉;到唐代烛溪湖、上林湖已建成;明洪武年间,因军屯及抗倭等需要,沿海建有大量卫所,每卫 5600 名、每所 1200

---

① 至 20 世纪七八十年代,因海塘北退,庵东的盐业也开始逐渐被棉花种植和其他工业所替代。

名屯兵,为解决屯兵土地问题,浙东一带在洪武和永乐年间曾进行大面积围垦,到明中晚期,梅岙湖、上岙湖、灵绪湖和沈窖湖等已经用于灌溉。海塘在兴筑的过程中,为了更好地抵御潮水、拒卤蓄淡,往往配套修筑堤堰碶闸等相关水利设施,并随地形高低开排备塘河等水网,将海水和咸潮排出。水闸在唐以前称水门、斗门,闭之以障水之入,启之引外水之入,主蓄泄;堰堤又称碪、埭等,主障水,亦有顾及防洪、水运需要。这些堰闸与海塘一样,都至关宁绍北部平原安危,在三北地区著名的堰闸有双河闸、洋浦闸、五洞闸、淹浦闸、穿山碶、长山碶等。此外,为了便于灌溉,三北地区逐步建立了"横塘纵浦"的人工河网,横塘很大程度上是沿着海塘开挖的各条护塘河,纵浦则是垂直海塘密集排列的运河,如淞浦、古窑浦、新浦、洋浦等,对于缺乏自然河流的三北地区,这一人工河网对农作物灌溉作用巨大。

经过长期发展,棉、麻、桑、瓜等耐旱、耐盐碱作物是三北地区围垦区内的主要种植对象,虽然在历史上经常因海潮侵袭海塘坍圮而受灾。总体来说,在历史上一度成为全国重要的棉产区和蚕桑区。如南宋中叶以后开始在宁绍地区引种的棉花,因性喜温,尤适于濒海沙壤土种植,与三北地区沙质土壤极为适应。因此,很快绍兴、镇海、余姚、鄞县、慈溪等滩涂资源丰富地区纷纷种植棉花,发展到元代,在浙东设置木棉提举司以管理浙东的棉花生产与税收,这表明浙东在元代已成为重要的产棉地区。明代农艺师徐光启在《农政全书》里记载:"余姚海壖之人种棉极勤,亦二三尺一科,长枝布叶,科百余子。收极早,亦亩得二三百斤。"清道光《浒山志》引《群芳谱》记载:"浙花出余姚,中纺织,棉稍重,二十而得七,吴下种大都类是。"伴随着棉花种植业的发展,棉纺织业也逐渐兴盛。余姚的"小江布"、慈溪的"葛布"在清代已经很出名,清人叶梦珠《阅世编》中记载:"葛布有数种,出于浙之慈溪、广(州)之雷州者为最精。"中华人民共和国成立后,三北地区成为浙江最大的产棉区域,20世纪50—90年代,慈溪成为全国10个集中产棉县区之一,也是有赖于历次海塘北进后留下广袤的种植面积和逐年形成的良好灌溉系统。

三、小　结

　　海塘，可以说是中国沿海的"海上长城"。它作为与长城、大运河并列的三项公共工程，其规模之宏大、工程之艰巨以及动员劳力之多，令人惊叹。三北地区海塘遗存数量众多、结构清晰、类型多样，历史上王安石、唐叔翰、叶恒、王永、王梦弼等对海塘修筑形制的不断完备，不仅捍卫了宁绍平原，也为其他沿海地区加固海塘提供了范式；此外，堤坝闸堰体系完备，与海抗争、与海相生的历史记忆和生业模式保存完好，总体而言，确是杭州湾南岸乃至江浙海塘的代表，值得进一步研究。